DE LA

DÉMOCRATIE

EN AMÉRIQUE.

PARIS. — IMPRIMERIE CLAYE ET TAILLEFER
RUE SAINT-BENOÎT, 7.

DE LA
DÉMOCRATIE
EN AMÉRIQUE

PAR

ALEXIS DE TOCQUEVILLE
Membre de l'Institut.

DOUZIÈME ÉDITION

REVUE, CORRIGÉE

et augmentée d'un Avertissement et d'un Examen comparatif de la Démocratie aux États-Unis et en Suisse.

TOME DEUXIÈME

PARIS

PAGNERRE, ÉDITEUR

RUE DE SEINE, 14 BIS.

1848

DE LA DÉMOCRATIE EN AMÉRIQUE.

Jusqu'à présent j'ai examiné les institutions, j'ai parcouru les lois écrites, j'ai peint les formes actuelles de la société politique aux Etats-Unis.

Mais, au-dessus de toutes les institutions et en dehors de toutes les formes, réside un pouvoir souverain, celui du peuple, qui les détruit ou les modifie à son gré.

Il me reste à faire connaître par quelles voies procède ce pouvoir, dominateur des lois; quels sont ses instincts, ses passions; quels ressorts secrets le poussent, le retardent, ou le dirigent dans sa marche irrésistible; quel effet produit sa toute-puissance, et quel avenir lui est réservé.

CHAPITRE I.

COMMENT ON PEUT DIRE RIGOUREUSEMENT QU'AUX ÉTATS-UNIS C'EST LE PEUPLE QUI GOUVERNE.

En Amérique, le peuple nomme celui qui fait la loi et celui qui l'exécute; lui-même forme le jury qui punit les infractions à la loi. Non seulement les institutions sont démocratiques dans leur principe, mais encore dans tous leurs développements; ainsi le peuple nomme *directement* ses représentants et les choisit en général *tous les ans*, afin de les tenir plus complétement dans sa dépendance. C'est donc réellement le peuple qui dirige, et quoique la forme du gouvernement soit représentative, il est évident que les opinions, les préjugés, les intérêts, et même les passions du peuple, ne peuvent trouver d'obstacles durables qui les empêchent de se produire dans la direction journalière de la société.

Aux États-Unis, comme dans tous les pays où le peuple règne, c'est la majorité qui gouverne au nom du peuple.

Cette majorité se compose principalement des citoyens paisibles, qui, soit par goût, soit par intérêt, désirent sincèrement le bien du pays. Autour d'eux s'agitent sans cesse les partis, qui cherchent à les attirer dans leur sein et à s'en faire un appui.

CHAPITRE II.

DES PARTIS AUX ÉTATS-UNIS.

Il faut faire une grande division entre les partis. — Partis qui sont entre eux comme des nations rivales. — Partis proprement dits. — Différence entre les grands et les petits partis. — Dans quels temps ils naissent. — Leurs divers caractères. — L'Amérique a eu de grands partis. — Elle n'en a plus. — Fédéralistes. — Républicains. — Défaite des fédéralistes. — Difficulté de créer aux États-Unis des partis. — Ce qu'on fait pour y parvenir. — Caractère aristocratique ou démocratique qui se retrouve dans tous les partis. — Lutte du général Jackson contre la banque.

Je dois établir d'abord une grande division entre les partis.

Il est des pays si vastes, que les différentes populations qui les habitent, quoique réunies sous la même souveraineté, ont des intérêts contradictoires, d'où naît entre elles une opposition permanente. Les diverses fractions d'un même peuple ne forment point alors, à proprement parler, des partis, mais des nations distinctes; et si la guerre civile vient à naître, il y a conflit entre des peuples rivaux plutôt que lutte entre des factions.

Mais quand les citoyens diffèrent entre eux sur des points qui intéressent également toutes les portions du pays, tels, par exemple, que les principes généraux du gouvernement, alors on voit naître ce que j'appellerai véritablement des partis.

Les partis sont un mal inhérent aux gouvernements libres; mais ils n'ont pas dans tous les temps le même caractère et les mêmes instincts.

Il arrive des époques où les nations se sentent tourmentées de maux si grands, que l'idée d'un changement total dans leur constitution politique se présente à leur pensée. Il y en a d'autres où le malaise est plus profond encore, et où l'état social lui-même est compromis. C'est le temps des grandes révolutions et des grands partis.

Entre ces siècles de désordres et de misères, il s'en rencontre d'autres où les sociétés se reposent et où la race humaine semble reprendre haleine. Ce n'est encore là, à vrai dire, qu'une apparence; le temps ne suspend pas plus sa marche pour les peuples que pour les hommes; les uns et les autres s'avancent chaque jour vers un avenir qu'ils ignorent; et lorsque nous les croyons stationnaires, c'est que leurs mouvements nous échappent. Ce sont des gens qui marchent; ils paraissent immobiles à ceux qui courent.

Quoi qu'il en soit, il arrive des époques où les changements qui s'opèrent dans la constitution politique et l'état social des peuples sont si lents et si insensibles, que les hommes pensent être arrivés à un état final; l'esprit humain se croit alors fermement assis sur certaines bases et ne porte pas ses regards au-delà d'un certain horizon.

C'est le temps des intrigues et des petits partis.

Ce que j'appelle les grands partis politiques sont ceux qui s'attachent aux principes plus qu'à leurs conséquences; aux généralités et non aux cas particuliers; aux idées et non aux hommes. Ces partis ont, en général, des traits plus nobles, des passions plus généreuses, des convictions plus réelles, une allure plus franche et plus hardie que les autres. L'intérêt particulier, qui joue toujours le plus grand rôle dans les passions politiques, se cache ici plus habilement sous le voile de l'intérêt public; il parvient même quelquefois à se dérober aux regards de ceux qu'il anime et fait agir.

Les petits partis au contraire sont en général sans foi politique. Comme ils ne se sentent pas élevés et soutenus par de grands objets, leur caractère est empreint d'un égoïsme qui se produit ostensiblement à chacun de leurs actes. Ils s'échauffent toujours à froid; leur langage est violent, mais leur marche est timide et incertaine. Les moyens qu'ils emploient sont misérables comme le but même qu'ils se proposent. De là vient que quand un temps de calme succède à une révolution violente, les grands hommes semblent disparaître tout-à-coup et les âmes se renfermer en elles-mêmes.

Les grands partis bouleversent la société, les petits l'agitent; les uns la déchirent et les autres la dépravent; les premiers la sauvent quelquefois en l'ébranlant, les seconds la troublent toujours sans profit.

L'Amérique a eu de grands partis; aujourd'hui ils n'existent plus: elle y a beaucoup gagné en bonheur, mais non en moralité.

Lorsque la guerre de l'indépendance eut pris fin, et qu'il s'agit d'établir les bases du nouveau gouvernement, la nation se trouva divisée entre deux opinions. Ces opinions étaient aussi anciennes que le monde, et on les retrouve sous différentes formes et revêtues de noms divers dans toutes les sociétés libres. L'une voulait restreindre le pouvoir populaire, l'autre l'étendre indéfiniment.

La lutte entre ces deux opinions ne prit jamais chez les Américains le caractère de violence qui l'a souvent signalée ailleurs. En Amérique, les deux partis étaient d'accord sur les points les plus essentiels. Aucun des deux, pour vaincre, n'avait à détruire un ordre ancien, ni à bouleverser tout un état social. Aucun des deux, par conséquent, ne rattachait un grand nombre d'existences individuelles au triomphe de ses principes. Mais ils touchaient à des intérêts immatériels du premier ordre, tels que l'amour de l'égalité et de l'indépendance. C'en était assez pour soulever de violentes passions.

Le parti qui voulait restreindre le pouvoir populaire chercha surtout à faire l'application de ses doctrines à la Constitution de l'Union, ce qui lui valut le nom de *fédéral*.

L'autre, qui se prétendait l'amant exclusif de la liberté, prit le titre de Républicain.

L'Amérique est la terre de la démocratie. Les fédéralistes furent donc toujours en minorité; mais ils comptaient dans leurs rangs presque tous les grands hommes que la guerre de l'indépendance avait fait naître, et leur puissance morale était très étendue. Les circonstances leur furent d'ailleurs favorables. La ruine de la première confédération fit craindre au peuple de tomber dans l'anarchie, et les fédéralistes profitèrent de cette disposition passagère.

Pendant dix ou douze ans, ils dirigèrent les affaires et purent appliquer, non tous leurs principes, mais quelques uns d'entre eux; car le courant opposé devenait de jour en jour trop violent pour qu'on osât lutter contre lui.

En 1801, les républicains s'emparèrent enfin du gouvernement. Thomas Jefferson fut nommé président; il leur apporta l'appui d'un nom célèbre, d'un grand talent et d'une immense popularité.

Les fédéralistes ne s'étaient jamais maintenus que par des moyens artificiels et à l'aide de ressources momentanées; c'étaient la vertu ou les talents de leurs chefs, ainsi que le bonheur des circonstances, qui les avaient poussés au pouvoir. Quand les républicains y arrivèrent à leur tour, le parti contraire fut comme enveloppé au milieu d'une inondation subite. Une immense majorité se déclara contre lui, et il se vit sur-le-champ en si petite minorité, qu'aussitôt il désespéra de lui-même. Depuis ce moment, le parti républicain ou démocratique a marché de conquêtes en conquêtes, et s'est emparé de la société tout entière.

Les fédéralistes se sentant vaincus sans ressources et se voyant isolés au milieu de la nation, se divisèrent; les uns se joignirent aux vainqueurs; les autres déposèrent leur bannière et changèrent de nom. Il y a déjà un assez grand nombre d'années qu'ils ont entièrement cessé d'exister comme parti.

Le passage des fédéralistes au pouvoir est, à mon avis, l'un des événements les plus heureux qui aient accompagné la naissance de la grande union américaine. Les fédéralistes luttaient contre la pente irrésistible de leur siècle et de leur pays. Quelle que fût la bonté ou le vice de leurs théories, elles avaient le tort d'être inapplicables dans leur entier à la société qu'ils voulaient régir; ce qui est arrivé sous Jefferson serait donc arrivé tôt ou tard. Mais leur gouvernement laissa du moins à la nouvelle république le temps de s'asseoir, et lui permit ensuite de supporter sans inconvénient le développement rapide des doctrines qu'ils avaient combattues. Un grand nombre de leurs principes finit d'ailleurs par s'introduire dans le symbole de leurs adversaires; et la constitution fédérale, qui subsiste encore de notre temps, est un monument durable de leur patriotisme et de leur sagesse.

Ainsi donc, de nos jours, on n'aperçoit point aux États-Unis de grands partis politiques. On y rencontre bien des partis qui menacent l'avenir de l'Union; mais il n'en existe pas qui paraissent s'attaquer à la forme actuelle du gouvernement et à la marche générale de la société. Les partis qui menacent l'Union reposent, non sur des principes, mais sur des intérêts matériels. Ces intérêts constituent dans les différentes provinces d'un si vaste empire des nations rivales plutôt que des partis. C'est ainsi qu'on a vu dernièrement le Nord soutenir le système des prohibitions commerciales, et le Sud prendre les armes en faveur de la liberté du commerce, par la seule raison que le Nord est manufacturier et le Sud cultivateur, et que le système restrictif agit au profit de l'un et au détriment de l'autre.

A défaut des grands partis, les États-Unis fourmillent de petits, et l'opinion publique se fractionne à l'infini sur des questions de détails. On ne saurait imaginer la peine qu'on s'y donne pour créer des partis; ce n'est pas chose aisée de notre temps. Aux États-Unis, point de haine religieuse, parce que la religion est universellement respectée et qu'aucune secte n'est dominante; point de haine de classes, parce que le peuple est tout, et que nul n'ose encore lutter avec lui; enfin point de misères publiques à exploiter, parce que l'état matériel du pays offre une si immense carrière à l'industrie, qu'il suffit de laisser l'homme à lui-même pour qu'il fasse des prodiges. Il faut bien pourtant que l'ambition parvienne à créer des partis, car il est difficile de renverser celui qui tient le pouvoir, par la seule raison qu'on veut prendre sa place. Toute l'habileté des hommes politiques consiste donc à composer des partis : un homme politique, aux États-Unis, cherche d'abord à discerner son intérêt, et à voir quels sont les intérêts analogues qui pourraient se grouper autour du sien; il s'occupe ensuite à découvrir s'il n'existerait pas par hasard, dans le monde, une doctrine ou un principe qu'on pût placer convenablement à la tête de la nouvelle association, pour lui donner le droit de se produire et de circuler librement. C'est comme qui dirait le privilége du roi que nos pères imprimaient jadis sur la première feuille de leurs ouvrages, et qu'ils incorporaient au livre, bien qu'il n'en fît point partie.

Ceci fait, on introduit la nouvelle puissance dans le monde politique.

Pour un étranger, presque toutes les querelles domestiques des Américains paraissent, au premier abord, incompréhensibles ou puériles, et l'on ne sait si l'on doit prendre en pitié un peuple qui s'occupe sérieusement de semblables misères, ou lui envier le bonheur de pouvoir s'en occuper.

Mais lorsqu'on vient à étudier avec soin les instincts secrets qui, en Amérique, gouvernent les factions, on découvre aisément que la plupart d'entre elles se rattachent plus ou moins à l'un ou à l'autre des deux grands partis qui divisent les hommes, depuis qu'il y a des sociétés libres. A mesure qu'on pénètre plus profondément dans la pensée intime de ces partis, on s'aperçoit que les uns travaillent à resserrer l'usage de la puissance publique, les autres à l'étendre.

Je ne dis point que les partis américains aient toujours pour but ostensible ni même pour but caché de faire prévaloir l'aristocratie ou la démocratie dans le pays; je dis que les passions aristocratiques ou démocratiques se retrouvent aisément au fond de tous les partis; et que, bien qu'elles s'y dérobent aux regards, elles en forment comme le point sensible et l'âme.

Je citerai un exemple récent : le président attaque la banque des États-Unis; le pays s'émeut et se divise; les classes éclairées se rangent en général du côté de la banque, le peuple en faveur du président. Pensez-vous que le peuple a su discerner les raisons de son opinion au milieu des détours d'une question si difficile, et où les hommes expérimentés hésitent? Nullement. Mais la banque est un grand établissement qui a une existence indépendante; le peuple, qui détruit ou élève toutes les puissances, ne peut rien sur elle, cela l'étonne. Au milieu du mouvement universel de la société, ce point immobile choque ses regards, et il veut voir s'il ne parviendra pas à le mettre en branle comme le reste.

DES RESTES DU PARTI ARISTOCRATIQUE AUX ÉTATS-UNIS.

Opposition secrète des riches à la démocratie. — Ils se retirent dans la vie privée. — Goût qu'ils montrent dans l'intérieur de leur demeure pour les plaisirs exclusifs et le luxe. — Leur simplicité au-dehors. — Leur condescendance affectée pour le peuple.

Il arrive quelquefois, chez un peuple divisé d'opinions, que l'équilibre entre les partis venant à se rompre, l'un d'eux acquiert une prépondérance irrésistible. Il brise tous les obstacles, accable son adversaire, et exploite la société entière à son profit. Les vaincus, désespérant alors du succès, se cachent ou se taisent. Il se fait une immobilité et un silence universels. La nation semble réunie dans une même pensée. Le parti vainqueur se lève et dit : « J'ai rendu la paix au pays, on me doit des actions de grâces. »

Mais sous cette unanimité apparente, se cachent encore des divisions profondes et une opposition réelle.

C'est ce qui arriva en Amérique : quand le parti démocratique eut obtenu la prépondérance, on le vit s'emparer de la direction exclusive des affaires. Depuis, il n'a cessé de modeler les mœurs et les lois sur ses désirs.

De nos jours, on peut dire qu'aux États-Unis les classes riches de la société sont presque entièrement hors des affaires politiques, et que la richesse, loin d'y être un droit, y est une cause réelle de défaveur et un obstacle pour parvenir au pouvoir.

Les riches aiment donc mieux abandonner la lice, que d'y soutenir une lutte souvent inégale contre les plus pauvres de leurs concitoyens. Ne pouvant pas prendre dans la vie publique un rang analogue à celui qu'ils occupent dans la vie privée, ils abandonnent la première pour se concentrer dans la seconde. Ils forment au milieu de l'État comme une société particulière qui a ses goûts et ses jouissances à part.

Le riche se soumet à cet état de choses comme à un mal irrémédiable ; il évite même avec grand soin de montrer qu'il le blesse ; on l'entend donc vanter en public les douceurs du gouvernement républicain et les avantages des formes démocratiques. Car, après le fait de haïr leurs ennemis, qu'y a-t-il de plus naturel aux hommes que de les flatter ?

Voyez-vous cet opulent citoyen ? ne dirait-on pas un juif du moyen-âge qui craint de laisser soupçonner ses richesses ? Sa mise est simple, sa démarche est modeste ; entre les quatre murailles de sa demeure on adore le luxe ; il ne laisse pénétrer dans ce sanctuaire que quelques hôtes choisis qu'il appelle insolemment ses égaux. On ne rencontre point de noble en Europe qui se montre plus exclusif que lui dans ses plaisirs, plus envieux des moindres avantages qu'une position privilégiée assure. Mais le voici qui sort de chez lui pour aller travailler dans un réduit poudreux qu'il occupe au centre de la ville et des affaires, et où chacun est libre de venir l'aborder. Au milieu du chemin, son cordonnier vient à passer, et ils s'arrêtent : tous deux se mettent alors à discourir.

Que peuvent-ils dire? Ces deux citoyens s'occupent des affaires de l'État, et ils ne se quitteront pas sans s'être serré la main.

Au fond de cet enthousiasme de convention et au milieu de ces formes obséquieuses envers le pouvoir dominant, il est facile d'apercevoir dans les riches un grand dégoût pour les institutions démocratiques de leur pays. Le peuple est un pouvoir qu'ils craignent et qu'ils méprisent. Si le mauvais gouvernement de la démocratie amenait un jour une crise politique; si la monarchie se présentait jamais aux États-Unis comme une chose praticable, on découvrirait bientôt la vérité de ce que j'avance.

Les deux grandes armes qu'emploient les partis pour réussir sont les *journaux* et les associations.

CHAPITRE III.

DE LA LIBERTÉ DE LA PRESSE AUX ÉTATS-UNIS.

Difficulté de restreindre la liberté de la presse. — Raisons particulières qu'ont certains peuples de tenir à cette liberté. — La liberté de la presse est une conséquence nécessaire de la souveraineté du peuple comme on l'entend en Amérique. — Violence du langage de la presse périodique aux États-Unis. — La presse périodique a des instincts qui lui sont propres; l'exemple des États-Unis le prouve. — Opinion des Américains sur la répression judiciaire des délits de la presse. — Pourquoi la presse est moins puissante aux États-Unis qu'en France.

La liberté de la presse ne fait pas seulement sentir son pouvoir sur les opinions politiques, mais encore sur toutes les opinions des hommes. Elle ne modifie pas seulement les lois, mais les mœurs. Dans une autre partie de cet ouvrage, je chercherai à déterminer le degré d'influence qu'a exercée la liberté de la presse sur la société civile aux États-Unis; je tâcherai de discerner la direction qu'elle a donnée aux idées, les habitudes qu'elle a fait prendre à l'esprit et aux sentiments des Américains. En ce moment, je ne veux examiner que les effets produits par la liberté de la presse dans le monde politique.

J'avoue que je ne porte point à la liberté de la presse cet amour complet et instantané qu'on accorde aux choses souverainement bonnes de leur nature. Je l'aime par la considération des maux qu'elle empêche bien plus que pour les biens qu'elle fait.

Si quelqu'un me montrait, entre l'indépendance complète et l'asservissement entier de la pensée, une position intermédiaire où je pusse espérer me tenir, je m'y établirais peut-être; mais qui découvrira cette position intermédiaire? Vous partez de la licence de la presse, et vous marchez vers l'ordre : que faites-vous? vous soumettez d'abord les écrivains aux jurés; mais les jurés acquittent, et ce qui n'était que l'opinion d'un homme isolé devient l'opinion du pays. Vous avez donc fait trop et trop peu; il faut encore marcher. Vous livrez les auteurs à des magistrats permanents; mais les juges sont obligés d'entendre avant que de condamner; ce qu'on eût craint d'avouer dans le livre, on le proclame impunément dans le plaidoyer; ce qu'on eût dit obscurément dans un écrit se trouve ainsi répété dans mille autres. L'expression est la forme extérieure, et si je puis m'exprimer ainsi, le corps de la pensée, mais elle n'est pas la pensée elle-même. Vos tribunaux arrêtent le corps, mais l'âme leur échappe et glisse subtilement entre leurs mains. Vous avez donc fait trop et trop peu; il faut continuer à marcher. Vous abandonnez enfin les écrivains à des censeurs; fort bien! nous approchons. Mais la tribune politique n'est-elle pas libre? Vous n'avez donc encore rien fait; je me trompe, vous avez accru le mal. Prendriez-vous, par hasard, la pensée pour une de ces puissances matérielles qui s'accroissent par le nombre de leurs agents? compterez-vous les écrivains comme les soldats d'une armée? Au rebours de toutes les puissances matérielles, le pouvoir de la pensée s'augmente souvent par le petit nombre même de ceux qui l'expriment. La parole d'un homme puissant, qui pénètre seule au milieu des passions d'une assemblée muette, a plus de pouvoir que les cris confus de mille orateurs ; et pour peu qu'on puisse parler librement dans un seul lieu public, c'est comme si on parlait publiquement dans chaque village. Il vous faut donc détruire la liberté de parler comme celle d'écrire; cette fois, vous voici dans le port : chacun se tait. Mais où êtes-vous arrivé? Vous étiez parti des abus de la liberté, et je vous retrouve sous les pieds d'un despote.

Vous avez été de l'extrême indépendance à l'extrême servitude, sans rencontrer, sur un si long espace, un seul lieu où vous puissiez vous poser.

Il y a des peuples qui, indépendamment des raisons générales que je viens d'énoncer, en ont de particulières qui doivent les attacher à la liberté de la presse.

Chez certaines nations qui se prétendent libres, chacun des agents du pouvoir peut impunément violer la loi sans que la constitution du pays donne aux opprimés le droit de se plaindre devant la justice. Chez ces peuples il ne faut plus considérer l'indépendance de la presse comme l'une des garanties, mais comme la seule garantie qui reste de la liberté et de la sécurité des citoyens.

Si donc les hommes qui gouvernent ces nations parlaient d'enlever son indépendance à la presse, le peuple entier pourrait leur répondre : Laissez-nous poursuivre vos crimes devant les juges ordinaires, et peut-être que nous consentirons alors à ne point en appeler au tribunal de l'opinion.

Dans un pays où règne ostensiblement le dogme de la souveraineté du peuple, la censure n'est pas seulement un danger, mais encore une grande absurdité.

Lorsqu'on accorde à chacun un droit à gouverner la société, il faut bien lui reconnaître la capacité de choisir entre les différentes opinions qui agitent ses contemporains, et d'apprécier les différents faits dont la connaissance peut le guider.

La souveraineté du peuple et la liberté de la presse sont donc deux choses entièrement corrélatives; la censure et le vote universel sont au contraire deux choses qui se contredisent et ne peuvent se rencontrer long-temps dans les institutions politiques d'un même peuple. Parmi les douze millions d'hommes qui vivent sur le territoire des États-Unis, il n'en est pas *un seul* qui ait encore osé proposer de restreindre la liberté de la presse.

Le premier journal qui tomba sous mes yeux, en arrivant en Amérique, contenait l'article suivant, que je traduis fidèlement:

« Dans toute cette affaire, le langage tenu par Jack-
» son (le président) a été celui d'un despote sans
» cœur, occupé uniquement à conserver son pouvoir.
» L'ambition est son crime, et il y trouvera sa peine.
» Il a pour vocation l'intrigue, et l'intrigue confondra
» ses desseins et lui arrachera sa puissance. Il gou-
» verne par la corruption, et ses manœuvres coupa-
» bles tourneront à sa confusion et à sa honte. Il s'est

» montré dans l'arène politique comme un joueur
» sans pudeur et sans frein. Il a réussi; mais l'heure
» de la justice approche; bientôt il lui faudra rendre
» ce qu'il a gagné, jeter loin de lui son détrompeur,
» et finir dans quelque retraite où il puisse blasphé-
» mer en liberté contre sa folie; car le repentir n'est
» point une vertu qu'il ait été donné à son cœur de
» jamais connaître. »

(Vincenne's Gazette.)

Bien des gens en France s'imaginent que la violence de la presse tient parmi nous à l'instabilité de l'état social, à nos passions politiques, et au malaise général qui en est la suite. Ils attendent donc sans cesse une époque où la société reprenant une assiette tranquille, la presse à son tour deviendra calme. Pour moi, j'attribuerais volontiers aux causes indiquées plus haut l'extrême ascendant qu'elle a sur nous; mais je ne pense point que ces causes influent beaucoup sur son langage. La presse périodique me paraît avoir des instincts et des passions à elle, indépendamment des circonstances au milieu desquelles elle agit. Ce qui se passe en Amérique achève de me le prouver.

L'Amérique est peut-être, en ce moment, le pays du monde qui renferme dans son sein le moins de germes de révolution. En Amérique, cependant, la presse a les mêmes goûts destructeurs qu'en France, et la même violence sans les mêmes causes de colère. En Amérique, comme en France, elle est cette puissance extraordinaire, si étrangement mélangée de biens et de maux, que sans elle la liberté ne saurait vivre, et qu'avec elle l'ordre peut à peine se maintenir.

Ce qu'il faut dire, c'est que la presse a beaucoup moins de pouvoir aux États-Unis que parmi nous. Rien pourtant n'est plus rare dans ce pays que de voir une poursuite judiciaire dirigée contre elle. La raison en est simple : les Américains, en admettant parmi eux le dogme de la souveraineté du peuple, en ont fait l'application sincère. Ils n'ont point eu l'idée de fonder, avec des éléments qui changent tous les jours, des constitutions dont la durée fût éternelle. Attaquer les lois existantes n'est donc pas criminel, pourvu qu'on ne veuille point s'y soustraire par la violence.

Ils croient d'ailleurs que les tribunaux sont impuissants pour modérer la presse, et que la souplesse des langages humains échappant sans cesse à l'analyse judiciaire, les délits de cette nature se dérobent en quelque sorte devant la main qui s'étend pour les saisir. Ils pensent qu'afin de pouvoir agir efficacement sur la presse, il faudrait trouver un tribunal qui, non seulement fût dévoué à l'ordre existant, mais encore pût se placer au-dessus de l'opinion publique qui s'agite autour de lui ; un tribunal qui jugeât sans admettre la publicité, prononçât sans motiver ses arrêts, et punît l'intention plus encore que les paroles. Quiconque aurait le pouvoir de créer et de maintenir un semblable tribunal, perdrait son temps à poursuivre la liberté de la presse ; car alors il serait maître absolu de la société elle-même, et pourrait se débarrasser des écrivains en même temps que de leurs écrits. En matière de presse, il n'y a donc réellement pas de milieu entre la servitude et la licence. Pour recueillir les biens inestimables qu'assure la liberté de la presse, il faut savoir se soumettre aux maux inévitables qu'elle fait naître. Vouloir obtenir les uns en échappant aux autres, c'est se livrer à l'une de ces illusions dont se bercent d'ordinaire les nations malades, alors que, fatiguées de luttes et épuisées d'efforts, elles cherchent les moyens de faire coexister à la fois, sur le même sol, des opinions ennemies et des principes contraires.

Le peu de puissance des journaux en Amérique tient à plusieurs causes, dont voici les principales:

La liberté d'écrire, comme toutes les autres, est d'autant plus redoutable qu'elle est plus nouvelle; un peuple qui n'a jamais entendu traiter devant lui les affaires de l'État, croit le premier tribun qui se présente. Parmi les Anglo-Américains, cette liberté est aussi ancienne que la fondation des colonies; la presse d'ailleurs, qui sait si bien enflammer les passions humaines, ne peut cependant les créer à elle toute seule. Or, en Amérique, la vie politique est active, variée, agitée même, mais elle est rarement troublée par des passions profondes; il est rare que celles-ci se soulèvent quand les intérêts matériels ne sont pas compromis, et aux États-Unis ces intérêts prospèrent. Pour juger de la différence qui existe sur ce point entre les Anglo-Américains et nous, je n'ai qu'à jeter les yeux sur les journaux des deux peuples. En France, les annonces commerciales ne tiennent qu'un espace fort restreint, les nouvelles mêmes sont peu nombreuses; la partie vitale d'un journal, c'est celle où se trouvent les discussions politiques. En

Amérique, les trois quarts de l'immense journal qui est placé sous vos yeux sont remplis par des annonces, le reste est occupé le plus souvent par des nouvelles politiques ou de simples anecdotes; de loin en loin seulement, on aperçoit dans un coin ignoré l'une de ces discussions brûlantes qui sont parmi nous la pâture journalière des lecteurs.

Toute puissance augmente l'action de ses forces à mesure qu'elle en centralise la direction; c'est là une loi générale de la nature que l'examen démontre à l'observateur, et qu'un instinct plus sûr encore a toujours fait connaître aux moindres despotes.

En France, la presse réunit deux espèces de centralisations distinctes.

Presque tout son pouvoir est concentré dans un même lieu, et pour ainsi dire dans les mêmes mains, car ses organes sont en très petit nombre.

Ainsi constitué au milieu d'une nation sceptique, le pouvoir de la presse doit être presque sans bornes. C'est un ennemi avec qui un gouvernement peut faire des trèves plus ou moins longues, mais en face duquel il lui est difficile de vivre long-temps.

Ni l'une ni l'autre des deux espèces de centralisations dont je viens de parler n'existent en Amérique.

Les États-Unis n'ont point de capitale : les lumières comme la puissance sont disséminées dans toutes les parties de cette vaste contrée; les rayons de l'intelligence humaine, au lieu de partir d'un centre commun, s'y croisent donc en tous sens; les Américains n'ont placé nulle part la direction générale de la pensée, non plus que celle des affaires.

Ceci tient à des circonstances locales qui ne dépendent point des hommes ; mais voici qui vient des lois :

Aux États-Unis, il n'y a pas de patentes pour les imprimeurs, de timbre ni d'enregistrement pour les journaux ; enfin la règle des cautionnements est inconnue.

Il résulte de là que la création d'un journal est une entreprise simple et facile ; peu d'abonnés suffisent pour que le journaliste puisse couvrir ses frais : aussi le nombre des écrits périodiques ou semi-périodiques, aux États-Unis, dépasse-t-il toute croyance. Les Américains les plus éclairés attribuent à cette incroyable dissémination des forces de la presse son peu de puissance : c'est un axiome de la science politique aux États-Unis, que le seul moyen de neutraliser les effets des journaux est d'en multiplier le nombre. Je ne saurais me figurer qu'une vérité aussi évidente ne soit pas encore devenue chez nous plus vulgaire. Que ceux qui veulent faire des révolutions à l'aide de la presse cherchent à ne lui donner que quelques puissants organes, je le comprends sans peine ; mais que les partisans officiels de l'ordre établi et les soutiens naturels des lois existantes croient atténuer l'action de la presse en la concentrant, voilà ce que je ne saurais absolument concevoir. Les gouvernements d'Europe me semblent agir vis-à-vis de la presse de la même façon qu'agissaient jadis les chevaliers envers leurs adversaires : ils ont remarqué par leur propre usage que la centralisation était une arme puissante, et ils veulent en pourvoir leur ennemi, afin sans doute d'avoir plus de gloire à lui résister.

Aux États-Unis, il n'y a presque pas de bourgade qui n'ait son journal. On conçoit sans peine que, parmi tant de combattants, on ne peut établir ni discipline, ni unité d'action : aussi voit-on chacun lever sa bannière. Ce n'est pas que tous les journaux politiques de l'Union se soient rangés pour ou contre l'administration ; mais ils l'attaquent et la défendent par cent moyens divers. Les journaux ne peuvent donc pas établir aux États-Unis de ces grands courants d'opinions qui soulèvent ou débordent les plus puissantes digues. Cette division des forces de la presse produit encore d'autres effets non moins remarquables : la création d'un journal étant chose facile, tout le monde peut s'en occuper ; d'un autre côté, la concurrence fait qu'un journal ne peut espérer de très grands profits ; ce qui empêche les hautes capacités industrielles de se mêler de ces sortes d'entreprises. Les journaux fussent-ils d'ailleurs la source des richesses, comme ils sont excessivement nombreux, les écrivains de talent ne pourraient suffire à les diriger. Les journalistes, aux États-Unis, ont donc en général une position peu élevée, leur éducation n'est qu'ébauchée, et la tournure de leurs idées est souvent vulgaire. Or, en toutes choses la majorité fait loi ; elle établit de certaines allures auxquelles chacun ensuite se conforme ; l'ensemble de ces habitudes communes s'appelle un esprit : il y a l'esprit du barreau, l'esprit de cour. L'esprit du journaliste, en France, est de discuter d'une manière violente, mais élevée, et souvent éloquente, les grands intérêts de l'État ; s'il n'en est pas toujours ainsi, c'est que toute règle a ses exceptions. L'esprit du journaliste, en Amérique, est de s'attaquer grossièrement, sans apprêt et sans art, aux passions de ceux auxquels il s'adresse, de laisser là les principes pour saisir les hommes; de suivre ceux-ci dans leur vie privée, et de mettre à nu leurs faiblesses et leurs vices.

Il faut déplorer un pareil abus de la pensée; plus tard, j'aurai occasion de rechercher quelle influence exercent les journaux sur le goût et la moralité du peuple américain; mais, je le répète, je ne m'occupe en ce moment que du monde politique. On ne peut se dissimuler que les effets politiques de cette licence de la presse ne contribuent indirectement au maintien de la tranquillité publique. Il en résulte que les hommes qui ont déjà une position élevée dans l'opinion de leurs concitoyens, n'osent point écrire dans les journaux, et perdent ainsi l'arme la plus redoutable dont ils puissent se servir pour remuer à leur profit les passions populaires (1). Il en résulte surtout que les vues personnelles exprimées par les journalistes ne sont pour ainsi dire d'aucun poids aux yeux des lecteurs. Ce qu'ils cherchent dans un journal, c'est la connaissance des faits; ce n'est qu'en altérant ou en dénaturant ces faits que le journaliste peut acquérir à son opinion quelque influence.

Réduite à ces seules ressources, la presse exerce encore un immense pouvoir en Amérique. Elle fait circuler la vie politique dans toutes les portions de ce vaste territoire. C'est elle dont l'œil toujours ouvert met sans cesse à nu les secrets ressorts de la politique, et force les hommes publics à venir tour à

---

(1) Ils n'écrivent dans les journaux que dans les cas rares où ils veulent s'adresser au peuple et parler en leur propre nom : lorsque, par exemple, on a répandu sur leur compte des imputations calomnieuses, et qu'ils désirent rétablir la vérité de faits.

tour comparaître devant le tribunal de l'opinion. C'est elle qui rallie les intérêts autour de certaines doctrines et formule le symbole des partis; c'est par elle que ceux-ci se parlent sans se voir, s'entendent sans être mis en contact. Lorsqu'un grand nombre des organes de la presse parvient à marcher dans la même voie, leur influence à la longue devient presque irrésistible, et l'opinion publique, frappée toujours du même côté, finit par céder sous leurs coups.

Aux États-Unis, chaque journal a individuellement peu de pouvoir; mais la presse périodique est encore, après le peuple, la première des puissances (*A*).

Que les opinions qui s'établissent sous l'empire de la liberté de la presse aux États-Unis sont souvent plus tenaces que celles qui se forment ailleurs sous l'empire de la censure.

Aux États-Unis, la démocratie amène sans cesse des hommes nouveaux à la direction des affaires; le gouvernement met donc peu de suite et d'ordre dans ses mesures. Mais les principes généraux du gouvernement y sont plus stables que dans beaucoup d'autres pays, et les opinions principales qui règlent la société s'y montrent plus durables. Quand une idée a pris possession de l'esprit du peuple américain, qu'elle soit juste ou déraisonnable, rien n'est plus difficile que de l'en extirper.

Le même fait a été observé en Angleterre, le pays de l'Europe où l'on a vu pendant un siècle la liberté la plus grande de penser et les préjugés les plus invincibles.

J'attribue cet effet à la cause même qui, au premier abord, semblerait devoir l'empêcher de se produire, à la liberté de la presse. Les peuples chez lesquels existe cette liberté s'attachent à leurs opinions par orgueil autant que par conviction. Ils les aiment, parce qu'elles leur semblent justes, et aussi parce qu'elles sont de leur choix, et ils y tiennent, non seulement comme à une chose vraie, mais encore comme à une chose qui leur est propre.

Il y a plusieurs autres raisons encore.

Un grand homme a dit que *l'ignorance était aux deux bouts de la science.* Peut-être eût-il été plus vrai de dire que les convictions profondes ne se trouvent qu'aux deux bouts, et qu'au milieu est le doute. On peut considérer, en effet, l'intelligence humaine dans trois états distincts et souvent successifs.

L'homme croit fermement, parce qu'il adopte sans approfondir. Il doute quand les objections se présentent. Souvent il parvient à résoudre tous ses doutes, et alors il recommence à croire. Cette fois, il ne saisit plus la vérité au hasard et dans les ténèbres; mais il la voit face à face et marche directement à sa lumière (1).

Lorsque la liberté de la presse trouve les hommes dans le premier état, elle leur laisse pendant longtemps encore cette habitude de croire fermement sans réfléchir; seulement elle change chaque jour l'objet de leurs croyances irréfléchies. Sur tout l'horizon intellectuel, l'esprit de l'homme continue donc

(1) Encore je ne sais si cette conviction réfléchie et maîtresse d'elle élève jamais l'homme au degré d'ardeur et de dévouement qu'inspirent les croyances dogmatiques.

à ne voir qu'un point à la fois; mais ce point varie sans cesse. C'est le temps des révolutions subites. Malheur aux générations qui, les premières, admettent tout-à-coup la liberté de la presse!

Bientôt cependant le cercle des idées nouvelles est à peu près parcouru. L'expérience arrive, et l'homme se plonge dans un doute et dans une méfiance universelle.

On peut compter que la majorité des hommes s'arrêtera toujours dans l'un de ces deux états : elle croira sans savoir pourquoi, ou ne saura pas précisément ce qu'il faut croire.

Quant à cette autre espèce de conviction réfléchie et maîtresse d'elle-même qui naît de la science et s'élève du milieu même des agitations du doute, il ne sera jamais donné qu'aux efforts d'un très petit nombre d'hommes de l'atteindre.

Or, on a remarqué que, dans les siècles de ferveur religieuse, les hommes changeaient quelquefois de croyance; tandis que dans les siècles de doute, chacun gardait obstinément la sienne. Il en arrive ainsi dans la politique, sous le règne de la liberté de la presse. Toutes les théories sociales ayant été contestées et combattues tour à tour, ceux qui se sont fixés à l'une d'elles la gardent, non pas tant parce qu'ils sont sûrs qu'elle est bonne, que parce qu'ils ne sont pas sûrs qu'il y en ait une meilleure.

Dans ces siècles, on ne se fait pas tuer si aisément pour ses opinions; mais on ne les change point, et il s'y rencontre, tout à la fois, moins de martyrs et d'apostats.

Ajoutez à cette raison cette autre plus puissante

encore : dans le doute des opinions, les hommes finissent par s'attacher uniquement aux instincts et aux intérêts matériels, qui sont bien plus visibles, plus saisissables et plus permanents de leur nature que les opinions.

C'est une question très difficile à décider que celle de savoir qui gouverne le mieux, de la démocratie, ou de l'aristocratie. Mais il est clair que la démocratie gêne l'un, et que l'aristocratie opprime l'autre.

C'est là une vérité qui s'établit d'elle-même et qu'on n'a pas besoin de discuter : vous êtes riche et je suis pauvre.

CHAPITRE IV.

DE L'ASSOCIATION POLITIQUE AUX ÉTATS-UNIS.

Usage journalier que les Anglo-Américains font du droit d'association. — Trois genres d'associations politiques. — Comment les Américains appliquent le système représentatif aux associations. — Dangers qui en résultent pour l'État. — Grande convention de 1831 relative au tarif. — Caractère législatif de cette convention. — Pourquoi l'exercice illimité du droit d'association n'est pas aussi dangereux aux États-Unis qu'ailleurs. — Pourquoi on peut l'y considérer comme nécessaire. — Utilité des associations chez les peuples démocratiques.

L'Amérique est le pays du monde où l'on a tiré le plus de parti de l'association, et où l'on a appliqué ce puissant moyen d'action à une plus grande diversité d'objets.

Indépendamment des associations permanentes créées par la loi sous le nom de communes, de villes et de comtés, il y en a une multitude d'autres qui ne doivent leur naissance et leur développement qu'à des volontés individuelles.

L'habitant des États-Unis apprend dès sa naissance qu'il faut s'appuyer sur soi-même pour lutter contre les maux et les embarras de la vie; il ne jette sur l'autorité sociale qu'un regard défiant et inquiet, et n'en appelle à son pouvoir que quand il ne peut s'en passer.

Ceci commence à s'apercevoir dès l'école, où les enfants se soumettent, jusque dans leurs jeux, à des règles qu'ils ont établies, et punissent entre eux des délits par eux-mêmes définis. Le même esprit se retrouve dans tous les actes de la vie sociale. Un embarras survient dans la voie publique, le passage est interrompu, la circulation arrêtée; les voisins s'établissent aussitôt en corps délibérant; de cette assemblée improvisée sortira un pouvoir exécutif qui remédiera au mal, avant que l'idée d'une autorité préexistante à celle des intéressés se soit présentée à l'imagination de personne. S'agit-il de plaisir, on s'associera pour donner plus de splendeur et de régularité à la fête. On s'unit enfin pour résister à des ennemis tout intellectuels, on combat en commun l'intempérance. Aux États-Unis, on s'associe dans des buts de sécurité publique, de commerce et d'industrie, de morale et de religion. Il n'y a rien que la volonté humaine désespère d'atteindre par l'action libre de la puissance collective des individus.

J'aurai occasion, plus tard, de parler des effets que produit l'association dans la vie civile. Je dois me renfermer en ce moment dans le monde politique.

Le droit d'association étant reconnu, les citoyens peuvent en user de différentes manières.

Une association consiste seulement dans l'adhésion publique que donnent un certain nombre d'individus à telles ou telles doctrines, et dans l'engagement qu'ils contractent de concourir d'une certaine façon à les faire prévaloir. Le droit de s'associer ainsi se confond presque avec la liberté d'écrire; déjà cependant l'association possède plus de puissance que la presse. Quand une opinion est représentée par une association, elle est obligée de prendre une forme plus nette et plus précise. Elle compte ses partisans et les compromet dans sa cause. Ceux-ci apprennent eux-mêmes à se connaître les uns les autres, et leur ardeur s'accroît de leur nombre. L'association réunit en faisceau les efforts des esprits divergents, et les pousse avec vigueur vers un seul but clairement indiqué par elle.

Le second degré dans l'exercice du droit d'association est de pouvoir s'assembler. Quand on laisse une association politique placer sur certains points importants du pays des foyers d'action, son activité en devient plus grande et son influence plus étendue. Là, les hommes se voient; les moyens d'exécution se combinent, les opinions se déploient avec cette force et cette chaleur que ne peut jamais atteindre la pensée écrite.

Il est enfin dans l'exercice du droit d'association, en matière politique, un dernier degré : les partisans d'une même opinion peuvent se réunir en colléges électoraux, et nommer des mandataires pour les aller représenter dans une assemblée centrale. C'est à proprement parler le système représentatif appliqué à un parti.

Ainsi, dans le premier cas, les hommes qui professent une même opinion établissent entre eux un lien purement intellectuel; dans le second, ils se réunissent en petites assemblées qui ne représentent qu'une fraction du parti; dans le troisième enfin, ils forment comme une nation à part dans la nation, un gouvernement dans le gouvernement. Leurs mandataires, semblables aux vrais mandataires de la majorité, représentent à eux seuls toute la force collective de leurs partisans ; ainsi que ces derniers, ils arrivent avec une apparence de nationalité et toute la puissance morale qui en résulte. Il est vrai qu'ils n'ont pas comme eux le droit de faire la loi; mais ils ont le pouvoir d'attaquer celle qui existe et de formuler d'avance celle qui doit exister.

Je suppose un peuple qui ne soit pas parfaitement habitué à l'usage de la liberté, ou chez lequel fermentent des passions politiques profondes. A côté de la majorité qui fait les lois, je place une minorité qui se charge seulement des *considérants* et s'arrête au *dispositif;* et je ne puis m'empêcher de croire que l'ordre public est exposé à de grands hasards.

Entre prouver qu'une loi est meilleure en soi qu'une autre, et prouver qu'on doit la substituer à cette autre, il y a loin sans doute. Mais où l'esprit des hommes éclairés voit encore une grande distance, l'imagination de la foule n'en aperçoit déjà plus. Il arrive d'ailleurs des temps où la nation se partage presque également entre deux partis, dont chacun prétend représenter la majorité. Près du pouvoir qui dirige, s'il vient à s'établir un pouvoir dont l'autorité morale soit presque aussi grande, peut-on croire qu'il se borne long-temps à parler sans agir?

S'arrêtera-t-il toujours devant cette considération métaphysique, que le but des associations est de diriger les opinions et non de les contraindre, de conseiller la loi, non de la faire?

Plus j'envisage l'indépendance de la presse dans ses principaux effets, plus je viens à me convaincre que chez les modernes l'indépendance de la presse est l'élément capital, et pour ainsi dire constitutif de la liberté. Un peuple qui veut rester libre a donc le droit d'exiger qu'à tout prix on la respecte. Mais la liberté *illimitée* d'association en matière politique ne saurait être entièrement confondue avec la liberté d'écrire. L'une est tout à la fois moins nécessaire et plus dangereuse que l'autre. Une nation peut y mettre des bornes sans cesser d'être maîtresse d'elle-même; elle doit quelquefois le faire pour continuer à l'être.

En Amérique, la liberté de s'associer dans des buts politiques est illimitée.

Un exemple fera mieux connaître que tout ce que je pourrais ajouter, jusqu'à quel degré on la tolère.

On se rappelle combien la question du tarif ou de la liberté du commerce a agité les esprits en Amérique. Le tarif favorisait ou attaquait non seulement des opinions, mais des intérêts matériels très puissants. Le Nord lui attribuait une partie de sa prospérité, le Sud presque toutes ses misères. On peut dire que pendant long-temps le tarif a fait naître les seules passions politiques qui aient agité l'Union.

En 1831, lorsque la querelle était le plus envenimée, un citoyen obscur du Massachusetts imagina de proposer, par la voie des journaux, à tous les ennemis du tarif d'envoyer des députés à Philadelphie, afin d'aviser ensemble aux moyens de faire rendre au commerce sa liberté. Cette proposition circula en peu de jours par la puissance de l'imprimerie, depuis le Maine jusqu'à la Nouvelle-Orléans. Les ennemis du tarif l'adoptèrent avec ardeur. Ils se réunirent de toutes parts et nommèrent des députés. Le plus grand nombre de ceux-ci étaient des hommes connus, et quelques uns d'entre eux s'étaient rendus célèbres. La Caroline du Sud, qu'on a vue depuis prendre les armes dans la même cause, envoya pour sa part soixante-trois délégués. Le 1ᵉʳ octobre 1831, l'assemblée, qui, suivant l'habitude américaine, avait pris le nom de convention, se constitua à Philadelphie; elle comptait plus de deux cents membres. Ses discussions étaient publiques, et prirent, dès le premier jour, un caractère tout législatif; on discuta l'étendue des pouvoirs du congrès, les théories de la liberté du commerce, et enfin les diverses dispositions du tarif. Au bout de dix jours, l'assemblée se sépara après avoir rédigé une adresse au peuple américain. Dans cette adresse on exposait : 1° que le congrès n'avait pas le droit de faire un tarif, et que le tarif existant était inconstitutionnel; 2° qu'il n'était dans l'intérêt d'aucun peuple, et en particulier du peuple américain, que le commerce ne fût pas libre.

Il faut reconnaître que la liberté illimitée de s'associer en matière politique n'a pas produit jusqu'à présent, aux États-Unis, les résultats funestes qu'on pourrait peut-être en attendre ailleurs. Le droit d'association y est une importation anglaise, et il a existé de tout temps en Amérique. L'usage de ce droit est aujourd'hui passé dans les habitudes et dans les mœurs.

De notre temps, la liberté d'association est devenue une garantie nécessaire contre la tyrannie de la majorité. Aux États-Unis, quand une fois un parti est devenu dominant, toute la puissance publique passe dans ses mains; ses amis particuliers occupent tous les emplois et disposent de toutes les forces organisées.

Les hommes les plus distingués du parti contraire ne pouvant franchir la barrière qui les sépare du pouvoir, il faut bien qu'ils puissent s'établir en dehors; il faut que la minorité oppose sa force morale tout entière à la puissance matérielle qui l'opprime. C'est donc un danger qu'on oppose à un danger plus à craindre.

L'omnipotence de la majorité me paraît un si grand péril pour les républiques américaines, que le moyen dangereux dont on se sert pour la borner me semble encore un bien.

Ici j'exprimerai une pensée qui rappellera ce que j'ai dit autre part à l'occasion des libertés communales : il n'y a pas de pays où les associations soient plus nécessaires, pour empêcher le despotisme des partis ou l'arbitraire du prince, que ceux où l'état social est démocratique. Chez les nations aristocratiques, les corps secondaires forment des associations naturelles qui arrêtent les abus de pouvoir. Dans les pays où de pareilles associations n'existent point, si les particuliers ne peuvent créer artificiellement et momentanément quelque chose qui leur ressemble, je n'aperçois plus de digue à aucune sorte de tyrannie, et un grand peuple peut être opprimé impunément par une poignée de factieux ou par un homme.

La réunion d'une grande convention politique (car il y en a de tous genres), qui peut souvent devenir une mesure nécessaire, est toujours, même en Amérique, un événement grave et que les amis de leur pays n'envisagent qu'avec crainte.

Ceci se vit bien clairement dans la convention de 1831, où tous les efforts des hommes distingués qui faisaient partie de l'assemblée tendirent à en modérer le langage et à en restreindre l'objet. Il est probable que la convention de 1831 exerça en effet une grande influence sur l'esprit des mécontents, et les prépara à la révolte ouverte qui eut lieu en 1832 contre les lois commerciales de l'Union.

On ne peut se dissimuler que la liberté illimitée d'association, en matière politique, ne soit, de toutes les libertés, la dernière qu'un peuple puisse supporter. Si elle ne le fait pas tomber dans l'anarchie, elle la lui fait pour ainsi dire toucher à chaque instant. Cette liberté, si dangereuse, offre cependant sur un point des garanties; dans les pays où les associations sont libres, les sociétés secrètes sont inconnues. En Amérique, il y a des factieux, mais point de conspirateurs.

Des différentes manières dont on entend le droit d'association en Europe et aux États-Unis, et de l'usage différent qu'on en fait.

Après la liberté d'agir seul, la plus naturelle à l'homme est celle de combiner ses efforts avec les efforts de ses semblables et d'agir en commun. Le droit d'association me paraît donc presque aussi inaliénable de sa nature que la liberté individuelle. Le législateur ne saurait vouloir le détruire sans attaquer la société elle-même. Cependant s'il est des peuples chez lesquels la liberté de s'unir n'est que bienfaisante et féconde en prospérité, il en est d'autres aussi qui, par leurs excès, la dénaturent, et d'un élément de vie font une cause de destruction. Il m'a semblé que la comparaison des voies diverses que suivent les associations, dans les pays où la liberté est comprise, et dans ceux où cette liberté se change en licence, serait tout à la fois utile aux gouvernements et aux partis.

La plupart des Européens voient encore dans l'association une arme de guerre qu'on forme à la hâte pour aller l'essayer aussitôt sur un champ de bataille.

On s'associe bien dans le but de parler, mais la pensée prochaine d'agir préoccupe tous les esprits. Une association, c'est une armée; on y parle pour se compter et s'animer, et puis on marche à l'ennemi. Aux yeux de ceux qui la composent, les ressources légales peuvent paraître des moyens, mais elles ne sont jamais l'unique moyen de réussir.

Telle n'est point la manière dont on entend le droit d'association aux États-Unis. En Amérique, les citoyens qui forment la minorité s'associent, d'abord pour constater leur nombre, et affaiblir ainsi l'empire moral de la majorité; le second objet des associés est de mettre au concours et de découvrir de cette manière les arguments les plus propres à faire impression sur la majorité; car ils ont toujours l'espérance d'attirer à eux cette dernière, et de disposer ensuite, en son nom, du pouvoir.

Les associations politiques aux États-Unis sont donc paisibles dans leur objet et légales dans leurs moyens; et lorsqu'elles prétendent ne vouloir triompher que par les lois, elles disent en général la vérité.

La différence qui se remarque sur ce point entre les Américains et nous tient à plusieurs causes.

Il existe en Europe des partis qui diffèrent tellement de la majorité, qu'ils ne peuvent espérer de s'en faire jamais un appui, et ces mêmes partis se croient assez forts par eux-mêmes pour lutter contre elle. Quand un parti de cette espèce forme une association, il ne veut point convaincre, mais combattre. En Amérique, les hommes qui sont placés très loin de la majorité par leur opinion ne peuvent rien contre son pouvoir : tous les autres espèrent la gagner.

L'exercice du droit d'association devient donc dangereux en proportion de l'impossibilité où sont les grands partis de devenir la majorité. Dans un pays comme les États-Unis, où les opinions ne diffèrent que par des nuances, le droit d'association peut rester pour ainsi dire sans limites.

Ce qui nous porte encore à ne voir dans la liberté d'association que le droit de faire la guerre aux gouvernants, c'est notre inexpérience en fait de liberté. La première idée qui se présente à l'esprit d'un parti comme à celle d'un homme, quand les forces lui viennent, c'est l'idée de la violence : l'idée de la persuasion n'arrive que plus tard; elle naît de l'expérience.

Les Anglais, qui sont divisés entre eux d'une manière si profonde, font rarement abus du droit d'association, parce qu'ils en ont un plus long usage.

On a de plus, parmi nous, un goût tellement passionné pour la guerre, qu'il n'est pas d'entreprise si insensée, dût-elle bouleverser l'État, dans laquelle on ne s'estimât glorieux de mourir les armes à la main.

Mais de toutes les causes qui concourent aux États-Unis à modérer les violences de l'association politique, la plus puissante peut-être est le vote universel. Dans les pays où le vote universel est admis, la majorité n'est jamais douteuse, parce que nul parti ne saurait raisonnablement s'établir comme le représentant de ceux qui n'ont point voté. Les associations savent donc, et tout le monde sait qu'elles ne représentent point la majorité. Ceci résulte du fait même de leur existence ; car, si elles la représentaient, elles changeraient elles-mêmes la loi au lieu d'en demander la réforme.

La force morale du gouvernement qu'elles attaquent s'en trouve très augmentée ; la leur, fort affaiblie.

En Europe, il n'y a presque point d'associations qui ne prétendent ou ne croient représenter les volontés de la majorité. Cette prétention ou cette croyance augmente prodigieusement leur force, et sert merveilleusement à légitimer leurs actes. Car quoi de plus excusable que la violence pour faire triompher la cause opprimée du droit ?

C'est ainsi que dans l'immense complication des lois humaines il arrive quelquefois que l'extrême liberté corrige les abus de la liberté, et que l'extrême démocratie prévient les dangers de la démocratie.

En Europe, les associations se considèrent en quelque sorte comme le conseil législatif et exécutif de la nation, qui elle-même ne peut élever la voix ; partant de cette idée, elles agissent et commandent. En Amérique, où elles ne représentent aux yeux de tous qu'une minorité dans la nation, elles parlent et pétitionnent.

Les moyens dont se servent les associations en Europe sont d'accord avec le but qu'elles se proposent.

Le but principal de ces associations étant d'agir et non de parler, de combattre et non de convaincre, elles sont naturellement amenées à se donner une organisation qui n'a rien de civil, et à introduire dans leur sein les habitudes et les maximes militaires : aussi les voit-on centraliser, autant qu'elles le peuvent, la direction de leurs forces, et remettre le pouvoir de tous dans les mains d'un très petit nombre.

Les membres de ces associations répondent à un mot d'ordre comme des soldats en campagne ; ils professent le dogme de l'obéissance passive, ou plutôt, en s'unissant, ils ont fait d'un seul coup le sacrifice entier de leur jugement et de leur libre arbitre : aussi règne-t-il souvent dans le sein de ces associations une tyrannie plus insupportable que celle qui s'exerce dans la société au nom du gouvernement qu'on attaque.

Cela diminue beaucoup leur force morale. Elles perdent ainsi le caractère sacré qui s'attache à la lutte des opprimés contre les oppresseurs. Car celui qui consent à obéir servilement en certains cas à quelques uns de ses semblables, qui leur livre sa volonté et leur soumet jusqu'à sa pensée, comment celui-là peut-il prétendre qu'il veut être libre?

Les Américains ont aussi établi un gouvernement au sein des associations; mais c'est, si je puis m'exprimer ainsi, un gouvernement civil. L'indépendance individuelle y trouve sa part : comme dans la société, tous les hommes y marchent en même temps vers le même but; mais chacun n'est pas tenu d'y marcher exactement par les mêmes voies. On n'y fait point le sacrifice de sa volonté et de sa raison; mais on applique sa volonté et sa raison à faire réussir une entreprise commune.

CHAPITRE V.

DU GOUVERNEMENT DE LA DÉMOCRATIE EN AMÉRIQUE.

Je sais que je marche ici sur un terrain brûlant. Chacun des mots de ce chapitre doit froisser en quelques points les différents partis qui divisent mon pays. Je n'en dirai pas moins toute ma pensée.

En Europe, nous avons peine à juger le véritable caractère et les instincts permanents de la démocratie, parce qu'en Europe il y a lutte entre deux principes contraires, et qu'on ne sait pas précisément quelle part il faut attribuer aux principes eux-mêmes, ou aux passions que le combat a fait naître.

Il n'en est pas de même en Amérique. Là, le peuple domine sans obstacles; il n'a pas de périls à craindre ni d'injures à venger.

En Amérique, la démocratie est donc livrée à ses propres pentes. Ses allures sont naturelles et tous ses mouvements sont libres. C'est là qu'il faut la juger. Et pour qui cette étude serait-elle intéressante et profitable, si ce n'était pour nous, qu'un mouvement irrésistible entraîne chaque jour, et qui marchons en aveugles, peut-être vers le despotisme, peut-être vers la république, mais à coup sûr vers un état social démocratique?

DU VOTE UNIVERSEL.

J'ai dit précédemment que tous les États de l'Union avaient admis le vote universel. On le retrouve chez des populations placées à différents degrés de l'échelle sociale. J'ai eu occasion de voir ses effets dans des lieux divers et parmi des races d'hommes que leur langue, leur religion ou leurs mœurs rendent presque étrangères les unes aux autres : à la Louisiane comme dans la Nouvelle-Angleterre, à la Géorgie comme au Canada. J'ai remarqué que le vote universel était loin de produire, en Amérique, tous les biens et tous les maux qu'on en attend en Europe, et que ses effets étaient en général autres qu'on ne les suppose.

DES CHOIX DU PEUPLE, ET DES INSTINCTS DE LA DÉMOCRATIE AMÉRICAINE DANS SES CHOIX.

Aux États-Unis les hommes les plus remarquables sont rarement appelés à la direction des affaires publiques. — Causes de ce phénomène. — L'envie qui anime les classes inférieures de France contre les supérieurs n'est pas un sentiment français, mais démocratique. — Pourquoi, en Amérique, les hommes distingués s'écartent souvent d'eux-mêmes de la carrière politique.

Bien des gens, en Europe, croient sans le dire, ou disent sans le croire, qu'un des grands avantages du vote universel est d'appeler à la direction des affaires des hommes dignes de la confiance publique. Le peuple ne saurait gouverner lui-même, dit-on, mais il veut toujours sincèrement le bien de l'État, et son instinct ne manque guère de lui désigner ceux qu'un même désir anime et qui sont les plus capables de tenir en main le pouvoir.

Pour moi, je dois le dire, ce que j'ai vu en Amérique ne m'autorise point à penser qu'il en soit ainsi. A mon arrivée aux États-Unis, je fus frappé de surprise en découvrant à quel point le mérite était commun parmi les gouvernés, et combien il l'était peu chez les gouvernants. C'est un fait constant que, de nos jours, aux États-Unis, les hommes les plus remarquables sont rarement appelés aux fonctions publiques, et l'on est obligé de reconnaître qu'il en a été ainsi à mesure que la démocratie a dépassé toutes ses anciennes limites. Il est évident que la race des hommes d'État américains s'est singulièrement rapetissée depuis un demi-siècle.

On peut indiquer plusieurs causes de ce phénomène.

Il est impossible, quoi qu'on fasse, d'élever les lumières du peuple au-dessus d'un certain niveau. On aura beau faciliter les abords des connaissances humaines, améliorer les méthodes d'enseignement et mettre la science à bon marché, on ne fera jamais que les hommes s'instruisent et développent leur intelligence sans y consacrer du temps.

Le plus ou moins de facilité que rencontre le peuple à vivre sans travailler, forme donc la limite nécessaire de ses progrès intellectuels. Cette limite est placée plus loin dans certains pays, moins loin dans certains autres; mais pour qu'elle n'existât point, il faudrait que le peuple n'eût point à s'occuper des soins matériels de la vie, c'est-à-dire qu'il ne fût plus le peuple. Il est donc aussi difficile de concevoir une société où tous les hommes soient très éclairés, qu'un État où tous les citoyens soient riches; ce sont là deux difficultés corrélatives. J'admettrai sans peine que la masse des citoyens veut très sincèrement le bien du pays; je vais même plus loin, et je dis que les classes inférieures de la société me semblent mêler, en général, à ce désir moins de combinaisons d'intérêt personnel que les classes élevées; mais ce qui leur manque toujours, plus ou moins, c'est l'art de juger des moyens tout en voulant sincèrement la fin. Quelle longue étude, que de notions diverses sont nécessaires pour se faire une idée exacte du caractère d'un seul homme! Les plus grands génies s'y égarent, et la multitude y réussirait! Le peuple ne trouve jamais le temps et les moyens de se livrer à ce travail. Il lui faut toujours juger à la hâte et s'attacher au plus saillant des objets. De là vient que les charlatans de tous genres savent si bien le secret de lui plaire, tandis que, le plus souvent, ses véritables amis y échouent.

Du reste, ce n'est pas toujours la capacité qui manque à la démocratie pour choisir les hommes de mérite, mais le désir et le goût.

Il ne faut pas se dissimuler que les institutions démocratiques développent à un très haut degré le sentiment de l'envie dans le cœur humain. Ce n'est point tant parce qu'elles offrent à chacun des moyens de s'égaler aux autres, mais parce que ces moyens défaillent sans cesse à ceux qui les emploient. Les institutions démocratiques réveillent et flattent la passion de l'égalité sans pouvoir jamais la satisfaire entièrement. Cette égalité complète s'échappe tous les jours des mains du peuple au moment où il croit la saisir, et fuit, comme dit Pascal, d'une fuite éternelle ; le peuple s'échauffe à la recherche de ce bien d'autant plus précieux qu'il est assez près pour être connu, assez loin pour n'être point goûté. La chance de réussir l'ément, l'incertitude du succès l'irrite ; il s'agite, il se lasse, il s'aigrit. Tout ce qui le dépasse par quelque endroit lui paraît alors un obstacle à ses désirs, et il n'y a pas de supériorité si légitime dont la vue ne fatigue ses yeux.

Beaucoup de gens s'imaginent que cet instinct secret qui porte chez nous les classes inférieures à écarter autant qu'elles le peuvent les supérieures de la direction des affaires, ne se découvre qu'en France ; c'est une erreur : l'instinct dont je parle n'est point français, il est démocratique ; les circonstances politiques ont pu lui donner un caractère particulier d'amertume, mais elles ne l'ont pas fait naître.

Aux États-Unis, le peuple n'a point de haine pour les classes élevées de la société ; mais il se sent peu de bienveillance pour elles, et les tient avec soin en dehors du pouvoir ; il ne craint pas les grands talents, mais il les goûte peu. En général, on remarque que tout ce qui s'élève sans son appui obtient difficilement sa faveur.

Tandis que les instincts naturels de la démocratie portent le peuple à écarter les hommes distingués du pouvoir, un instinct non moins fort porte ceux-ci à s'éloigner de la carrière politique, où il leur est si difficile de rester complétement eux-mêmes et de marcher sans s'avilir. C'est cette pensée qui est fort naïvement exprimée par le chancelier Kent. L'auteur célèbre dont je parle, après avoir donné de grands éloges à cette portion de la constitution qui accorde au pouvoir exécutif la nomination des juges, ajoute : « Il est probable, en effet, que les hommes les plus » propres à remplir ces places auraient trop de ré- » serve dans les manières, et trop de sévérité dans » les principes, pour pouvoir jamais réunir la majorité » des suffrages à une élection qui reposerait sur le » vote universel. » (*Kent's commentaries*, v. I, p. 272.) Voilà ce qu'on imprimait sans contradiction en Amérique dans l'année 1830.

Il m'est démontré que ceux qui regardent le vote universel comme une garantie de la bonté des choix, se font une illusion complète. Le vote universel a d'autres avantages, mais non celui-là.

DES CAUSES QUI PEUVENT CORRIGER EN PARTIE CES INSTINCTS DE LA DÉMOCRATIE.

Effets contraires produits sur les peuples comme sur les hommes par les grands périls. — Pourquoi l'Amérique a vu tant d'hommes remarquables à la tête de ses affaires il y a cinquante ans. — Influence qu'exercent les lumières et les mœurs sur les choix du peuple. — Exemple de la Nouvelle-Angleterre. — États du Sud-Ouest. — Comment certaines lois influent sur les choix du peuple. — Élection à deux degrés. — Ses effets dans la composition du sénat.

Lorsque de grands périls menacent l'État, on voit souvent le peuple choisir avec bonheur les citoyens les plus propres à le sauver.

On a remarqué que l'homme dans un danger pressant restait rarement à son niveau habituel ; il s'élève bien au-dessus, ou tombe au-dessous. Ainsi arrive-t-il aux peuples eux-mêmes. Les périls extrêmes, au lieu d'élever une nation, achèvent quelquefois de l'abattre; ils soulèvent ses passions sans les conduire, et troublent son intelligence, loin de l'éclairer. Les Juifs s'égorgeaient encore au milieu des débris fumants du temple. Mais il est plus commun de voir, chez les nations comme chez les hommes, les vertus extraordinaires naître de l'imminence même des dangers. Les grands caractères paraissent alors en relief comme ces monuments que cachait l'obscurité de la nuit, et qu'on voit se dessiner tout-à-coup à la lueur d'un incendie. Le génie ne dédaigne plus de se reproduire de lui-même, et le peuple, frappé de ses propres périls, oublie pour un temps ses passions envieuses. Il n'est pas rare de voir alors sortir de l'urne électorale des noms célèbres. J'ai dit plus haut qu'en Amérique les hommes d'État de nos jours semblent fort inférieurs à ceux qui parurent, il y a cinquante ans, à la tête des affaires. Ceci ne tient pas seulement aux lois, mais aux circonstances. Quand l'Amérique luttait pour la plus juste des causes, celle d'un peuple échappant au joug d'un autre peuple; lorsqu'il s'agissait de faire entrer une nation nouvelle dans le monde, toutes les âmes s'élevaient pour atteindre à la hauteur du but de leurs efforts. Dans cette excitation générale, les hommes supérieurs couraient au-devant du peuple, et le peuple, les prenant dans ses bras, les plaçait à sa tête. Mais de pareils événements sont rares; c'est sur l'allure ordinaire des choses qu'il faut juger.

Si des événements passagers parviennent quelquefois à combattre les passions de la démocratie, les lumières, et surtout les mœurs, exercent sur ses penchants une influence non moins puissante, mais plus durable. On s'en aperçoit bien aux États-Unis.

Dans la Nouvelle-Angleterre, où l'éducation et la liberté sont filles de la morale et de la religion; où la société, déjà ancienne et depuis long-temps assise, a pu se former des maximes et des habitudes; le peuple, en même temps qu'il échappe à toutes les supériorités que la richesse et la naissance ont jamais créées parmi les hommes, s'est habitué à respecter les supériorités intellectuelles et morales, et à s'y soumettre sans déplaisir : aussi voit-on que la démocratie dans la Nouvelle-Angleterre fait de meilleurs choix que partout ailleurs.

A mesure, au contraire, qu'on descend vers le midi, dans les États où le lien social est moins ancien et moins fort, où l'instruction s'est moins répandue, et où les principes de la morale, de la religion et de la liberté se sont combinés d'une manière moins heureuse, on aperçoit que les talents et les vertus deviennent de plus en plus rares parmi les gouvernants.

Lorsqu'on pénètre enfin dans les nouveaux États du sud-ouest, où le corps social, formé d'hier, ne présente encore qu'une agglomération d'aventuriers ou de spéculateurs, on est confondu de voir en quelles mains la puissance publique est remise, et l'on se demande par quelle force indépendante de la législation et des hommes, l'État peut y croire et la société y prospérer.

Il y a certaines lois dont la nature est démocratique, et qui réussissent cependant à corriger en partie ces instincts dangereux de la démocratie.

Lorsque vous entrez dans la salle des représentants

à Washington, vous vous sentez frappé de l'aspect vulgaire de cette grande assemblée. L'œil cherche souvent en vain dans son sein un homme célèbre. Presque tous ses membres sont des personnages obscurs, dont le nom ne fournit aucune image à la pensée. Ce sont, pour la plupart, des avocats de village, des commerçants, ou même des hommes appartenant aux dernières classes. Dans un pays où l'instruction est presque universellement répandue, on dit que les représentants du peuple ne savent pas toujours correctement écrire.

A deux pas de là s'ouvre la salle du sénat, dont l'étroite enceinte renferme une grande partie des célébrités de l'Amérique. A peine y aperçoit-on un seul homme qui ne rappelle l'idée d'une illustration récente. Ce sont d'éloquents avocats, des généraux distingués, d'habiles magistrats, ou des hommes d'État connus. Toutes les paroles qui s'échappent de cette assemblée feraient honneur aux plus grands débats parlementaires d'Europe.

D'où vient ce bizarre contraste? Pourquoi l'élite de la nation se trouve-t-elle dans cette salle plutôt que dans cette autre? Pourquoi la première assemblée réunit-elle tant d'éléments vulgaires, lorsque la seconde semble avoir le monopole des talents et des lumières? L'une et l'autre cependant émanent du peuple, l'une et l'autre sont le produit du suffrage universel, et nulle voix, jusqu'à présent, ne s'est élevée en Amérique pour soutenir que le sénat fût ennemi des intérêts populaires. D'où vient donc une si énorme différence? Je ne vois qu'un seul fait qui l'explique : l'élection qui produit la chambre des représentants est directe; celle dont le sénat émane est soumise à deux degrés. L'universalité des citoyens nomme la législature de chaque État, et la constitution fédérale, transformant à leur tour chacune de ces législatures en corps électoraux, y puise les membres du sénat. Les sénateurs expriment donc, quoique indirectement, le résultat du vote universel; car la législature, qui nomme les sénateurs, n'est point un corps aristocratique ou privilégié qui tire son droit électoral de lui-même; elle dépend essentiellement de l'universalité des citoyens; elle est en général élue par eux tous les ans, et ils peuvent toujours diriger ses choix en la composant de membres nouveaux. Mais il suffit que la volonté populaire passe à travers cette assemblée choisie pour s'y élaborer en quelque sorte, et en sortir revêtue de formes plus nobles et plus belles. Les hommes ainsi élus représentent donc toujours exactement la majorité de la nation qui gouverne; mais ils ne représentent que les pensées élevées qui ont cours au milieu d'elle, les instincts généreux qui l'animent, et non les petites passions qui souvent l'agitent et les vices qui la déshonorent.

Il est facile d'apercevoir dans l'avenir un moment où les républiques américaines seront forcées de multiplier les deux degrés dans leur système électoral, sous peine de se perdre misérablement parmi les écueils de la démocratie.

Je ne ferai pas difficulté de l'avouer; je vois dans le double degré électoral le seul moyen de mettre l'usage de la liberté politique à la portée de toutes les classes du peuple. Ceux qui espèrent faire de ce moyen l'arme exclusive d'un parti, et ceux qui le craignent, me paraissent tomber dans une égale erreur.

INFLUENCE QU'A EXERCÉE LA DÉMOCRATIE AMÉRICAINE SUR LES LOIS ÉLECTORALES.

La rareté des élections expose l'État à de grandes crises. — Leur fréquence l'entretient dans une agitation fébrile. — Les Américains ont choisi le second de ces deux maux. — Versatilité de la loi. — Opinion de Hamilton, de Madisson et de Jefferson sur ce sujet.

Quand l'élection ne revient qu'à de longs intervalles, à chaque élection l'État court risque d'un bouleversement.

Les partis font alors de prodigieux efforts pour se saisir d'une fortune qui passe si rarement à leur portée; et le mal étant presque sans remède pour les candidats qui échouent, il faut tout craindre de leur ambition poussée au désespoir. Si, au contraire, la lutte légale doit bientôt se renouveler, les vaincus patientent.

Lorsque les élections se succèdent rapidement, leur fréquence entretient dans la société un mouvement fébrile, et maintient les affaires publiques dans un état de versatilité continuelle.

Ainsi, d'un côté, il y a pour l'État chance de malaise; de l'autre, chance de révolution; le premier système nuit à la bonté du gouvernement, le second menace son existence.

Les Américains ont mieux aimé s'exposer au premier mal qu'au second. En cela, ils se sont dirigés par instinct bien plus que par raisonnement, la démocratie poussant le goût de la variété jusqu'à la passion. Il en résulte une mutabilité singulière dans la législation.

Beaucoup d'Américains considèrent l'instabilité de leurs lois comme la conséquence nécessaire d'un système dont les effets généraux sont utiles. Mais il n'est personne, je crois, aux États-Unis, qui prétende nier que cette instabilité existe ou qui ne la regarde pas comme un grand mal.

Hamilton, après avoir démontré l'utilité d'un pouvoir qui pût empêcher ou du moins retarder la promulgation des mauvaises lois, ajoute : « On me » répondra peut-être que le pouvoir de prévenir de » mauvaises lois implique le pouvoir de prévenir » les bonnes. Cette objection ne saurait satisfaire » ceux qui ont été à même d'examiner tous les maux » qui découlent pour nous de l'inconstance et de la » mutabilité de la loi. L'instabilité législative est la » plus grande tache qu'on puisse signaler dans nos » institutions. » *Form the greatest blemish in the character and genius of our government.* (Federalist., n. 73.)

« La facilité qu'on trouve à changer les lois, dit » Madisson, et l'excès qu'on peut faire du pouvoir » législatif, me paraissent les maladies les plus dan» gereuses auxquelles notre gouvernement soit ex» posé. » (*Federalist.*, n. 62.)

Jefferson lui-même, le plus grand démocrate qui soit encore sorti du sein de la démocratie américaine, a signalé les mêmes périls.

« L'instabilité de nos lois est réellement un in» convénient très grave, dit-il. Je pense que nous

» aurions dû y pourvoir en décidant qu'il y aurait tou-
» jours un intervalle d'une année entre la présentation
» d'une loi et le vote définitif. Elle serait ensuite discutée
» et votée, sans qu'on pût y changer un mot, et si les
» circonstances semblaient exiger une plus prompte
» résolution, la proposition ne pourrait être adoptée
» à la simple majorité, mais à la majorité des deux
» tiers de l'une et de l'autre chambre (1). »

DES FONCTIONNAIRES PUBLICS SOUS L'EMPIRE DE LA DÉMOCRATIE AMÉRICAINE.

Simplicité des fonctionnaires américains. — Absence de costume. — Tous les fonctionnaires sont payés. — Conséquences politiques de ce fait. — En Amérique il n'y a pas de carrière publique. — Ce qui en résulte.

Les fonctionnaires publics, aux États-Unis, restent confondus au milieu de la foule des citoyens; ils n'ont ni palais, ni gardes, ni costumes d'apparat. Cette simplicité des gouvernants ne tient pas seulement à un tour particulier de l'esprit américain, mais aux principes fondamentaux de la société.

Aux yeux de la démocratie, le gouvernement n'est pas un bien, c'est un mal nécessaire. Il faut accorder aux fonctionnaires un certain pouvoir; car, sans ce pouvoir, à quoi serviraient-ils? mais les apparences extérieures du pouvoir ne sont point indispensables à la marche des affaires; elles blessent inutilement la vue du public.

(1) Lettre à Madisson, du 20 décembre 1787, traduction de M. Conseil.

Les fonctionnaires eux-mêmes sentent parfaitement qu'ils n'ont obtenu le droit de se placer au-dessus des autres par leur puissance, que sous la condition de descendre au niveau de tous par leurs manières.

Je ne saurais rien imaginer de plus uni dans ses façons d'agir, de plus accessible à tous, de plus attentif aux demandes, et de plus civil dans ses réponses, qu'un homme public aux États-Unis.

J'aime cette allure naturelle du gouvernement de la démocratie; dans cette force intérieure qui s'attache à la fonction plus qu'au fonctionnaire, à l'homme plus qu'aux signes extérieurs de la puissance, j'aperçois quelque chose de viril que j'admire.

Quant à l'influence que peuvent exercer les costumes, je crois qu'on s'exagère beaucoup l'importance qu'ils doivent avoir dans un siècle comme le nôtre. Je n'ai point remarqué qu'en Amérique le fonctionnaire, dans l'exercice de son pouvoir, fût accueilli avec moins d'égards et de respects, pour être réduit à son seul mérite.

D'une autre part, je doute fort qu'un vêtement particulier porte les hommes publics à se respecter eux-mêmes, quand ils ne sont pas naturellement disposés à le faire; car je ne saurais croire qu'ils aient plus d'égard pour leur habit que pour leur personne.

Quand je vois, parmi nous, certains magistrats brusquer les parties ou leur adresser des bons mots, lever les épaules aux moyens de la défense et sourire avec complaisance à l'énumération des charges, je voudrais qu'on essayât de leur ôter leur robe, afin de découvrir si, se trouvant vêtus comme les simples citoyens, cela ne les rappellerait pas à la dignité naturelle de l'espèce humaine.

Aucun des fonctionnaires publics des États-Unis n'a de costume, mais tous reçoivent un salaire.

Ceci découle, plus naturellement encore que ce qui précède, des principes démocratiques. Une démocratie peut environner de pompe ses magistrats et les couvrir de soie et d'or sans attaquer directement le principe de son existence. De pareils privilèges sont passagers; ils tiennent à la place, et non à l'homme. Mais établir des fonctions gratuites, c'est créer une classe de fonctionnaires riches et indépendants, c'est former le noyau d'une aristocratie. Si le peuple conserve encore le droit du choix, l'exercice de ce droit a donc des bornes nécessaires.

Quand on voit une république démocratique rendre gratuites les fonctions rétribuées, je crois qu'on peut en conclure qu'elle marche vers la monarchie. Et quand une monarchie commence à rétribuer les fonctions gratuites, c'est la marque assurée qu'on s'avance vers un état despotique ou vers un état républicain.

La substitution des fonctions salariées aux fonctions gratuites me semble donc à elle toute seule constituer une véritable révolution.

Je regarde comme un des signes les plus visibles de l'empire absolu qu'exerce la démocratie en Amérique, l'absence complète des fonctions gratuites. Les services rendus au public, quels qu'ils soient, s'y paient: aussi chacun a-t-il, non pas seulement le droit, mais la possibilité de les rendre.

Si, dans les États démocratiques, tous les citoyens

peuvent obtenir les emplois, tous ne sont pas tentés de les briguer. Ce ne sont pas les conditions de la candidature, mais le nombre et la capacité des candidats, qui souvent y limitent le choix des électeurs.

Chez les peuples où le principe de l'élection s'étend à tout, il n'y a pas, à proprement parler, de carrière publique. Les hommes n'arrivent en quelque sorte aux fonctions que par hasard, et ils n'ont aucune assurance de s'y maintenir. Cela est vrai surtout lorsque les élections sont annuelles. Il en résulte que, dans les temps de calme, les fonctions publiques offrent peu d'appât à l'ambition. Aux États-Unis, ce sont les gens modérés dans leurs désirs qui s'engagent au milieu des détours de la politique. Les grands talents et les grandes passions s'écartent en général du pouvoir, afin de poursuivre la richesse; et il arrive souvent qu'on ne se charge de diriger la fortune de l'État que quand on se sent peu capable de conduire ses propres affaires.

C'est à ces causes autant qu'aux mauvais choix de la démocratie qu'il faut attribuer le grand nombre d'hommes vulgaires qui occupent les fonctions publiques. Aux États-Unis, je ne sais si le peuple choisirait les hommes supérieurs qui brigueraient ses suffrages, mais il est certain que ceux-ci ne les briguent pas.

DE L'ARBITRAIRE DES MAGISTRATS (1) SOUS L'EMPIRE DE LA DÉMOCRATIE AMÉRICAINE.

Pourquoi l'arbitraire des magistrats est plus grand sous les monarchies absolues et dans les républiques démocratiques que dans les monarchies tempérées. — Arbitraire des magistrats dans la Nouvelle-Angleterre.

Il y a deux espèces de gouvernements sous lesquels il se mêle beaucoup d'arbitraire à l'action des magistrats; il en est ainsi sous le gouvernement absolu d'un seul et sous le gouvernement de la démocratie.

Ce même effet provient de causes presque analogues.

Dans les États despotiques, le sort de personne n'est assuré, pas plus celui des fonctionnaires publics que celui des simples particuliers. Le souverain, tenant toujours dans sa main la vie, la fortune, et quelquefois l'honneur des hommes qu'il emploie, pense n'avoir rien à craindre d'eux, et il leur laisse une grande liberté d'action, parce qu'il se croit assuré qu'ils n'en abuseront jamais contre lui.

Dans les États despotiques, le souverain est si amoureux de son pouvoir, qu'il craint la gêne de ses propres règles; et il aime à voir ses agents aller à peu près au hasard, afin d'être sûr de ne jamais rencontrer en eux une tendance contraire à ses désirs.

Dans les démocraties, la majorité pouvant chaque année enlever le pouvoir des mains auxquelles elle l'a confié, ne craint point non plus qu'on en abuse contre elle. Maîtresse de faire connaître à chaque in-

---

(1) J'entends ici le mot *magistrats* dans son acception la plus étendue : je l'applique à tous ceux qui sont chargés de faire exécuter les lois

stant ses volontés aux gouvernants, elle aime mieux les abandonner à leurs propres efforts que de les enchaîner à une règle invariable, qui, en les bornant, la bornerait en quelque sorte elle-même.

On découvre même, en y regardant de près, que, sous l'empire de la démocratie, l'arbitraire du magistrat doit être plus grand encore que dans les États despotiques.

Dans ces États, le souverain peut punir en un moment toutes les fautes qu'il aperçoit; mais il ne saurait se flatter d'apercevoir toutes les fautes qu'il devrait punir. Dans les démocraties, au contraire, le souverain, en même temps qu'il est tout-puissant, est partout à la fois : aussi voit-on que les fonctionnaires américains sont bien plus libres dans le cercle d'action que la loi leur trace qu'aucun fonctionnaire d'Europe. Souvent on se borne à leur montrer le but vers lequel ils doivent tendre, les laissant maîtres de choisir les moyens.

Dans la Nouvelle-Angleterre, par exemple, on s'en rapporte aux *select-men* de chaque commune du soin de former la liste du jury; la seule règle qu'on leur trace est celle-ci : ils doivent choisir les jurés parmi les citoyens qui jouissent des droits électoraux et qui ont une bonne réputation (1).

En France, nous croirions la vie et la liberté des hommes en péril, si nous confiions à un fonctionnaire, quel qu'il fût, l'exercice d'un droit aussi redoutable.

Dans la Nouvelle-Angleterre, ces mêmes magistrats

---

(1) Voyez loi du 27 février 1813. Collection générale des lois du Massachusetts, vol. 2, p. 331. On doit dire qu'ensuite les jurés sont tirés au sort sur les listes.

peuvent faire afficher dans les cabarets le nom des ivrognes, et empêcher sous peine d'amende les habitants de leur fournir du vin (1).

Un pareil pouvoir censorial révolterait le peuple dans la monarchie la plus absolue; ici, pourtant, on s'y soumet sans peine.

Nul part la loi n'a laissé une plus grande part à l'arbitraire que dans les républiques démocratiques, parce que l'arbitraire n'y paraît point à craindre. On peut même dire que le magistrat y devient plus libre, à mesure que le droit électoral descend plus bas et que le temps de la magistrature est plus limité.

De là vient qu'il est si difficile de faire passer une république démocratique à l'état de monarchie. Le magistrat, en cessant d'être électif, y garde d'ordinaire les droits et y conserve les usages du magistrat élu. On arrive alors au despotisme.

Ce n'est que dans les monarchies tempérées que la loi, en même temps qu'elle trace un cercle d'action autour des fonctionnaires publics, prend encore le soin de les y guider à chaque pas. La cause de ce fait est facile à dire.

Dans les monarchies tempérées, le pouvoir se trouve divisé entre le peuple et le prince. L'un et

---

(1) Loi du 28 février 1787. Voyez Collection générale des lois du Massachusetts, vol. 1, p. 302.

Voici le texte :

« Les *select-men* de chaque commune feront afficher dans les bouti-
» ques des cabaretiers, aubergistes et détaillants, une liste des personnes
» réputées ivrognes, joueurs, et qui ont l'habitude de perdre leur temps
» et leur fortune dans ces maisons; et le maître desdites maisons qui,
» après cet avertissement, aura souffert que lesdites personnes boivent
» et jouent dans sa demeure, ou leur aura vendu des liqueurs spiri-
» tueuses, sera condamné à l'amende. »

l'autre ont intérêt à ce que la position du magistrat soit stable.

Le prince ne veut pas remettre le sort des fonctionnaires dans les mains du peuple, de peur que ceux-ci ne trahissent son autorité; de son côté, le peuple craint que les magistrats, placés dans la dépendance absolue du prince, ne servent à opprimer la liberté; on ne les fait donc dépendre en quelque sorte de personne.

La même cause qui porte le prince et le peuple à rendre le fonctionnaire indépendant, les porte à chercher des garanties contre les abus de son indépendance, afin qu'il ne la tourne pas contre l'autorité de l'un ou la liberté de l'autre. Tous deux s'accordent donc sur la nécessité de tracer d'avance au fonctionnaire public une ligne de conduite, et trouvent leur intérêt à lui imposer des règles dont il lui soit impossible de s'écarter.

INSTABILITÉ ADMINISTRATIVE AUX ÉTATS-UNIS.

En Amérique, les actes de la société laissent souvent moins de traces que les actions d'une famille. — Journaux, seuls monuments historiques. — Comment l'extrême instabilité administrative nuit à l'art de gouverner.

Les hommes ne faisant que passer un instant au pouvoir, pour aller ensuite se perdre dans une foule qui, elle-même, change chaque jour de face, il en résulte que les actes de la société, en Amérique, laissent souvent moins de trace que les actions d'une simple famille. L'administration publique y est en quelque sorte orale et traditionnelle. On n'y écrit point, ou ce qui est écrit s'envole au moindre vent, comme les feuilles de la Sibylle, et disparaît sans retour.

Les seuls monuments historiques des États-Unis sont les journaux. Si un numéro vient à manquer, la chaîne des temps est comme brisée : le présent et le passé ne se rejoignent plus. Je ne doute point que dans cinquante ans il ne soit plus difficile de réunir des documents authentiques sur les détails de l'existence sociale des Américains de nos jours, que sur l'administration des Français au moyen âge ; et si une invasion de Barbares venait à surprendre les États-Unis, il faudrait, pour savoir quelque chose du peuple qui les habite, recourir à l'histoire des autres nations.

L'instabilité administrative a commencé par pénétrer dans les habitudes ; je pourrais presque dire qu'aujourd'hui chacun a fini par en contracter le goût. Nul ne s'inquiète de ce qu'on a fait avant lui. On n'adopte point de méthode ; on ne compose point de collection ; on ne réunit pas de documents, lors même qu'il serait aisé de le faire. Quand par hasard on les possède, on n'y tient guère. J'ai dans mes papiers des pièces originales qui m'ont été données dans des administrations publiques pour répondre à quelques unes de mes questions. En Amérique, la société semble vivre au jour le jour, comme une armée en campagne. Cependant, l'art d'administrer est à coup sûr une science ; et toutes les sciences, pour faire des progrès, ont besoin de lier ensemble les découvertes des différentes générations, à mesure qu'elles se succèdent. Un homme, dans le court espace de la vie, remarque un fait, un autre conçoit une idée; celui-ci invente un moyen, celui-là trouve une formule; l'humanité recueille en passant ces fruits divers de l'expérience individuelle, et forme les sciences. Il est très difficile que les administrateurs américains apprennent rien les uns des autres. Ainsi ils apportent à la conduite de la société les lumières qu'ils trouvent répandues dans son sein, et non des connaissances qui leur soient propres. La démocratie, poussée dans ses dernières limites, nuit donc au progrès de l'art de gouverner. Sous ce rapport, elle convient mieux à un peuple dont l'éducation administrative est déjà faite, qu'à un peuple novice dans l'expérience des affaires.

Ceci, du reste, ne se rapporte point uniquement à la science administrative. Le gouvernement démocratique, qui se fonde sur une idée si simple et si naturelle, suppose toujours, cependant, l'existence d'une société très civilisée et très savante (1). D'abord on le croirait contemporain des premiers âges du monde; en y regardant de près, on découvre aisément qu'il n'a dû venir que le dernier.

(1) Il est inutile de dire que je parle ici du gouvernement démocratique appliqué à un peuple et non à une petite tribu.

DES CHARGES PUBLIQUES SOUS L'EMPIRE DE LA DÉMOCRATIE AMÉRICAINE.

Dans toutes les sociétés, les citoyens se divisent en un certain nombre de classes. — Instinct qu'apporte chacune de ces classes dans la direction des finances de l'État. — Pourquoi les dépenses publiques doivent tendre à croître quand le peuple gouverne. — Ce qui rend les profusions de la démocratie moins à craindre en Amérique. — Emploi des deniers publics sous la démocratie.

Le gouvernement de la démocratie est-il économique? Il faut d'abord savoir à quoi nous entendons le comparer.

La question serait facile à résoudre si l'on voulait établir un parallèle entre une république démocratique et une monarchie absolue. On trouverait que les dépenses publiques dans la première sont plus considérables que dans la seconde. Mais il en est ainsi pour tous les États libres, comparés à ceux qui ne le sont pas. Il est certain que le despotisme ruine les hommes en les empêchant de produire, plus qu'en leur enlevant les fruits de la production; il tarit la source des richesses, et respecte souvent la richesse acquise. La liberté, au contraire, enfante mille fois plus de biens qu'elle n'en détruit, et, chez les nations qui la connaissent, les ressources du peuple croissent toujours plus vite que les impôts.

Ce qui m'importe en ce moment, est de comparer entre eux les peuples libres, et parmi ces derniers de constater quelle influence exerce la démocratie sur les finances de l'État.

Les sociétés, ainsi que les corps organisés, suivent

dans leur formation certaines règles fixes dont elles ne sauraient s'écarter. Elles sont composées de certains éléments qu'on retrouve partout et dans tous les temps.

Il sera toujours facile de diviser idéalement chaque peuple en trois classes.

La première classe se composera des riches. La seconde comprendra ceux qui, sans être riches, vivent au milieu de l'aisance de toutes choses. Dans la troisième seront renfermés ceux qui n'ont que peu ou point de propriétés, et qui vivent particulièrement du travail que leur fournissent les deux premières.

Les individus renfermés dans ces différentes catégories peuvent être plus ou moins nombreux, suivant l'état social; mais vous ne sauriez faire que ces catégories n'existent pas.

Il est évident que chacune de ces classes apportera dans le maniement des finances de l'État certains instincts qui lui seront propres.

Supposez que la première seule fasse les lois : il est probable qu'elle se préoccupera assez peu d'économiser les deniers publics, parce qu'un impôt qui vient à frapper une fortune considérable n'enlève que du superflu, et produit un effet peu sensible.

Admettez au contraire que ce soient les classes moyennes qui seules fassent la loi. On peut compter qu'elles ne prodigueront pas les impôts, parce qu'il n'y a rien de si désastreux qu'une grosse taxe venant à frapper une petite fortune.

Le gouvernement des classes moyennes me semble devoir être, parmi les gouvernements libres, je ne dirai pas le plus éclairé, ni surtout le plus généreux, mais le plus économique.

Je suppose maintenant que la dernière classe soit exclusivement chargée de faire la loi; je vois bien des chances pour que les charges publiques augmentent au lieu de décroître, et ceci pour deux raisons :

La plus grande partie de ceux qui votent alors la loi n'ayant aucune propriété imposable, tout l'argent qu'on dépense dans l'intérêt de la société semble ne pouvoir que leur profiter sans jamais leur nuire; et ceux qui ont quelque peu de propriété trouvent aisément les moyens d'asseoir l'impôt de manière qu'il ne frappe que sur les riches et ne profite qu'aux pauvres, chose que les riches ne sauraient faire de leur côté lorsqu'ils sont maîtres du gouvernement.

Les pays où les pauvres (1) seraient exclusivement chargés de faire la loi ne pourraient donc espérer une grande économie dans les dépenses publiques : ces dépenses seront toujours considérables, soit parce que les impôts ne peuvent atteindre ceux qui les votent, soit parce qu'ils sont assis de manière à ne pas les atteindre. En d'autres termes, le gouvernement de la démocratie est le seul où celui qui vote l'impôt puisse échapper à l'obligation de le payer.

En vain objectera-t-on que l'intérêt bien entendu du peuple est de ménager la fortune des riches, parce qu'il ne tarderait pas à se ressentir de la gêne qu'il

---

(1) On comprend bien que le mot *pauvre* a ici, comme dans le reste du chapitre, un sens relatif et non une signification absolue. Les pauvres d'Amérique, comparés à ceux d'Europe, pourraient souvent paraître des riches : on a pourtant raison de les nommer des pauvres, quand on les oppose à ceux de leurs concitoyens qui sont plus riches qu'eux.

ferait naître. Mais l'intérêt des rois n'est-il pas aussi de rendre leurs sujets heureux, et celui des nobles de savoir ouvrir à propos leurs rangs ? Si l'intérêt éloigné pouvait prévaloir sur les passions et les besoins du moment, il n'y aurait jamais eu de souverains tyranniques ni d'aristocratie exclusive.

L'on m'arrête encore en disant : Qui a jamais imaginé de charger les pauvres de faire seuls la loi ? Qui ? Ceux qui ont établi le vote universel. Est-ce la majorité ou la minorité qui fait la loi ? La majorité sans doute ; et si je prouve que les pauvres composent toujours la majorité, n'aurai-je pas raison d'ajouter que dans les pays où ils sont appelés à voter, les pauvres font seuls la loi ?

Or, il est certain que jusqu'ici, chez toutes les nations du monde, le plus grand nombre a toujours été composé de ceux qui n'avaient pas de propriété, ou de ceux dont la propriété était trop restreinte pour qu'ils pussent vivre dans l'aisance sans travailler. Le vote universel donne donc réellement le gouvernement de la société aux pauvres.

L'influence fâcheuse que peut quelquefois exercer le pouvoir populaire sur les finances de l'État se fit bien voir dans certaines républiques démocratiques de l'antiquité, où le trésor public s'épuisait à secourir les citoyens indigents, ou à donner des jeux et des spectacles au peuple.

Il est vrai de dire que le système représentatif était à peu près inconnu à l'antiquité. De nos jours, les passions populaires se produisent plus difficilement dans les affaires publiques ; on peut compter cependant qu'à la longue, le mandataire finira toujours par se conformer à l'esprit de ses commettants et par faire prévaloir leurs penchants aussi bien que leurs intérêts.

Les profusions de la démocratie sont, du reste, moins à craindre à proportion que le peuple devient propriétaire, parce qu'alors, d'une part, le peuple a moins besoin de l'argent des riches, et que, de l'autre, il rencontre plus de difficultés à ne pas se frapper lui-même en établissant l'impôt. Sous ce rapport, le vote universel serait moins dangereux en France qu'en Angleterre, où presque toute la propriété imposable est réunie en quelques mains. L'Amérique, où la grande majorité des citoyens possède, se trouve dans une situation plus favorable que la France.

Il est d'autres causes encore qui peuvent élever la somme des dépenses publiques dans les démocraties.

Lorsque l'aristocratie gouverne, les hommes qui conduisent les affaires de l'État échappent par leur position même à tous les besoins ; contents de leur sort, ils demandent surtout à la société de la puissance et de la gloire ; et, placés au-dessus de la foule obscure des citoyens, ils n'aperçoivent pas toujours clairement comment le bien-être général doit concourir à leur propre grandeur. Ce n'est pas qu'ils voient sans pitié les souffrances du pauvre ; mais ils ne sauraient ressentir ses misères comme s'ils les partageaient eux-mêmes ; pourvu que le peuple semble s'accommoder de sa fortune, ils se tiennent donc pour satisfaits, et n'attendent rien de plus du gouvernement. L'aristocratie songe à maintenir plus qu'à perfectionner.

Quand, au contraire, la puissance publique est entre les mains du peuple, le souverain cherche partout le mieux, parce qu'il se sent mal.

L'esprit d'amélioration s'étend alors à mille objets divers; il descend à des détails infinis, et surtout il s'applique à des espèces d'améliorations qu'on ne saurait obtenir qu'en payant; car il s'agit de rendre meilleure la condition du pauvre qui ne peut s'aider lui-même.

Il existe de plus dans les sociétés démocratiques une agitation sans but précis; il y règne une sorte de fièvre permanente qui se tourne en innovation de tout genre, et les innovations sont presque toujours coûteuses.

Dans les monarchies et dans les aristocraties, les ambitieux flattent le goût naturel qui porte le souverain vers la renommée et vers le pouvoir, et le poussent souvent ainsi à de grandes dépenses.

Dans les démocraties, où le souverain est nécessiteux, on ne peut guère acquérir sa bienveillance qu'en accroissant son bien-être; ce qui ne peut presque jamais se faire qu'avec de l'argent.

De plus, quand le peuple commence lui-même à réfléchir sur sa position, il lui naît une foule de besoins qu'il n'avait pas ressentis d'abord, et qu'on ne peut satisfaire qu'en recourant aux ressources de l'État. De là vient qu'en général les charges publiques semblent s'accroître avec la civilisation, et qu'on voit les impôts s'élever à mesure que les lumières s'étendent.

Il est enfin une dernière cause qui rend souvent le gouvernement démocratique plus cher qu'un autre.

Quelquefois la démocratie veut mettre de l'économie dans ses dépenses, mais elle ne peut y parvenir, parce qu'elle n'a pas l'art d'être économe.

Comme elle change fréquemment de vues et plus fréquemment encore d'agents, il arrive que ses entreprises sont mal conduites, ou restent inachevées : dans le premier cas, l'État fait des dépenses disproportionnées à la grandeur du but qu'il veut atteindre ; dans le second, il fait des dépenses improductives.

DES INSTINCTS DE LA DÉMOCRATIE AMÉRICAINE DANS LA FIXATION DU TRAITEMENT DES FONCTIONNAIRES.

Dans les démocraties, ceux qui instituent les grands traitements n'ont pas de chance d'en profiter. — Tendance de la démocratie américaine à élever le traitement des fonctionnaires secondaires et à baisser celui des principaux. — Pourquoi il en est ainsi. — Tableau comparatif du traitement des fonctionnaires publics aux États-Unis et en France.

Il y a une grande raison qui porte, en général, les démocraties à économiser sur les traitements des fonctionnaires publics.

Dans les démocraties, ceux qui instituent les traitements étant en très grand nombre, ont très peu de chances d'arriver jamais à les toucher.

Dans les aristocraties, au contraire, ceux qui instituent les grands traitements ont presque toujours le vague espoir d'en profiter. Ce sont des capitaux qu'ils se créent pour eux-mêmes, ou tout au moins des ressources qu'ils préparent à leurs enfants.

Il faut avouer pourtant que la démocratie ne se montre très parcimonieuse qu'envers ses principaux agents.

En Amérique, les fonctionnaires d'un ordre secondaire sont plus payés qu'ailleurs, mais les hauts fonctionnaires le sont beaucoup moins.

Ces effets contraires sont produits par la même cause; le peuple, dans les deux cas, fixe le salaire des fonctionnaires publics; il pense à ses propres besoins, et cette comparaison l'éclaire. Comme il vit lui-même dans une grande aisance, il lui semble naturel que ceux dont il se sert la partagent (1). Mais quand il en arrive à fixer le sort des grands officiers de l'État, sa règle lui échappe, et il ne procède plus qu'au hasard.

Le pauvre ne se fait pas une idée distincte des besoins que peuvent ressentir les classes supérieures de la société. Ce qui paraîtrait une somme modique à un riche, lui paraît une somme prodigieuse, à lui qui se contente du nécessaire; et il estime que le gouverneur de l'État, pourvu de ses deux mille écus, doit encore se trouver heureux et exciter l'envie (2).

Que si vous entreprenez de lui faire entendre que le représentant d'une grande nation doit paraître avec une certaine splendeur aux yeux des étrangers, il vous comprendra tout d'abord; mais lorsque, venant à penser à sa simple demeure et aux modestes fruits

---

(1) L'aisance dans laquelle vivent les fonctionnaires secondaires aux États-Unis tient encore à une autre cause; celle-ci est étrangère aux instincts généraux de la démocratie : toute espèce de carrière privée est fort productive; l'État ne trouverait pas de fonctionnaires secondaires s'il ne consentait à les bien payer. Il est donc dans la position d'une entreprise commerciale, obligée, quels que soient ses goûts économiques, de soutenir une concurrence onéreuse.

(2) L'État de l'Ohio, qui compte un million d'habitants, ne donne au gouverneur que 1,200 dollars de salaire ou 6,504 francs.

de son pénible labeur, il songera à tout ce qu'il pourrait exécuter lui-même avec ce même salaire que vous jugez insuffisant, il se trouvera surpris et comme effrayé à la vue de tant de richesses.

Ajoutez à cela que le fonctionnaire secondaire est presque au niveau du peuple, tandis que l'autre le domine. Le premier peut donc encore exciter son intérêt; mais l'autre commence à faire naître son envie.

Ceci se voit bien clairement aux États-Unis, où les salaires semblent en quelque sorte décroître à mesure que le pouvoir des fonctionnaires est plus grand (1).

(1) Pour rendre cette vérité sensible aux yeux, il suffit d'examiner les traitements de quelques uns des agents du gouvernement fédéral. J'ai cru devoir placer en regard le salaire attaché en France aux fonctions analogues, afin que la comparaison achève d'éclairer le lecteur.

ÉTATS-UNIS.
MINISTÈRE DES FINANCES (treasury department).

	fr.
L'huissier (messager).	3,734
Le commis le moins payé.	5,420
Le commis le plus payé.	8,672
Le secrétaire-général (chief clerk).	10,840
Le ministre (secretary of state).	32,520
Le chef du gouvernement (le président).	135,000

FRANCE.
MINISTÈRE DES FINANCES.

Huissier du ministre.	1,500
Le commis le moins payé.	1,000 à 1,800
Le commis le plus payé.	3,200 à 3,600
Le secrétaire-général.	20,000
Le ministre.	80,000
Le chef du gouvernement (le roi).	12,000,000

J'ai peut-être eu tort de prendre la France pour point de comparaison. En France, où les instincts démocratiques pénètrent tous les jours davantage dans le gouvernement, on aperçoit déjà une forte tendance qui porte les Chambres à élever les petits traitements et surtout à abaisser les grands. Ainsi le ministre de finances qui, en 1834, reçoit 80,000 fr.,

Sous l'empire de l'aristocratie, il arrive au contraire que les hauts fonctionnaires reçoivent de très grands émoluments, tandis que les petits ont souvent à peine de quoi vivre. Il est facile de trouver la raison de ce fait dans des causes analogues à celles que nous avons indiquées plus haut.

Si la démocratie ne conçoit pas les plaisirs du riche ou les envie, de son côté l'aristocratie ne comprend point les misères du pauvre, ou plutôt elle les ignore. Le pauvre n'est point, à proprement parler, le semblable du riche; c'est un être d'une autre espèce. L'aristocratie s'inquiète donc assez peu du sort de ses agents inférieurs. Elle ne hausse leurs salaires que quand ils refusent de la servir à trop bas prix.

C'est la tendance parcimonieuse de la démocratie envers les principaux fonctionnaires qui lui a fait attribuer de grands penchants économiques qu'elle n'a pas.

Il est vrai que la démocratie donne à peine de quoi vivre honnêtement à ceux qui la gouvernent, mais elle dépense des sommes énormes pour secourir les besoins ou faciliter les jouissances du peuple (1). Voilà un emploi meilleur du produit de l'impôt, non une économie.

En général, la démocratie donne peu aux gouvernants et beaucoup aux gouvernés. Le contraire se voit dans les aristocraties, où l'argent de l'État profite surtout à la classe qui mène les affaires.

---

en recevait 160,000. sous l'Empire ; les directeurs généraux des finances, qui en reçoivent 20,000, en recevaient alors 50,000.

(1) Voyez entre autres, dans les budgets américains, ce qu'il en coûte pour l'entretien des indigents et pour l'instruction gratuite.

En 1831, on a dépensé dans l'État de New-York, pour le soutien des

DIFFICULTÉ DE DISCERNER LES CAUSES QUI PORTENT LE GOUVERNEMENT AMÉRICAIN A L'ÉCONOMIE.

Celui qui recherche dans les faits l'influence réelle qu'exercent les lois sur le sort de l'humanité, est exposé à de grandes méprises, car il n'y a rien de si difficile à apprécier qu'un fait.

Un peuple est naturellement léger et enthousiaste; un autre réfléchi et calculateur. Ceci tient à sa constitution physique elle-même ou à des causes éloignées que j'ignore.

On voit des peuples qui aiment la représentation, le bruit et la joie, et qui ne regrettent pas un million dépensé en fumée. On en voit d'autres qui ne prisent que les plaisirs solitaires et qui semblent honteux de paraître contents.

Dans certains pays, on attache un grand prix à la beauté des édifices. Dans certains autres, on ne met aucune valeur aux objets d'art, et l'on méprise ce qui ne rapporte rien. Il en est enfin où l'on aime la renommée, et d'autres où l'on place avant tout l'argent.

Indépendamment des lois, toutes ces causes influent d'une manière très puissante sur la conduite des finances de l'État.

S'il n'est jamais arrivé aux Américains de dépenser l'argent du peuple en fêtes publiques, ce n'est point

---

indigents, la somme de 1,290,000 francs. Et la somme consacrée à l'instruction publique est estimée s'élever à 5,420,000 francs au moins. (*William's New-York annual register*, 1832, p. 205 et 243.)

L'État de New-York n'avait en 1830 que 1,900,000 habitants, ce qui ne forme pas le double de la population du département du Nord.

seulement parce que, chez eux, le peuple vote l'impôt, c'est parce que le peuple n'aime pas à se réjouir.

S'ils repoussent les ornements de leur architecture et ne prisent que les avantages matériels et positifs, ce n'est pas seulement parce qu'ils forment une nation démocratique, c'est aussi parce qu'ils sont un peuple commerçant.

Les habitudes de la vie privée se sont continuées dans la vie publique; et il faut bien distinguer chez eux les économies qui dépendent des institutions, de celles qui découlent des habitudes et des mœurs.

PEUT-ON COMPARER LES DÉPENSES PUBLIQUES DES ÉTATS-UNIS A CELLES DE FRANCE?

Deux points à établir pour apprécier l'étendue des charges publiques : la richesse nationale et l'impôt. — On ne connaît pas exactement la fortune et les charges de la France. — Pourquoi on ne peut espérer de connaître la fortune et les charges de l'Union. — Recherches de l'auteur pour apprendre le montant des impôts dans la Pensylvanie. — Signes généraux auxquels on peut reconnaître l'étendue des charges d'un peuple. — Résultat de cet examen pour l'Union.

On s'est beaucoup occupé dans ces derniers temps à comparer les dépenses publiques des États-Unis aux nôtres. Tous ces travaux ont été sans résultats, et peu de mots suffiront, je crois, pour prouver qu'ils devaient l'être.

Afin de pouvoir apprécier l'étendue des charges publiques chez un peuple, deux opérations sont nécessaires : il faut d'abord apprendre quelle est la richesse de ce peuple, et ensuite quelle portion de cette richesse il consacre aux dépenses de l'État. Celui qui rechercherait le montant des taxes, sans montrer l'étendue des ressources qui doivent y pourvoir, se livrerait à un travail improductif; car ce n'est pas la dépense, mais le rapport de la dépense au revenu qu'il est intéressant de connaître.

Le même impôt que supporte aisément un contribuable riche, achèvera de réduire un pauvre à la misère.

La richesse des peuples se compose de plusieurs éléments : les fonds immobiliers forment le premier, les biens mobiliers constituent le second.

Il est difficile de connaître l'étendue des terres cultivables que possède une nation, et leur valeur naturelle ou acquise. Il est plus difficile encore d'estimer tous les biens mobiliers dont un peuple dispose. Ceux-là échappent, par leur diversité et par leur nombre, à presque tous les efforts de l'analyse.

Aussi voyons-nous que les nations les plus anciennement civilisées de l'Europe, celles même chez lesquelles l'administration est centralisée, n'ont point établi jusqu'à présent d'une manière précise l'état de leur fortune.

En Amérique, on n'a pas même conçu l'idée de le tenter. Et comment pourrait-on se flatter d'y réussir dans ce pays nouveau où la société n'a pas encore pris une assiette tranquille et définitive, où le gouvernement national ne trouve pas à sa disposition, comme le nôtre, une multitude d'agents dont il puisse commander et diriger simultanément les efforts; où la statistique enfin n'est point cultivée, parce qu'il ne s'y rencontre personne qui ait la faculté de réunir des documents ou le temps de les parcourir?

Ainsi donc les éléments constitutifs de nos calculs ne sauraient être obtenus. Nous ignorons la fortune comparative de la France et de l'Union. La richesse de l'une n'est pas encore connue, et les moyens d'établir celle de l'autre n'existent point.

Mais je veux bien consentir, pour un moment, à écarter ce terme nécessaire de la comparaison; je renonce à savoir quel est le rapport de l'impôt au revenu, et je me borne à vouloir établir quel est l'impôt.

Le lecteur va reconnaître qu'en rétrécissant le cercle de mes recherches je n'ai pas rendu ma tâche plus aisée.

Je ne doute point que l'administration centrale de France, aidée de tous les fonctionnaires dont elle dispose, ne parvînt à découvrir exactement le montant des taxes directes ou indirectes qui pèsent sur les citoyens. Mais ces travaux, qu'un particulier ne peut entreprendre, le gouvernement français lui-même ne les a point encore achevés, ou du moins il n'a pas fait connaître leurs résultats. Nous savons quelles sont les charges de l'État; le total des dépenses départementales nous est connu; nous ignorons ce qui se passe dans les communes : nul ne saurait donc dire, quant à présent, à quelle somme s'élèvent les dépenses publiques en France.

Si je retourne maintenant à l'Amérique, j'aperçois les difficultés qui deviennent plus nombreuses et plus insurmontables. L'Union me fait connaître avec exactitude quel est le montant de ses charges; je puis me procurer les budgets particuliers des vingt-quatre États dont elle se compose; mais qui m'apprendra ce que dépensent les citoyens pour l'administration du comté et de la commune (1)?

L'autorité fédérale ne peut s'étendre jusqu'à obliger les gouvernements provinciaux à nous éclairer sur ce point; et ces gouvernements voulussent-ils eux-mêmes nous prêter simultanément leur concours, je doute qu'ils fussent en état de nous satisfaire. Indé-

(1) Les Américains, comme on le voit, ont quatre espèces de budgets : l'Union a le sien ; les États, les comtés et les communes ont également le leur. Pendant mon séjour en Amérique, j'ai fait de grandes recherches pour connaître le montant des dépenses publiques dans les communes et dans les comtés des principaux Etats de l'Union. J'ai pu facilement obtenir le budget des plus grandes communes, mais il m'a été impossible de me procurer celui des petites. Je ne puis donc me former aucune idée exacte des dépenses communales. Pour ce qui concerne les dépenses des comtés, je possède quelques documents qui, bien qu'incomplets, sont peut-être de nature à mériter la curiosité du lecteur. Je dois à l'obligeance de M. Richard, ancien maire de Philadelphie, les budgets de treize comtés de la Pensylvanie pour l'année 1830. Ce sont ceux de Libanon, Centre, Franklin, Lafayette, Montgommery, La Luzerne, Dauphin, Buttler, Alléghany, Colombia, Northumberland, Northampton, Philadelphie. Il s'y trouvait, en 1830, 495,207 habitants. Si l'on jette les yeux sur une carte de la Pensylvanie, on verra que ces treize comtés sont dispersés dans toutes les directions et soumis à toutes les causes générales qui peuvent influer sur l'état du pays ; de telle sorte qu'il serait impossible de dire pourquoi ils ne fourniraient pas une idée exacte de l'état financier des comtés de la Pensylvanie. Or, ces mêmes comtés ont dépensé pendant l'année 1830, 1,800,221 francs, ce qui donne 3 fr. 64 cent. par habitant. J'ai calculé que chacun de ces mêmes habitants, durant l'année 1830, avait consacré aux besoins de l'Union fédérale 12 fr. 70 cent., et 3 fr. 80 cent. à ceux de la Pensylvanie; d'où il résulte que dans l'année 1830 ces mêmes citoyens ont donné à la société, pour subvenir à toutes les dépenses publiques (excepté les dépenses communales), la somme de 20 fr. 14 cent. Ce résultat est doublement incomplet, comme on le voit, puisqu'il ne s'applique qu'à une seule année et à une partie des charges publiques; mais il a le mérite d'être certain.

pendamment de la difficulté naturelle de l'entreprise, l'organisation politique du pays s'opposerait encore au succès de leurs efforts. Les magistrats de la commune et du comté ne sont point nommés par les administrateurs de l'État, et ne dépendent point de ceux-ci. Il est donc permis de croire que si l'État voulait obtenir les renseignements qui nous sont nécessaires, il rencontrerait de grands obstacles dans la négligence des fonctionnaires inférieurs dont il serait obligé de se servir (1).

(1) Ceux qui ont voulu établir un parallèle entre les dépenses des Américains et les nôtres ont bien senti qu'il était impossible de comparer le total des dépenses publiques de la France au total des dépenses publiques de l'Union; mais ils ont cherché à comparer entre elles des portions détachées de ces dépenses. Il est facile de prouver que cette seconde manière d'opérer n'est pas moins défectueuse que la première.

A quoi comparerai-je, par exemple, notre budget national? Au budget de l'Union? Mais l'Union s'occupe de beaucoup moins d'objets que notre gouvernement central, et ses charges doivent naturellement être beaucoup moindres. Opposerai-je nos budgets départementaux aux budgets des États particuliers dont l'Union se compose? Mais en général les États particuliers veillent à des intérêts plus importants et plus nombreux que l'administration de nos départements; leurs dépenses sont donc naturellement plus considérables. Quant aux budgets des comtés, on ne rencontre rien dans notre système de finances qui leur ressemble. Ferons-nous rentrer les dépenses qui y sont portées dans le budget de l'État ou dans celui des communes? Les dépenses communales existent dans les deux pays, mais elles ne sont pas toujours analogues. En Amérique, la commune se charge de plusieurs soins qu'en France elle abandonne au département ou à l'État. Que faut-il entendre d'ailleurs par dépenses communales en Amérique? L'organisation de la commune diffère suivant les États. Prendrons-nous pour règle ce qui se passe dans la Nouvelle-Angleterre ou en Géorgie, dans la Pensylvanie ou dans l'État des Illinois?

Il est facile d'apercevoir, entre certains budgets de deux pays, une sorte d'analogie; mais les éléments qui les composent différant toujours plus ou moins, l'on ne saurait établir entre eux de comparaison sérieuse.

Inutile d'ailleurs de rechercher ce que les Américains pouraient faire en pareille matière, puisqu'il est certain que, jusqu'à présent, ils n'ont rien fait.

Il n'existe donc pas aujourd'hui en Amérique ou en Europe un seul homme qui puisse nous apprendre ce que paie annuellement chaque citoyen de l'Union, pour subvenir aux charges de la société (1).

(1) On parviendrait à connaitre la somme précise que chaque citoyen français ou américain verse dans le trésor public, qu'on n'aurait encore qu'une partie de la vérité.

Les gouvernements ne demandent pas seulement aux contribuables de l'argent, mais encore des efforts personnels qui sont appréciables en argent. L'État lève une armée; indépendamment de la solde que la nation entière se charge de fournir, il faut encore que le soldat donne son temps, qui a une valeur plus ou moins grande suivant l'emploi qu'il en pourrait faire s'il restait libre. J'en dirai autant du service de la milice. L'homme qui fait partie de la milice consacre momentanément un temps précieux à la sûreté publique, et donne réellement à l'État ce que lui-même manque d'acquérir. J'ai cité ces exemples; j'aurais pu en citer beaucoup d'autres. Le gouvernement de France et celui d'Amérique perçoivent des impôts de cette nature : ces impôts pèsent sur les citoyens : mais qui peut en apprécier avec exactitude le montant dans les deux pays?

Ce n'est pas la dernière difficulté qui vous arrête lorsque vous voulez comparer les dépenses publiques de l'Union aux nôtres. L'État se fait en France certaines obligations qu'il ne s'impose pas en Amérique, et réciproquement. Le gouvernement français paie le clergé; le gouvernement américain abandonne ce soin aux fidèles. En Amérique, l'État se charge des pauvres; en France, il les livre à la charité du public. Nous faisons à tous nos fonctionnaires un traitement fixe, les Américains leur permettent de percevoir certains droits. En France, les prestations en nature n'ont lieu que sur un petit nombre de routes; aux États-Unis, sur presque tous les chemins. Nos voies sont ouvertes aux voyageurs, qui peuvent les parcourir sans rien payer; on rencontre aux États-Unis beaucoup de routes à barrières. Toutes ces différences dans la manière dont le contribuable arrive à acquitter les charges de la société rendent la comparaison entre ces deux pays très difficile; car il y a certaines dépenses que les citoyens ne feraient point ou qui seraient moindres, si l'État ne se chargeait d'agir en leur nom.

Concluons qu'il est aussi difficile de comparer avec fruit les dépenses sociales des Américains aux nôtres, que la richesse de l'Union à celle de la France. J'ajoute qu'il serait même dangereux de le tenter. Quand la statistique n'est pas fondée sur des calculs rigoureusement vrais, elle égare au lieu de diriger. L'esprit se laisse prendre aisément aux faux airs d'exactitude qu'elle conserve jusque dans ses écarts, et il se repose sans trouble sur des erreurs qu'on revêt à ses yeux des formes mathématiques de la vérité.

Abandonnons donc les chiffres, et tâchons de trouver nos preuves ailleurs.

Un pays présente-t-il l'aspect de la prospérité matérielle ; après avoir payé l'État, le pauvre y conserve-t-il des ressources et le riche du superflu ; l'un et l'autre y paraissent-ils satisfaits de leur sort, et cherchent-ils chaque jour à l'améliorer encore, de telle sorte que les capitaux ne manquant jamais à l'industrie, l'industrie à son tour ne manque point aux capitaux : tels sont les signes auxquels, faute de documents positifs, il est possible de recourir, pour connaître si les charges publiques qui pèsent sur un peuple sont proportionnées à sa richesse.

L'observateur qui s'en tiendrait à ces témoignages jugerait sans doute que l'Américain des États-Unis donne à l'État une moins forte part de son revenu que le Français.

Mais comment pourrait-on concevoir qu'il en fût autrement ?

Une partie de la dette française est le résultat de deux invasions ; l'Union n'a point à en craindre.

Notre position nous oblige à tenir habituellement une nombreuse armée sous les armes; l'isolement de l'Union lui permet de n'avoir que 6,000 soldats. Nous entretenons près de 300 vaisseaux; les Américains n'en ont que 52 (1). Comment l'habitant de l'Union pourrait-il payer à l'État autant que l'habitant de la France?

Il n'y a donc point de parallèle à établir entre les finances de pays si diversement placés.

C'est en examinant ce qui se passe dans l'Union, et non en comparant l'Union à la France, que nous pouvons juger si la démocratie américaine est véritablement économe.

Je jette les yeux sur chacune des diverses républiques dont se forme la confédération, et je découvre que leur gouvernement manque souvent de persévérance dans ses desseins, et qu'il n'exerce point une surveillance continue sur les hommes qu'il emploie. J'en tire naturellement cette conséquence qu'il doit souvent dépenser inutilement l'argent des contribuables, ou en consacrer plus qu'il n'est nécessaire à ses entreprises.

Je vois que, fidèle à son origine populaire, il fait de prodigieux efforts pour satisfaire les besoins des classes inférieures de la société, leur ouvrir les chemins du pouvoir, et répandre dans leur sein le bien-être et les lumières. Il entretient les pauvres, distribue chaque année des millions aux écoles, paie tous les services, et rétribue avec générosité ses moindres agents. Si une pareille manière de gouver-

---

(1) Voyez les budgets détaillés du ministère de la marine en France, et, pour l'Amérique, le *National calendar* de 1833, p. 228.

ner me semble utile et raisonnable, je suis obligé de reconnaître qu'elle est dispendieuse.

Je vois le pauvre qui dirige les affaires publiques et dispose des ressources nationales; et je ne saurais croire que, profitant des dépenses de l'État, il n'entraîne pas souvent l'État dans de nouvelles dépenses.

Je conclus donc, sans avoir recours à des chiffres incomplets, et sans vouloir établir des comparaisons hasardées, que le gouvernement démocratique des Américains n'est pas, comme on le prétend quelquefois, un gouvernement à bon marché; et je ne crains pas de prédire que, si de grands embarras venaient un jour assaillir les peuples des États-Unis, on verrait chez eux les impôts s'élever aussi haut que dans la plupart des aristocraties ou des monarchies de l'Europe.

DE LA CORRUPTION ET DES VICES DES GOUVERNANTS DANS LA DÉMOCRATIE; DES EFFETS QUI EN RÉSULTENT SUR LA MORALITÉ PUBLIQUE.

Dans les aristocraties, les gouvernants cherchent quelquefois à corrompre. — Souvent, dans les démocraties, ils se montrent eux-mêmes corrompus. — Dans leurs premières, les vices attaquent directement la moralité du peuple. — Ils exercent sur lui, dans les secondes, une influence indirecte qui est plus redoutable encore.

L'aristocratie et la démocratie se renvoient mutuellement le reproche de faciliter la corruption; il faut distinguer:

Dans les gouvernements aristocratiques, les hommes qui arrivent aux affaires sont des gens riches qui ne désirent que du pouvoir. Dans les démocraties, les hommes d'État sont pauvres et ont leur fortune à faire.

Il s'ensuit que, dans les États aristocratiques, les gouvernants sont peu accessibles à la corruption et n'ont qu'un goût très modéré pour l'argent, tandis que le contraire arrive chez les peuples démocratiques.

Mais, dans les aristocraties, ceux qui veulent arriver à la tête des affaires disposant de grandes richesses, et le nombre de ceux qui peuvent les y faire parvenir étant souvent circonscrit entre certaines limites, le gouvernement se trouve en quelque sorte à l'enchère. Dans les démocraties, au contraire, ceux qui briguent le pouvoir ne sont presque jamais riches, et le nombre de ceux qui concourent à le donner est très grand. Peut-être dans les démocraties n'y a-t-il pas moins d'hommes à vendre, mais on n'y trouve presque point d'acheteurs; et, d'ailleurs, il faudrait acheter trop de monde à la fois pour atteindre le but.

Parmi les hommes qui ont occupé le pouvoir en France depuis quarante ans, plusieurs ont été accusés d'avoir fait fortune aux dépens de l'État et de ses alliés; reproche qui a été rarement adressé aux hommes publics de l'ancienne monarchie. Mais, en France, il est presque sans exemple qu'on achète le vote d'un électeur à prix d'argent, tandis que la chose se fait notoirement et publiquement en Angleterre.

Je n'ai jamais ouï dire qu'aux États-Unis on employât ses richesses à gagner les gouvernés; mais souvent j'ai vu mettre en doute la probité des fonctionnaires publics. Plus souvent encore j'ai entendu attribuer leurs succès à de basses intrigues ou à des manœuvres coupables.

Si donc les hommes qui dirigent les aristocraties cherchent quelquefois à corrompre, les chefs des démocraties se montrent eux-mêmes corrompus. Dans les unes on attaque directement la moralité du peuple; on exerce dans les autres, sur la conscience publique, une action indirecte qu'il faut plus redouter encore.

Chez les peuples démocratiques, ceux qui sont à la tête de l'État étant presque toujours en butte à des soupçons fâcheux, donnent en quelque sorte l'appui du gouvernement aux crimes dont on les accuse. Ils présentent ainsi de dangereux exemples à la vertu qui lutte encore, et fournissent des comparaisons glorieuses au vice qui se cache.

En vain dirait-on que les passions déshonnêtes se rencontrent dans tous les rangs; qu'elles montent souvent sur le trône par droit de naissance; qu'ainsi on peut rencontrer des hommes fort méprisables à la tête des nations aristocratiques comme au sein des démocraties.

Cette réponse ne me satisfait point : il se découvre, dans la corruption de ceux qui arrivent par hasard au pouvoir, quelque chose de grossier et de vulgaire qui la rend contagieuse pour la foule; il règne, au contraire, jusque dans la dépravation des grands seigneurs, un certain raffinement aristocratique, un air de grandeur qui souvent empêche qu'elle ne se communique.

Le peuple ne pénétrera jamais dans le labyrinthe obscur de l'esprit de cour; il découvrira toujours avec peine la bassesse qui se cache sous l'élégance des manières, la recherche des goûts et les grâces du langage. Mais voler le trésor public, ou vendre à prix d'argent les faveurs de l'État, le premier misérable comprend cela et peut se flatter d'en faire autant à son tour.

Ce qu'il faut craindre d'ailleurs, ce n'est pas tant la vue de l'immoralité des grands que celle de l'immoralité menant à la grandeur. Dans la démocratie, les simples citoyens voient un homme qui sort de leurs rangs et qui parvient en peu d'années à la richesse et à la puissance; ce spectacle excite leur surprise et leur envie; ils recherchent comment celui qui était hier leur égal est aujourd'hui revêtu du droit de les diriger. Attribuer son élévation à ses talents ou à ses vertus est incommode, car c'est avouer qu'eux-mêmes sont moins vertueux et moins habiles que lui. Ils en placent donc la principale cause dans quelques uns de ses vices, et souvent ils ont raison de le faire. Il s'opère ainsi je ne sais quel odieux mélange entre les idées de bassesse et de pouvoir, d'indignité et de succès, d'utilité et de déshonneur.

DE QUELS EFFORTS LA DÉMOCRATIE EST CAPABLE.

L'Union n'a lutté qu'une seule fois pour son existence. — Enthousiasme au commencement de la guerre. — Refroidissement à la fin. — Difficulté d'établir en Amérique la conscription ou l'inscription maritime. — Pourquoi un peuple démocratique est moins capable qu'un autre de grands efforts continus.

Je préviens le lecteur que je parle ici d'un gouvernement qui suit les volontés réelles du peuple, et non d'un gouvernement qui se borne seulement à commander au nom du peuple.

Il n'y a rien de si irrésistible qu'un pouvoir tyrannique qui commande au nom du peuple, parce qu'étant revêtu de la puissance morale qui appartient aux volontés du plus grand nombre, il agit en même temps avec la décision, la promptitude et la ténacité qu'aurait un seul homme.

Il est assez difficile de dire de quel degré d'effort est capable un gouvernement démocratique en temps de crise nationale.

On n'a jamais vu jusqu'à présent de grande république démocratique. Ce serait faire injure aux républiques que d'appeler de ce nom l'oligarchie qui régnait sur la France en 1793. Les États-Unis seuls présentent ce spectacle nouveau.

Or, depuis un demi-siècle que l'Union est formée, son existence n'a été mise en question qu'une seule fois, lors de la guerre de l'indépendance. Au commencement de cette longue guerre, il y eut des traits extraordinaires d'enthousiasme pour le service de la patrie (1). Mais à mesure que la lutte se prolongeait, on voyait reparaître l'égoïsme individuel : l'argent n'arrivait plus au trésor public; les hommes ne se présentaient plus à l'armée; le peuple voulait encore l'indépendance, mais il reculait devant les moyens de l'obtenir. « En vain nous avons multiplié les taxes et

---

(1) L'un des plus singuliers, à mon avis, fut la résolution par laquelle les Américains renoncèrent momentanément à l'usage du thé. Ceux qui savent que les hommes tiennent plus en général à leurs habitudes qu'à leur vie, s'étonneront sans doute de ce grand et obscur sacrifice obtenu de tout un peuple.

» essayé de nouvelles méthodes de les lever, dit Ha-
» milton dans le Fédéraliste (n° 12); l'attente publique
» a toujours été déçue, et le trésor des États est resté
» vide. Les formes démocratiques de l'administrtaion,
» qui sont inhérentes à la nature démocratique de
» notre gouvernement, venant à se combiner avec la
» rareté du numéraire que produisait l'état languissant
» de notre commerce, ont jusqu'à présent rendu inu-
» tiles tous les efforts qu'on a pu tenter pour lever des
» sommes considérables. Les différentes législatures
» ont enfin compris la folie de semblables essais. »

Depuis cette époque, les États-Unis n'ont pas eu une seule guerre sérieuse à soutenir.

Pour juger quels sacrifices savent s'imposer les démocraties, il faut donc attendre le temps où la nation américaine sera obligée de mettre dans les mains de son gouvernement la moitié du revenu des biens, comme l'Angleterre, ou devra jeter à la fois le vingtième de sa population sur les champs de bataille, ainsi que l'a fait la France.

En Amérique, la conscription est inconnue ; on y enrôle les hommes à prix d'argent. Le recrutement forcé est tellement contraire aux idées, et si étranger aux habitudes du peuple des États-Unis, que je doute qu'on osât jamais l'introduire dans les lois. Ce qu'on appelle en France la conscription forme assurément le plus lourd de tous nos impôts; mais, sans la conscription, comment pourrions-nous soutenir une grande guerre continentale?

Les Américains n'ont point adopté chez eux la presse des Anglais. Ils n'ont rien qui ressemble à notre inscription maritime. La marine de l'État, comme la marine marchande, se recrute à l'aide d'engagements volontaires.

Or, il n'est pas facile de concevoir qu'un peuple puisse soutenir une grande guerre maritime sans recourir à l'un des deux moyens indiqués plus haut : aussi l'Union, qui a déjà combattu sur mer avec gloire, n'a-t-elle jamais eu cependant des flottes nombreuses, et l'armement du petit nombre de ses vaisseaux lui a-t-il toujours coûté très cher.

J'ai entendu des hommes d'État américains avouer que l'Union aura peine à maintenir son rang sur les mers, si elle ne recourt pas à la presse ou à l'inscription maritime ; mais la difficulté est d'obliger le peuple, qui gouverne, à souffrir la presse ou l'inscription maritime.

Il est incontestable que les peuples libres déploient en général, dans les dangers, une énergie infiniment plus grande que ceux qui ne le sont pas ; mais je suis porté à croire que ceci est surtout vrai des peuples libres chez lesquels domine l'élément aristocratique. La démocratie me paraît bien plus propre à diriger une société paisible, ou à faire au besoin un subit et vigoureux effort, qu'à braver pendant long-temps les grands orages de la vie politique des peuples. La raison en est simple : les hommes s'exposent aux dangers et aux privations par enthousiasme, mais ils n'y restent long-temps exposés que par réflexion. Il y a dans ce qu'on appelle le courage instinctif lui-même, plus de calcul qu'on ne pense ; et quoique les passions seules fassent faire en général les premiers efforts, c'est en vue du résultat qu'on les continue. On risque une partie de ce qui est cher pour sauver le reste.

Or, c'est cette perception claire de l'avenir, fondée sur les lumières et l'expérience, qui doit souvent manquer à la démocratie. Le peuple sent bien plus qu'il ne raisonne; et si les maux actuels sont grands, il est à craindre qu'il oublie les maux plus grands qui l'attendent peut-être en cas de défaite.

Il y a encore une autre cause qui doit rendre les efforts d'un gouvernement démocratique moins durables que les efforts d'une aristocratie.

Le peuple, non seulement voit moins clairement que les hautes classes ce qu'il peut espérer ou craindre de l'avenir, mais encore il souffre bien autrement qu'elles des maux du présent. Le noble, en exposant sa personne, court autant de chances de gloire que de périls. En livrant à l'État la plus grande partie de son revenu, il se prive momentanément de quelques uns des plaisirs de la richesse; mais, pour le pauvre, la mort est sans prestige, et l'impôt qui gêne le riche attaque souvent chez lui les sources de la vie.

Cette faiblesse relative des républiques démocratiques, en temps de crise, est peut-être le plus grand obstacle qui s'oppose à ce qu'une pareille république se fonde en Europe. Pour que la république démocratique subsistât sans peine chez un peuple européen, il faudrait qu'elle s'établît en même temps chez tous les autres.

Je crois que le gouvernement de la démocratie doit, à la longue, augmenter les forces réelles de la société; mais il ne saurait réunir à la fois, sur un point et dans un temps donné, autant de forces qu'un gouvernement aristocratique ou qu'une monarchie absolue. Si un pays démocratique restait soumis pendant un siècle au gouvernement républicain, on peut croire qu'au bout du siècle il serait plus riche, plus peuplé et plus prospère que les États despotiques qui l'avoisinent ; mais pendant ce siècle, il aurait plusieurs fois couru le risque d'être conquis par eux.

DU POUVOIR QU'EXERCE EN GÉNÉRAL LA DÉMOCRATIE AMÉRICAINE SUR ELLE-MÊME.

Que le peuple américain ne se prête qu'à la longue, et quelquefois se refuse à faire ce qui est utile à son bien-être. — Faculté qu'ont les Américains de faire des fautes réparables.

Cette difficulté que trouve la démocratie à vaincre les passions et à faire taire les besoins du moment en vue de l'avenir, se remarque aux États-Unis dans les moindres choses.

Le peuple, entouré de flatteurs, parvient difficilement à triompher de lui-même. Chaque fois qu'on veut obtenir de lui qu'il s'impose une privation ou une gêne, même dans un but que sa raison approuve, il commence presque toujours par s'y refuser. On vante avec raison l'obéissance que les Américains accordent aux lois. Il faut ajouter qu'en Amérique la législation est faite par le peuple et pour le peuple. Aux États-Unis, la loi se montre donc favorable à ceux qui, partout ailleurs, ont le plus d'intérêt à la violer. Ainsi il est permis de croire qu'une loi gênante, dont la majorité ne sentirait pas l'utilité actuelle, ne serait pas portée ou ne serait pas obéie.

Aux États-Unis, il n'existe pas de législation relative aux banqueroutes frauduleuses. Serait-ce qu'il n'y a pas de banqueroutes? Non, c'est au contraire parce qu'il y en a beaucoup. La crainte d'être poursuivi comme banqueroutier surpasse, dans l'esprit de la majorité, la crainte d'être ruiné par les banqueroutes; et il se fait dans la conscience publique une sorte de tolérance coupable pour le délit que chacun individuellement condamne.

Dans les nouveaux États du Sud-Ouest, les citoyens se font presque toujours justice à eux-mêmes, et les meurtres s'y renouvellent sans cesse. Cela vient de ce que les habitudes du peuple sont trop rudes, et les lumières trop peu répandues dans ces déserts, pour qu'on sente l'utilité d'y donner force à la loi : on y préfère encore les duels aux procès.

Quelqu'un me disait un jour, à Philadelphie, que presque tous les crimes, en Amérique, étaient causés par l'abus des liqueurs fortes, dont le bas peuple pouvait user à volonté, parce qu'on les lui vendait à vil prix. D'où vient, demandai-je, que vous ne mettez pas un droit sur l'eau-de-vie? — Nos législateurs y ont bien souvent pensé, répliqua-t-il, mais l'entreprise est difficile. On craint une révolte; et d'ailleurs, les membres qui voteraient une pareille loi seraient bien sûrs de n'être pas réélus. — Ainsi donc, repris-je, chez vous les buveurs sont en majorité, et la tempérance est impopulaire.

Quand on fait remarquer ces choses aux hommes d'État, ils se bornent à vous répondre : Laissez faire le temps; le sentiment du mal éclairera le peuple et lui montrera ses besoins. Cela est souvent vrai : si la démocratie a plus de chances de se tromper qu'un roi ou un corps de nobles, elle a aussi plus de chances de revenir à la vérité, une fois que la lumière lui arrive, parce qu'il n'y a pas, en général, dans son sein d'intérêts contraires à celui du plus grand nombre, et qui luttent contre la raison. Mais la démocratie ne peut obtenir la vérité que de l'expérience, et beaucoup de peuples ne sauraient attendre, sans périr, les résultats de leurs erreurs.

Le grand privilége des Américains n'est donc pas seulement d'être plus éclairés que d'autres, mais d'avoir la faculté de faire des fautes réparables.

Ajoutez que, pour mettre facilement à profit l'expérience du passé, il faut que la démocratie soit déjà parvenue à un certain degré de civilisation et de lumières.

On voit des peuples dont l'éducation première a été si vicieuse, et dont le caractère présente un si étrange mélange de passions, d'ignorance et de notions erronées de toutes choses, qu'ils ne sauraient d'eux-mêmes discerner la cause de leurs misères ; ils succombent sous des maux qu'ils ignorent.

J'ai parcouru de vastes contrées habitées jadis par de puissantes nations indiennes qui aujourd'hui n'existent plus ; j'ai habité chez des tribus déjà mutilées qui chaque jour voient décroître leur nombre et disparaître l'éclat de leur gloire sauvage ; j'ai entendu ces Indiens eux-mêmes prévoir le destin final réservé à leur race. Il n'y a pas d'Européen, cependant, qui n'aperçoive ce qu'il faudrait faire pour préserver ces peuples infortunés d'une destruction inévitable. Mais eux ne le voient point ; ils sentent les maux qui, chaque année, s'accumulent sur leurs têtes, et ils périront jusqu'au dernier en rejetant le remède. Il faudrait employer la force pour les contraindre à vivre.

On s'étonne en apercevant les nouvelles nations de l'Amérique du Sud s'agiter, depuis un quart de siècle, au milieu de révolutions sans cesse renaissantes, et chaque jour on s'attend à les voir rentrer dans ce qu'on appelle leur *état naturel*. Mais qui peut affirmer que les révolutions ne soient pas, de notre temps, l'état le plus naturel des Espagnols de l'Amérique du Sud ? Dans ce pays, la société se débat au fond d'un abîme dont ses propres efforts ne peuvent la faire sortir.

Le peuple qui habite cette belle moitié d'un hémisphère semble obstinément attaché à se déchirer les entrailles; rien ne saurait l'en détourner. L'épuisement le fait un instant tomber dans le repos, et le repos le rend bientôt à de nouvelles fureurs. Quand je viens à le considérer dans cet état alternatif de misères et de crimes, je suis tenté de croire que pour lui le despotisme serait un bienfait.

Mais ces deux mots ne pourront jamais se trouver unis dans ma pensée.

DE LA MANIÈRE DONT LA DÉMOCRATIE AMÉRICAINE CONDUIT LES AFFAIRES EXTÉRIEURES DE L'ÉTAT.

Direction donnée à la politique extérieure des États-Unis par Washington et Jefferson. — Presque tous les défauts naturels de la démocratie se font sentir dans la direction des affaires extérieures, et ses qualités y sont peu sensibles.

Nous avons vu que la constitution fédérale mettait la direction permanente des intérêts extérieurs de la nation dans les mains du président et du sénat (1), ce qui place jusqu'à un certain point la politique générale de l'Union hors de l'influence directe et journalière du peuple. On ne peut donc pas dire d'une manière absolue que ce soit la démocratie qui, en Amérique, conduise les affaires extérieures de l'État.

Il y a deux hommes qui ont imprimé à la politique des Américains une direction qu'on suit encore de nos jours; le premier est Washington, et Jefferson est le second.

Washington disait, dans cette admirable lettre adressée à ses concitoyens, et qui forme comme le testament politique de ce grand homme :

« Étendre nos relations commerciales avec les
» peuples étrangers, et établir aussi peu de liens poli-
» tiques que possible entre eux et nous, telle doit être
» la règle de notre politique. Nous devons remplir
» avec fidélité les engagements déjà contractés, mais
» il faut nous garder d'en former d'autres.

» L'Europe a un certain nombre d'intérêts qui lui
» sont propres et qui n'ont pas de rapport, ou qui
» n'ont qu'un rapport très indirect avec les nôtres;
» elle doit donc se trouver fréquemment engagée dans
» des querelles qui nous sont naturellement étran-
» gères ; nous attacher par des liens artificiels aux vi-
» cissitudes de sa politique, entrer dans les différentes

---

(1) « Le président, dit la constitution, art. II, sect. 2, § 2, fera les
» traités de l'avis et avec le consentement du sénat. » Le lecteur ne doit pas perdre de vue que le mandat des sénateurs dure six ans, et qu'étant choisis par les législateurs de chaque État, ils sont le produit d'une élection à deux degrés.

» combinaisons de ses amitiés et de ses haines, et pren-
» dre part aux luttes qui en résultent, serait agir im-
» prudemment.

» Notre isolement et notre éloignement d'elle nous
» invitent à adopter une marche contraire et nous
» permettent de la suivre. Si nous continuons à former
» une seule nation, régie par un gouvernement fort,
» le temps n'est pas loin où nous n'aurons rien à
» craindre de personne. Alors nous pourrons prendre
» une attitude qui fasse respecter notre neutralité; les
» nations belligérantes, sentant l'impossibilité de rien
» acquérir sur nous, craindront de nous provoquer
» sans motifs; et nous serons en position de choisir la
» paix ou la guerre, sans prendre d'autres guides de
» nos actions que notre intérêt et la justice.

» Pourquoi abandonnerions-nous les avantages que
» nous pouvons tirer d'une situation si favorable?
» Pourquoi quitterions-nous un terrain qui nous est
» propre, pour aller nous établir sur un terrain qui
» nous est étranger? Pourquoi, enfin, liant notre desti-
» née à celle d'une portion quelconque de l'Europe,
» exposerions-nous notre paix et notre prospérité à
» l'ambition, aux rivalités, aux intérêts ou aux caprices
» des peuples qui l'habitent?

» Notre vraie politique est de ne contracter d'al-
» liance permanente avec aucune nation étrangère;
» autant du moins que nous sommes encore libres
» de ne pas le faire, car je suis bien loin de vouloir
» qu'on manque aux engagements existants. L'hon-
» nêteté est toujours la meilleure politique; c'est une
» maxime que je tiens pour également applicable
» aux affaires des nations et à celles des individus.

» Je pense donc qu'il faut exécuter dans toute leur
» étendue les engagements que nous avons déjà con-
» tractés; mais je crois inutile et imprudent d'en
» contracter d'autres. Plaçons-nous toujours de ma-
» nière à faire respecter notre position, et des al-
» liances temporaires suffiront pour nous permettre
» de faire face à tous les dangers. »

Précédemment Washington avait énoncé cette belle et juste idée : « La nation qui se livre à des sentiments
» habituels d'amour ou de haine envers une autre,
» devient en quelque sorte esclave. Elle est esclave
» de sa haine ou de son amour. »

La conduite politique de Washington fut toujours dirigée d'après ces maximes. Il parvint à maintenir son pays en paix, lorsque tout le reste de l'univers était en guerre, et il établit comme point de doctrine que l'intérêt bien entendu des Américains était de ne jamais prendre parti dans les querelles intérieures de l'Europe.

Jefferson alla plus loin encore, et il introduisit dans la politique de l'Union cette autre maxime : « Que
» les Américains ne devaient jamais demander de pri-
» viléges aux nations étrangères, afin de n'être pas
» obligés eux-mêmes d'en accorder. »

Ces deux principes, que leur évidente justesse mit facilement à la portée de la foule, ont extrêmement simplifié la politique extérieure des États-Unis.

L'Union ne se mêlant pas des affaires de l'Europe, n'a pour ainsi dire point d'intérêts extérieurs à débattre, car elle n'a pas encore de voisins puissants en Amérique. Placée par sa situation autant que par sa volonté en dehors des passions de l'Ancien-Monde, elle n'a pas plus à s'en garantir qu'à les épouser. Quant à celles du Nouveau-Monde, l'avenir les cache encore.

L'Union est libre d'engagements antérieurs : elle profite donc de l'expérience des vieux peuples de l'Europe, sans être obligée, comme eux, de tirer parti du passé, et de l'accommoder au présent; ainsi qu'eux, elle n'est pas forcée d'accepter un immense héritage que lui ont légué ses pères; mélange de gloire et de misère, d'amitiés et de haines nationales. La politique extérieure des États-Unis est éminemment expectante; elle consiste bien plus à s'abstenir qu'à faire.

Il est donc bien difficile de savoir, quant à présent, quelle habileté développera la démocratie américaine dans la conduite des affaires extérieures de l'État. Sur ce point, ses adversaires comme ses amis doivent suspendre leur jugement.

Quant à moi, je ne ferai pas difficulté de le dire : c'est dans la direction des intérêts extérieurs de la société que les gouvernements démocratiques me paraissent décidément inférieurs aux autres. L'expérience, les mœurs et l'instruction finissent presque toujours par créer chez la démocratie cette sorte de sagesse pratique de tous les jours, et cette science des petits événements de la vie qu'on nomme le bon sens. Le bon sens suffit au train ordinaire de la société; et chez un peuple dont l'éducation est faite, la liberté démocratique appliquée aux affaires intérieures de l'État produit plus de biens que les erreurs du gouvernement de la démocratie ne sauraient amener de maux. Mais il n'en est pas toujours ainsi dans les rapports de peuple à peuple.

La politique extérieure n'exige l'usage de presque aucune des qualités qui sont propres à la démocratie, et commande au contraire le développement de presque toutes celles qui lui manquent. La démocratie favorise l'accroissement des ressources intérieures de l'État; elle répand l'aisance, développe l'esprit public, fortifie le respect à la loi dans les différentes classes de la société; toutes choses qui n'ont qu'une influence indirecte sur la position d'un peuple vis-à-vis d'un autre. Mais la démocratie ne saurait que difficilement coordonner les détails d'une grande entreprise, s'arrêter à un dessein et le suivre ensuite obstinément à travers les obstacles. Elle est peu capable de combiner des mesures en secret et d'attendre patiemment leur résultat. Ce sont là des qualités qui appartiennent plus particulièrement à un homme ou à une aristocratie. Or, ce sont précisément ces qualités qui font qu'à la longue un peuple, comme individu, finit par dominer.

Si au contraire vous faites attention aux défauts naturels de l'aristocratie, vous trouverez que l'effet qu'ils peuvent produire n'est presque point sensible dans la direction des affaires extérieures de l'État. Le vice capital qu'on reproche à l'aristocratie, c'est de ne travailler que pour elle seule, et non pour la masse. Dans la politique extérieure, il est très rare que l'aristocratie ait un intérêt distinct de celui du peuple.

La pente qui entraîne la démocratie à obéir, en politique, à des sentiments plutôt qu'à des raisonnements, et à abandonner un dessein long-temps mûri pour la satisfaction d'une passion momentanée, se fit bien voir en Amérique lorsque la révolution française éclata. Les plus simples lumières de la raison suffisaient alors, comme aujourd'hui, pour faire concevoir aux Américains que leur intérêt n'était point de s'engager dans la lutte qui allait ensanglanter l'Europe, et dont les États-Unis ne pouvaient souffrir aucun dommage.

Les sympathies du peuple en faveur de la France se déclarèrent cependant avec tant de violence, qu'il ne fallut rien moins que le caractère inflexible de Washington et l'immense popularité dont il jouissait pour empêcher qu'on ne déclarât la guerre à l'Angleterre. Et, encore, les efforts que fit l'austère raison de ce grand homme pour lutter contre les passions généreuses, mais irréfléchies, de ses concitoyens, faillirent-ils lui enlever la seule récompense qu'il se fût jamais réservée, l'amour de son pays. La majorité se prononça contre sa politique; maintenant le peuple entier l'approuve (1).

Si la constitution et la faveur publique n'eussent pas donné à Washington la direction des affaires exté-

---

(1) Voyez le cinquième volume de la *Vie de Washington*, par Marshall. « Dans un gouvernement constitué comme l'est celui des États-Unis, » dit-il, page 314, le premier magistrat ne peut, quelle que soit sa fer- » meté, opposer long-temps une digue au torrent de l'opinion popu- » laire ; et celle qui prévalait alors semblait mener à la guerre. En effet, » dans la session du congrès tenu à cette époque, on s'aperçut très fré- » quemment que Washington avait perdu la majorité dans la chambre des » représentants. » En dehors, la violence du langage dont on se servait contre lui était extrême : dans une réunion politique, on ne craignit pas de le comparer indirectement au traître Arnold (page 265). « Ceux qui » tenaient au parti de l'opposition, dit encore Marshall (page 355), » prétendaient que les partisans de l'administration composaient une fac- » tion aristocratique qui était soumise à l'Angleterre, et qui, voulant » établir la monarchie, était par conséquent ennemie de la France ; une

rieures de l'État, il est certain que la nation aurait précisément fait alors ce qu'elle condamne aujourd'hui.

Presque tous les peuples qui ont agi fortement sur le monde, ceux qui ont conçu, suivi et exécuté de grands desseins, depuis les Romains jusqu'aux Anglais, étaient dirigés par une aristocratie, et comment s'en étonner?

Ce qu'il y a de plus fixe au monde dans ses vues, c'est une aristocratie. La masse du peuple peut être séduite par son ignorance ou ses passions; on peut surprendre l'esprit d'un roi et le faire vaciller dans ses projets; et d'ailleurs un roi n'est point immortel. Mais un corps aristocratique est trop nombreux pour être capté, trop peu nombreux pour céder aisément à l'enivrement de passions irréfléchies. Un corps aristocratique est un homme ferme et éclairé qui ne meurt point.

» faction dont les membres constituaient une sorte de noblesse, qui avait
» pour titres les actions de la Banque, et qui craignait tellement toute
» mesure qui pouvait influer sur les fonds, qu'elle était insensible aux
» affronts que l'honneur et l'intérêt de la nation commandaient également
» ment de repousser. »

CHAPITRE VI.

QUELS SONT LES AVANTAGES RÉELS QUE LA SOCIÉTÉ AMÉRICAINE RETIRE DU GOUVERNEMENT DE LA DÉMOCRATIE.

Avant de commencer le présent chapitre, je sens le besoin de rappeler au lecteur ce que j'ai déjà indiqué plusieurs fois dans le cours de ce livre.

La constitution politique des États-Unis me paraît l'une des formes que la démocratie peut donner à son gouvernement; mais je ne considère pas les institutions américaines comme les seules ni comme les meilleures qu'un peuple démocratique doive adopter.

En faisant connaître quels biens les Américains retirent du gouvernement de la démocratie, je suis donc loin de prétendre ni de penser que de pareils avantages ne puissent être obtenus qu'à l'aide des mêmes lois.

DE LA TENDANCE GÉNÉRALE DES LOIS SOUS L'EMPIRE DE LA DÉMOCRATIE AMÉRICAINE, ET DE L'INSTINCT DE CEUX QUI LES APPLIQUENT.

Les vices de la démocratie se voient tout d'un coup. — Ses avantages ne s'aperçoivent qu'à la longue. — La démocratie américaine est souvent inhabile, mais la tendance générale de ses lois est profitable. — Les fonctionnaires publics, sous la démocratie américaine, n'ont point d'intérêts permanents qui diffèrent de ceux du plus grand nombre. — Ce qui en résulte.

Les vices et les faiblesses du gouvernement de la démocratie se voient sans peine; on les démontre par des faits patents, tandis que son influence salutaire s'exerce d'une manière insensible, et pour ainsi dire occulte. Ses défauts frappent du premier abord, mais ses qualités ne se découvrent qu'à la longue.

Les lois de la démocratie américaine sont souvent défectueuses ou incomplètes; il leur arrive de violer des droits acquis, ou d'en sanctionner de dangereux: fussent-elles bonnes, leur fréquence serait encore un grand mal. Tout ceci s'aperçoit au premier coup d'œil.

D'où vient donc que les républiques américaines se maintiennent et prospèrent?

On doit distinguer soigneusement, dans les lois, le but qu'elles poursuivent, de la manière dont elles marchent vers ce but; leur bonté absolue de celle qui n'est que relative.

Je suppose que l'objet du législateur soit de favoriser les intérêts du petit nombre aux dépens de ceux du grand; ses dispositions sont combinées de façon à obtenir le résultat qu'il se propose dans le moins de temps et avec le moins d'efforts possibles. La loi sera bien faite, et son but mauvais; elle sera dangereuse en proportion de son efficacité même.

Les lois de la démocratie tendent en général au bien du plus grand nombre, car elles émanent de la majorité de tous les citoyens, laquelle peut se tromper, mais ne saurait avoir un intérêt contraire à elle-même.

Celles de l'aristocratie tendent au contraire à monopoliser dans les mains du petit nombre la richesse et le pouvoir, parce que l'aristocratie forme toujours de sa nature une minorité.

On peut donc dire, d'une manière générale, que l'objet de la démocratie, dans sa législation, est plus utile à l'humanité que l'objet de l'aristocratie dans la sienne.

Mais là finissent ses avantages.

L'aristocratie est infiniment plus habile dans la science du législateur, que ne saurait l'être la démocratie. Maîtresse d'elle-même, elle n'est point sujette à des entraînements passagers; elle a de longs desseins qu'elle sait mûrir jusqu'à ce que l'occasion favorable se présente. L'aristocratie procède savamment; elle connaît l'art de faire converger en même temps, vers un même point, la force collective de toutes ses lois.

Il n'en est pas ainsi de la démocratie : ses lois sont presque toujours défectueuses ou intempestives.

Les moyens de la démocratie sont donc plus imparfaits que ceux de l'aristocratie : souvent elle travaille, sans le vouloir, contre elle-même; mais son but est plus utile.

Imaginez une société que la nature, ou sa constitution, ait organisée de manière à supporter l'action passagère de mauvaises lois, et qui puisse attendre sans périr le résultat de la *tendance générale* des lois, et vous concevrez que le gouvernement de la démocratie, malgré ses défauts, soit encore de tous le plus propre à faire prospérer cette société.

C'est précisément là ce qui arrive aux États-Unis; je répète ici ce que j'ai déjà exprimé ailleurs : le grand privilége des Américains est de pouvoir faire des fautes réparables.

Je dirai quelque chose d'analogue sur les fonctionnaires publics.

Il est facile de voir que la démocratie américaine se trompe souvent dans le choix des hommes auxquels elle confie le pouvoir; mais il n'est pas aussi aisé de dire pourquoi l'État prospère en leurs mains.

Remarquez d'abord que si, dans un État démocratique, les gouvernants sont moins honnêtes ou moins capables, les gouvernés sont plus éclairés et plus attentifs.

Le peuple, dans les démocraties, occupé comme il l'est sans cesse de ses affaires, et jaloux de ses droits, empêche ses représentants de s'écarter d'une certaine ligne générale que son intérêt lui trace.

Remarquez encore que si le magistrat démocratique use plus mal qu'un autre du pouvoir, il le possède en général moins long-temps.

Mais il y a une raison plus générale que celle-là, et plus satisfaisante.

Il importe sans doute au bien des nations que les gouvernants aient des vertus ou des talents; mais ce qui, peut-être, leur importe encore davantage, c'est que les gouvernants n'aient pas d'intérêts contraires à la masse des gouvernés; car, dans ce cas, les vertus pourraient devenir presque inutiles, et les talents funestes.

J'ai dit qu'il importait que les gouvernants n'aient point d'intérêts contraires ou différents de la masse des gouvernés; je n'ai point dit qu'il importait qu'ils eussent des intérêts semblables à ceux de *tous* les gouvernés, car je ne sache point que la chose se soit encore rencontrée.

On n'a point découvert jusqu'ici de forme politique qui favorisât également le développement et la prospérité de toutes les classes dont la société se compose. Ces classes ont continué à former comme autant de nations distinctes dans la même nation, et l'expérience a prouvé qu'il était presque aussi dangereux de s'en remettre complétement à aucune d'elles du sort des autres, que de faire d'un peuple l'arbitre des destinées d'un autre peuple. Lorsque les riches seuls gouvernent, l'intérêt des pauvres est toujours en péril; et lorsque les pauvres font la loi, celui des riches court de grands hasards. Quel est donc l'avantage de la démocratie? L'avantage réel de la démocratie n'est pas, comme on l'a dit, de favoriser la prospérité de tous, mais seulement de servir au bien-être du plus grand nombre.

Ceux qu'on charge, aux États-Unis, de diriger les affaires du public, sont souvent inférieurs en capacité et en moralité aux hommes que l'aristocratie porterait au pouvoir; mais leur intérêt se confond et s'identifie avec celui de la majorité de leurs concitoyens. Ils peuvent donc commettre de fréquentes infidélités et de graves erreurs, mais ils ne suivront jamais systématiquement une tendance hostile à cette majorité; et il ne saurait leur arriver d'imprimer au gouvernement une allure exclusive et dangereuse.

La mauvaise administration d'un magistrat, sous la démocratie, est d'ailleurs un fait isolé qui n'a d'influence que pendant la courte durée de cette administration. La corruption et l'incapacité ne sont pas des intérêts communs qui puissent lier entre eux les hommes d'une manière permanente.

Un magistrat corrompu, ou incapable, ne combinera pas ses efforts avec un autre magistrat, par la seule raison que ce dernier est incapable et corrompu comme lui, et ces deux hommes ne travailleront jamais de concert à faire fleurir la corruption et l'incapacité chez leurs arrière-neveux. L'ambition et les manœuvres de l'un serviront, au contraire, à démasquer l'autre. Les vices du magistrat, dans les démocraties, lui sont en général tout personnels.

Mais les hommes publics, sous le gouvernement de l'aristocratie, ont un intérêt de classe qui, s'il se confond quelquefois avec celui de la majorité, en reste souvent distinct. Cet intérêt forme entre eux un lien commun et durable ; il les invite à unir et à combiner leurs efforts vers un but qui n'est pas toujours le bonheur du plus grand nombre : il ne lie pas seulement les gouvernants les uns aux autres ; ils les unit encore à une portion considérable de gouvernés ; car beaucoup de citoyens, sans être revêtus d'aucun emploi, font partie de l'aristocratie.

Le magistrat aristocratique rencontre donc un appui constant dans la société, en même temps qu'il en trouve un dans le gouvernement.

Cet objet commun, qui, dans les aristocraties, unit les magistrats à l'intérêt d'une partie de leurs contemporains, les identifie encore et les soumet pour ainsi dire à celui des races futures. Ils travaillent pour l'avenir aussi bien que pour le présent. Le magistrat aristocratique est donc poussé tout à la fois vers un même point, par les passions des gouvernés, par les siennes propres, et je pourrais presque dire par les passions de sa postérité.

Comment s'étonner s'il ne résiste point? Aussi voit-on souvent, dans les aristocraties, l'esprit de classe entraîner ceux mêmes qu'il ne corrompt pas, et faire qu'à leur insu ils accommodent peu à peu la société à leur usage, et la préparent pour leurs descendants.

Je ne sais s'il a jamais existé une aristocratie aussi libérale que celle d'Angleterre, et qui ait, sans interruption, fourni au gouvernement du pays des hommes aussi dignes et aussi éclairés.

Il est cependant facile de reconnaître que dans la législation anglaise le bien du pauvre a fini par être souvent sacrifié à celui du riche, et les droits du plus grand nombre aux priviléges de quelques uns : aussi l'Angleterre, de nos jours, réunit-elle dans son sein tout ce que la fortune a de plus extrême, et l'on y rencontre des misères qui égalent presque sa puissance et sa gloire.

Aux États-Unis, où les fonctionnaires publics n'ont point d'intérêts de classe à faire prévaloir, la marche générale et continue du gouvernement est bienfaisante, quoique les gouvernants soient souvent inhabiles, et quelquefois méprisables.

Il y a donc, au fond des institutions démocratiques, une tendance cachée qui fait souvent concourir les hommes à la prospérité générale, malgré leurs vices ou leurs erreurs, tandis que dans les institutions aristocratiques, il se découvre quelquefois une pente secrète qui, en dépit des talents et des vertus, les entraîne à contribuer aux misères de leurs semblables. C'est ainsi qu'il peut arriver que, dans les gouvernements aristocratiques, les hommes publics fassent le mal sans le vouloir, et que dans les démocraties ils produisent le bien sans en avoir la pensée.

DE L'ESPRIT PUBLIC AUX ÉTATS-UNIS.

Amour instinctif de la patrie. — Patriotisme réfléchi. — Leurs différents caractères. — Que les peuples doivent tendre de toutes leurs forces vers le second quand le premier disparaît. — Efforts qu'ont faits les Américains pour y parvenir. — L'intérêt de l'individu intimement lié à celui du pays.

Il existe un amour de la patrie qui a principalement sa source dans ce sentiment irréfléchi, désintéressé et indéfinissable, qui lie le cœur de l'homme aux lieux où l'homme a pris naissance. Cet amour instinctif se confond avec le goût des coutumes anciennes, avec le respect des aïeux et la mémoire du passé ; ceux qui l'éprouvent chérissent leur pays comme on aime la maison paternelle. Ils aiment la tranquillité dont ils y jouissent; ils tiennent aux paisibles habitudes qu'ils y ont contractées; ils s'attachent aux souvenirs qu'elle leur présente, et trouvent même quelque douceur à y vivre dans l'obéissance. Souvent cet amour de la patrie est encore exalté par le zèle religieux, et alors on lui voit faire des prodiges. Lui-même est une sorte de religion ; il ne raisonne point, il croit, il sent, il agit. Des peuples se sont rencontrés qui ont, en quelque façon, personnifié la patrie, et qui l'ont entrevue dans le prince. Ils ont donc transporté en lui une partie des sentiments dont le patriotisme se compose; ils se sont enorgueillis de ses triomphes, et ont été fiers de sa puissance. Il fut un temps, sous l'ancienne monarchie, où les Français éprouvaient une sorte de joie en se sentant livrés sans recours à l'arbitraire du monarque, et disaient avec orgueil : « Nous vivons sous le plus puissant roi du monde. »

Comme toutes les passions irréfléchies, cet amour du pays pousse à de grands efforts passagers plutôt qu'à la continuité des efforts. Après avoir sauvé l'État en temps de crise, il le laisse souvent dépérir au sein de la paix.

Lorsque les peuples sont encore simples dans leurs mœurs et fermes dans leur croyance; quand la société repose doucement sur un ordre de choses ancien, dont la légitimité n'est point contestée, on voit régner cet amour instinctif de la patrie.

Il en est un autre plus rationnel que celui-là; moins généreux, moins ardent peut-être, mais plus fécond et plus durable; celui-ci naît des lumières; il se développe à l'aide des lois, il croît avec l'exercice des droits, et il finit, en quelque sorte, par se confondre avec l'intérêt personnel. Un homme comprend l'influence qu'a le bien-être du pays sur le sien propre; il sait que la loi lui permet de contribuer à produire ce bien-être, et il s'intéresse à la prospérité de son pays, d'abord comme une chose qui lui est utile, et ensuite comme à son ouvrage.

Mais il arrive quelquefois, dans la vie des peuples, un moment où les coutumes anciennes sont changées, les mœurs détruites, les croyances ébranlées, le prestige des souvenirs évanoui, et où, cependant, les lumières sont restées incomplètes, et les droits politiques mal assurés ou restreints. Les hommes alors n'aperçoivent plus la patrie que sous un jour faible et douteux; ils ne la placent plus ni dans le sol, qui est devenu à leurs yeux une terre inanimée, ni dans les usages de leurs aïeux, qu'on leur a appris à regarder comme un joug; ni dans la religion, dont ils doutent; ni dans les lois qu'ils ne font pas, ni dans le législateur qu'ils craignent et méprisent. Ils ne la voient donc nulle part, pas plus sous ses propres traits que sous aucun autre, et ils se retirent dans un égoïsme étroit et sans lumière. Ces hommes échappent aux préjugés sans reconnaître l'empire de la raison; ils n'ont ni le patriotisme instinctif de la monarchie, ni le patriotisme réfléchi de la république; mais ils se sont arrêtés entre les deux, au milieu de la confusion et des misères.

Que faire en un pareil état? Reculer. Mais les peuples ne reviennent pas plus aux sentiments de leur jeunesse, que les hommes aux goûts innocents de leur premier âge; ils peuvent les regretter, mais non les faire renaître. Il faut donc marcher en avant, et se hâter d'unir aux yeux du peuple l'intérêt individuel à l'intérêt du pays, car l'amour désintéressé de la patrie fuit sans retour.

Je suis assurément loin de prétendre que pour arriver à ce résultat on doive accorder tout-à-coup l'exercice des droits politiques à tous les hommes; mais je dis que le plus puissant moyen, et peut-être le seul qui nous reste, d'intéresser les hommes au sort de leur patrie, c'est de les faire participer à son gouvernement. De nos jours, l'esprit de cité me semble inséparable de l'exercice des droits politiques; et je pense que désormais on verra augmenter ou diminuer en Europe le nombre des citoyens, en proportion de l'extension de ses droits.

D'où vient qu'aux États-Unis, où les habitants sont arrivés d'hier sur le sol qu'ils occupent, où ils n'y ont apporté ni usages, ni souvenirs; où ils s'y rencontrent pour la première fois sans se connaître; où, pour le dire en un mot, l'instinct de la patrie peut à peine exister; d'où vient que chacun s'intéresse aux affaires de sa commune, de son canton, et de l'État tout entier comme aux siennes mêmes? C'est que chacun, dans sa sphère, prend une part active au gouvernement de la société.

L'homme du peuple, aux États-Unis, a compris l'influence qu'exerce la prospérité générale sur son bonheur, idée si simple et cependant si peu connue du peuple. De plus, il s'est accoutumé à regarder cette prospérité comme son ouvrage. Il voit donc dans la fortune publique la sienne propre, et il travaille au bien de l'État, non seulement par devoir ou par orgueil, mais j'oserais presque dire par cupidité.

On n'a pas besoin d'étudier les institutions et l'histoire des Américains pour connaître la vérité de ce qui précède, les mœurs vous en avertissent assez. L'Américain prenant part à tout ce qui se fait dans son pays, se croit intéressé à défendre tout ce qu'on y critique; car ce n'est pas seulement son pays qu'on attaque alors, c'est lui-même : aussi voit-on son orgueil national recourir à tous les artifices et descendre à toutes les puérilités de la vanité individuelle.

Il n'y a rien de plus gênant dans l'habitude de la

vie que ce patriotisme irritable des Américains. L'étranger consentirait bien à louer beaucoup dans leur pays; mais il voudrait qu'on lui permît de blâmer quelque chose, et c'est ce qu'on lui refuse absolument.

L'Amérique est donc un pays de liberté, où, pour ne blesser personne, l'étranger ne doit parler librement ni des particuliers, ni de l'État, ni des gouvernés, ni des gouvernants, ni des entreprises publiques, ni des entreprises privées; de rien enfin de ce qu'on y rencontre, sinon peut-être du climat et du sol; encore trouve-t-on des Américains prêts à défendre l'un et l'autre, comme s'ils avaient concouru à les former.

De nos jours, il faut savoir prendre son parti, et oser choisir entre le patriotisme de tous et le gouvernement du petit nombre; car on ne peut réunir à la fois la force et l'activité sociales que donne le premier, avec les garanties de tranquillité que fournit quelquefois le second.

DE L'IDÉE DES DROITS AUX ÉTATS-UNIS.

Il n'y a pas de grands peuples sans idée des droits. — Quel est le moyen de donner au peuple l'idée des droits. — Respect des droits aux États-Unis. — D'où il naît.

Après l'idée générale de la vertu, je n'en sais pas de plus belle que celle des droits, ou plutôt ces deux idées se confondent. L'idée des droits n'est autre chose que l'idée de la vertu introduite dans le monde politique.

C'est avec l'idée des droits que les hommes ont défini ce qu'étaient la licence et la tyrannie. Éclairé par elle, chacun a pu se montrer indépendant sans arrogance et soumis sans hardiesse. L'homme qui obéit à la violence se plie et s'abaisse; mais quand il se soumet au droit de commander qu'il reconnaît à son semblable, il s'élève en quelque sorte au-dessus de celui même qui lui commande. Il n'est pas de grands hommes sans vertu; sans respect des droits il n'y a pas de grand peuple : on peut presque dire qu'il n'y a pas de société; car qu'est-ce qu'une réunion d'êtres rationnels et intelligents dont la force est le seul lien?

Je me demande quel est, de nos jours, le moyen d'inculquer aux hommes l'idée des droits, et de le faire pour ainsi dire tomber sous leur sens; et je n'en vois qu'un seul, c'est de leur donner à tous le paisible exercice de certains droits : on voit bien cela chez les enfants, qui sont des hommes, à la force et à l'expérience près. Lorsque l'enfant commence à se mouvoir au milieu des objets extérieurs, l'instinct le porte à mettre à son usage tout ce qui se rencontre sous ses mains; il n'a pas d'idée de la propriété des autres, pas même de celle de l'existence; mais à mesure qu'il est averti du prix des choses, et qu'il découvre qu'on peut à son tour l'en dépouiller, il devient plus circonspect, et finit par respecter dans ses semblables ce qu'il veut qu'on respecte en lui.

Ce qui arrive à l'enfant pour ses jouets, arrive plus tard à l'homme pour tous les objets qui lui appartiennent. Pourquoi en Amérique, pays de démocratie par excellence, personne ne fait-il entendre contre la propriété en général ces plaintes qui souvent retentissent en Europe? Est-il besoin de le dire? c'est qu'en Amérique il n'y a point de prolétaires. Chacun ayant un bien particulier à défendre, reconnaît en principe le droit de propriété.

Dans le monde politique, il en est de même. En Amérique, l'homme du peuple a conçu une haute idée des droits politiques, parce qu'il a des droits politiques; il n'attaque pas ceux d'autrui pour qu'on ne viole pas les siens. Et tandis qu'en Europe ce même homme méconnaît jusqu'à l'autorité souveraine, l'Américain se soumet sans murmurer au pouvoir du moindre de ses magistrats.

Cette vérité paraît jusque dans les plus petits détails de l'existence des peuples. En France, il y a peu de plaisirs exclusivement réservés aux classes supérieures de la société; le pauvre est admis presque partout où le riche peut entrer : aussi le voit-on se conduire avec décence et respecter tout ce qui sert à des jouissances qu'il partage. En Angleterre, où la richesse a le privilége de la joie comme le monopole du pouvoir, on se plaint que quand le pauvre parvient à s'introduire furtivement dans le lieu destiné aux plaisirs du riche, il aime à y causer des dégâts inutiles : comment s'en étonner? on a pris soin qu'il n'ait rien à perdre.

Le gouvernement de la démocratie fait descendre l'idée des droits politiques jusqu'au moindre des citoyens, comme la division des biens met l'idée du droit de propriété en général à la portée de tous les hommes. C'est là un de ses plus grands mérites à mes yeux.

Je ne dis point que ce soit chose aisée que d'apprendre à tous les hommes à se servir des droits politiques; je dis seulement que, quand cela peut être, les effets qui en résultent sont grands.

Et j'ajoute que s'il est un siècle où une pareille entreprise doive être tentée, ce siècle est le nôtre.

Ne voyez-vous pas que les religions s'affaiblissent et que la notion divine des droits disparaît? Ne découvrez-vous point que les mœurs s'altèrent, et qu'avec elles s'efface la notion morale des droits?

N'apercevez-vous pas de toutes parts les croyances qui font place aux raisonnements, et les sentiments aux calculs? Si, au milieu de cet ébranlement universel, vous ne parvenez à lier l'idée des droits à l'intérêt personnel qui s'offre comme le seul point immobile dans le cœur humain, que vous restera-t-il donc pour gouverner le monde, sinon la peur?

Lors donc qu'on me dit que les lois sont faibles, et les gouvernés turbulents; que les passions sont vives, et la vertu sans pouvoir, et que dans cette situation il ne faut point songer à augmenter les droits de la démocratie; je réponds que c'est à cause de ces choses mêmes que je crois qu'il faut y songer; et, en vérité, je pense que les gouvernements y sont plus intéressés encore que la société, car les gouvernements périssent, et la société ne saurait mourir. Du reste, je ne veux point abuser de l'exemple de l'Amérique.

En Amérique, le peuple a été revêtu de droits politiques à une époque où il lui était difficile d'en faire un mauvais usage, parce que les citoyens étaient en petit nombre et simples de mœurs. En grandissant, les Américains n'ont point accru pour ainsi dire les pouvoirs de la démocratie; ils ont plutôt étendu ses domaines.

On ne peut douter que le moment où l'on accorde des droits politiques à un peuple qui en a été privé jusqu'alors, ne soit un moment de crise, crise souvent nécessaire, mais toujours dangereuse.

L'enfant donne la mort quand il ignore le prix de la vie; il enlève la propriété d'autrui avant de connaître qu'on peut lui ravir la sienne. L'homme du peuple, à l'instant où on lui accorde des droits politiques, se trouve, par rapport à ses droits, dans la même position que l'enfant vis-à-vis de toute la nature, et c'est le cas de lui appliquer ce mot célèbre : *Homo puer robustus.*

Cette vérité se découvre en Amérique même. Les États où les citoyens jouissent le plus anciennement de leurs droits sont ceux où ils savent encore le mieux s'en servir.

On ne saurait trop le dire : il n'est rien de plus fécond en merveilles que l'art d'être libre; mais il n'y a rien de plus dur que l'apprentissage de la liberté. Il n'en est pas de même du despotisme. Le despotisme se présente souvent comme le réparateur de tous les maux soufferts; il est l'appui du bon droit, le soutien des opprimés et le fondateur de l'ordre. Les peuples s'endorment au sein de la prospérité momentanée qu'il fait naître; et lorsqu'ils se réveillent, ils sont misérables. La liberté, au contraire, naît d'ordinaire au milieu des orages, elle s'établit péniblement parmi les discordes civiles, et ce n'est que quand elle est déjà vieille qu'on peut connaître ses bienfaits.

DU RESPECT POUR LA LOI AUX ÉTATS-UNIS.

Respect des Américains pour la loi. — Amour paternel qu'ils ressentent pour elle. — Intérêt personnel que chacun trouve à augmenter la puissance de la loi.

Il n'est pas toujours loisible d'appeler le peuple entier, soit directement, soit indirectement, à la confection de la loi ; mais on ne saurait nier que, quand cela est praticable, la loi n'en acquière une grande autorité. Cette origine populaire, qui nuit souvent à la bonté et à la sagesse de la législation, contribue singulièrement à sa puissance.

Il y a dans l'expression des volontés de tout un peuple une force prodigieuse. Quand elle se découvre au grand jour, l'imagination même de ceux qui voudraient lutter contre elle en est comme accablée.

La vérité de ceci est bien connue des partis.

Aussi les voit-on contester la majorité partout où ils le peuvent. Quand elle leur manque parmi ceux qui ont voté, ils la placent parmi ceux qui se sont abstenus de voter, et lorsque là encore elle vient à leur échapper, ils la retrouvent au sein de ceux qui n'avaient pas le droit de voter.

Aux États-Unis, excepté les esclaves, les domestiques et les indigents nourris par les communes, il n'est personne qui ne soit électeur, et qui à ce titre ne concoure indirectement à la loi. Ceux qui veulent attaquer les lois sont donc réduits à faire ostensiblement l'une de ces deux choses : ils doivent ou changer l'opinion de la nation, ou fouler aux pieds ses volontés.

Ajoutez à cette première raison cette autre plus directe et plus puissante, qu'aux États-Unis chacun trouve une sorte d'intérêt personnel à ce que tous obéissent aux lois; car celui qui aujourd'hui ne fait pas partie de la majorité, sera peut-être demain dans ses rangs; et ce respect qu'il professe maintenant pour les volontés du législateur, il aura bientôt occasion de l'exiger pour les siennes. Quelque fâcheuse que soit la loi, l'habitant des États-Unis s'y soumet donc sans peine, non seulement comme à l'ouvrage du plus grand nombre, mais encore comme au sien propre; il la considère sous le point de vue d'un contrat dans lequel il aurait été partie.

On ne voit donc pas, aux États-Unis, une foule nombreuse et toujours turbulente, qui, regardant la loi comme un ennemi naturel, ne jette sur elle que des regards de crainte et de soupçons. Il est impossible, au contraire, de ne point apercevoir que toutes les classes montrent une grande confiance dans la législation qui régit le pays, et ressentent pour elle une sorte d'amour paternel.

Je me trompe en disant toutes les classes. En Amérique, l'échelle européenne des pouvoirs étant renversée, les riches se trouvent dans une position analogue à celle des pauvres en Europe; ce sont eux qui souvent se défient de la loi. Je l'ai dit ailleurs: l'avantage réel du gouvernement démocratique n'est pas de garantir les intérêts de tous, ainsi qu'on l'a prétendu quelquefois, mais seulement de protéger ceux du plus grand nombre. Aux États-Unis, où le pauvre gouverne, les riches ont toujours à craindre qu'il n'abuse contre eux de son pouvoir.

Cette disposition de l'esprit des riches peut produire un mécontentement sourd; mais la société n'en est pas violemment troublée; car la même raison qui empêche le riche d'accorder sa confiance au législateur, l'empêche de braver ses commandements. Il ne fait pas la loi parce qu'il est riche, et il n'ose la violer à cause de sa richesse. Chez les nations civilisées, il n'y a en général que ceux qui n'ont rien à perdre qui se révoltent. Ainsi donc, si les lois de la démocratie ne sont pas toujours respectables, elles sont presque toujours respectées; car ceux qui en général violent les lois ne peuvent manquer d'obéir à celles qu'ils ont faites et dont ils profitent, et les citoyens qui pourraient avoir intérêt à les enfreindre sont portés par caractère et par position à se soumettre aux volontés quelconques du législateur. Au reste, le peuple, en Amérique, n'obéit pas seulement à la loi parce qu'elle est son ouvrage, mais encore parce qu'il peut la changer, quand par hasard elle le blesse; il s'y soumet d'abord comme à un mal qu'il s'est imposé à lui-même, et ensuite comme à un mal passager.

ACTIVITÉ QUI RÈGNE DANS TOUTES LES PARTIES DU CORPS POLITIQUE AUX ÉTATS-UNIS; INFLUENCE QU'ELLE EXERCE SUR LA SOCIÉTÉ.

Il est plus difficile de concevoir l'activité politique qui règne aux États-Unis que la liberté ou l'égalité qu'on y rencontre. — Le grand mouvement qui agite sans cesse les législatures n'est qu'un épisode, un prolongement de ce mouvement universel. — Difficulté que trouve l'Américain à ne s'occuper que de ses propres affaires. — L'agitation politique se propage dans la société civile. — Activité industrielle des Américains venant en partie de cette cause. — Avantages indirects que retire la société du gouvernement de la démocratie.

Quand on passe d'un pays libre dans un autre qui ne l'est pas, on est frappé d'un spectacle fort extraordinaire : là, tout est activité et mouvement; ici, tout semble calme et immobile. Dans l'un, il n'est question que d'amélioration et de progrès; on dirait que la société, dans l'autre, après avoir acquis tous les biens, n'aspire qu'à se reposer pour en jouir. Cependant, le pays qui se donne tant d'agitation pour être heureux est en général plus riche et plus prospère que celui qui paraît si satisfait de son sort. Et en les considérant l'un et l'autre, on a peine à concevoir comment tant de besoins nouveaux se font sentir chaque jour dans le premier, tandis qu'on semble en éprouver si peu dans le second.

Si cette remarque est applicable aux pays libres qui ont conservé la forme monarchique et à ceux où l'aristocratie domine, elle l'est bien plus encore aux républiques démocratiques. Là, ce n'est plus une portion du peuple qui entreprend d'améliorer l'état de la société; le peuple entier se charge de ce soin. Il ne s'agit pas seulement de pourvoir aux besoins et aux commodités d'une classe, mais de toutes les classes en même temps.

Il n'est pas impossible de concevoir l'immense liberté dont jouissent les Américains; on peut aussi se faire une idée de leur extrême égalité; mais ce qu'on ne saurait comprendre sans en avoir déjà été le témoin, c'est l'activité politique qui règne aux États-Unis.

A peine êtes-vous descendu sur le sol de l'Amérique, que vous vous trouvez au milieu d'une sorte de tumulte; une clameur confuse s'élève de toutes parts; mille voix parviennent en même temps à votre oreille; chacune d'elles exprime quelques besoins sociaux.

Autour de vous tout se remue : ici, le peuple d'un quartier est réuni pour savoir si l'on doit bâtir une église; là, on travaille au choix d'un représentant; plus loin, les députés d'un canton se rendent en toute hâte à la ville, afin d'aviser à certaines améliorations locales; dans un autre endroit, ce sont les cultivateurs d'un village qui abandonnent leurs sillons pour aller discuter le plan d'une route ou d'une école. Des citoyens s'assemblent, dans le seul but de déclarer qu'ils désapprouvent la marche du gouvernement; tandis que d'autres se réunissent afin de proclamer que les hommes en place sont les pères de la patrie. En voici d'autres encore qui, regardant l'ivrognerie comme la source principale des maux de l'État, viennent s'engager solennellement à donner l'exemple de la tempérance (1).

Le grand mouvement politique qui agite sans cesse les législatures américaines, le seul dont on s'aperçoive au-dehors, n'est qu'un épisode et une sorte de prolongement de ce mouvement universel qui commence dans les derniers rangs du peuple, et gagne ensuite, de proche en proche, toutes les classes des citoyens. On ne saurait travailler plus laborieusement à être heureux.

Il est difficile de dire quelle place occupent les soins de la politique dans la vie d'un homme aux États-Unis. Se mêler du gouvernement de la société

---

(1) Les sociétés de tempérance sont des associations dont les membres s'engagent à s'abstenir de liqueurs fortes. A mon passage aux États-Unis, les sociétés de tempérance comptaient déjà plus de 270,000 membres, et leur effet avait été de diminuer, dans le seul État de Pensylvanie, la consommation des liqueurs fortes de 500,000 gallons par année.

et en parler, c'est la plus grande affaire et pour ainsi dire le seul plaisir qu'un Américain connaisse. Ceci s'aperçoit jusque dans les moindres habitudes de sa vie : les femmes elles-mêmes se rendent souvent aux assemblées publiques, et se délassent, en écoutant des discours politiques, des ennuis du ménage. Pour elles, les clubs remplacent jusqu'à un certain point les spectacles. Un Américain ne sait pas converser, mais il discute; il ne discourt pas, mais il disserte. Il vous parle toujours comme à une assemblée; et s'il lui arrive par hasard de s'échauffer, il dira : Messieurs, en s'adressant à son interlocuteur.

Dans certain pays, l'habitant n'accepte qu'avec une sorte de répugnance les droits politiques que la loi lui accorde; il semble que ce soit lui dérober son temps que de l'occuper des intérêts communs, et il aime à se renfermer dans un égoïsme étroit dont quatre fossés surmontés d'une haie forment l'exacte limite.

Du moment, au contraire, où l'Américain serait réduit à ne s'occuper que de ses propres affaires, la moitié de son existence lui serait ravie; il sentirait comme un vide immense dans ses jours, et il deviendrait incroyablement malheureux (1).

Je suis persuadé que si le despotisme parvient jamais à s'établir en Amérique, il trouvera plus de difficultés encore à vaincre les habitudes que la liberté a fait naître, qu'à surmonter l'amour même de la liberté.

Cette agitation sans cesse renaissante, que le gou-

(1) Le même fait fut déjà observé à Rome sous les premiers Césars. Montesquieu remarque quelque part que rien n'égala le désespoir de certains citoyens romains qui, après les agitations d'une existence politique, rentrèrent tout-à-coup dans le calme de la vie privée.

vernement de la démocratie a introduite dans le monde politique, passe ensuite dans la société civile. Je ne sais si, à tout prendre, ce n'est pas là le plus grand avantage du gouvernement démocratique, et je le loue bien plus à cause de ce qu'il fait faire que de ce qu'il fait.

Il est incontestable que le peuple dirige souvent fort mal les affaires publiques; mais le peuple ne saurait se mêler des affaires publiques sans que le cercle de ses idées ne vienne à s'étendre, et sans qu'on ne voie son esprit sortir de sa routine ordinaire. L'homme du peuple qui est appelé au gouvernement de la société conçoit une certaine estime de lui-même. Comme il est alors une puissance, des intelligences très éclairées se mettent au service de la sienne. On s'adresse sans cesse à lui pour s'en faire un appui, et en cherchant à le tromper de mille manières différentes, on l'éclaire. En politique, il prend part à des entreprises qu'il n'a pas conçues, mais qui lui donnent le goût général des entreprises. On lui indique tous les jours de nouvelles améliorations à faire à la propriété commune; il sent naître le désir d'améliorer celle qui lui est personnelle. Il n'est ni plus vertueux ni plus heureux peut-être, mais plus éclairé et plus actif que ses devanciers. Je ne doute pas que les institutions démocratiques, jointes à la nature physique du pays, ne soient la cause, non pas directe, comme tant de gens le disent, mais la cause indirecte du prodigieux mouvement d'industrie qu'on remarque aux États-Unis. Ce ne sont pas les lois qui le font naître, mais le peuple apprend à le produire en faisant la loi.

Lorsque les ennemis de la démocratie prétendent qu'un seul fait mieux ce dont il se charge que le gouvernement de tous, il me semble qu'ils ont raison. Le gouvernement d'un seul, en supposant de part et d'autre égalité de lumières, met plus de suite dans ses entreprises que la multitude; il montre plus de persévérance, plus d'idée d'ensemble, plus de perfection de détail, un discernement plus juste dans le choix des hommes. Ceux qui nient ces choses n'ont jamais vu de république démocratique, ou n'ont jugé que sur un petit nombre d'exemples. La démocratie, lors même que les circonstances locales et les dispositions du peuple lui permettent de se maintenir, ne présente pas le coup d'œil de la régularité administrative et de l'ordre méthodique dans le gouvernement; cela est vrai. La liberté démocratique n'exécute pas chacune de ses entreprises avec la même perfection que le despotisme intelligent; souvent elle les abandonne avant d'en avoir retiré le fruit, ou en hasarde de dangereuses : mais à la longue elle produit plus que lui; elle fait moins bien chaque chose, mais elle fait plus de choses. Sous son empire, ce n'est pas surtout ce qu'exécute l'administration publique qui est grand, c'est ce qu'on exécute sans elle et en dehors d'elle. La démocratie ne donne pas au peuple le gouvernement le plus habile, mais elle fait ce que le gouvernement le plus habile est souvent impuissant à créer; elle répand dans tout le corps social une inquiète activité, une force surabondante, une énergie qui n'existent jamais sans elle, et qui, pour peu que les circonstances soient favorables, peuvent enfanter des merveilles. Là sont ses vrais avantages.

Dans ce siècle, où les destinées du monde chrétien paraissent en suspens, les uns se hâtent d'attaquer la démocratie comme une puissance ennemie, tandis qu'elle grandit encore ; les autres adorent déjà en elle un dieu nouveau qui sort du néant : mais les uns et les autres ne connaissent qu'imparfaitement l'objet de leur haine ou de leur désir ; ils se combattent dans les ténèbres et ne frappent qu'au hasard.

Que demandez-vous de la société et de son gouvernement ? Il faut s'entendre.

Voulez-vous donner à l'esprit humain une certaine hauteur, une façon généreuse d'envisager les choses de ce monde ? Voulez-vous inspirer aux hommes une sorte de mépris des biens matériels ? Désirez-vous faire naître ou entretenir des convictions profondes et préparer de grands dévouements ?

S'agit-il pour vous de polir les mœurs, d'élever les manières, de faire briller les arts ? Voulez-vous de la poésie, du bruit, de la gloire ?

Prétendez-vous organiser un peuple de manière à agir fortement sur tous les autres ? Le destinez-vous à tenter les grandes entreprises, et, quel que soit le résultat de ses efforts, à laisser une trace immense dans l'histoire ?

Si tel est, suivant vous, l'objet principal que doivent se proposer les hommes en société, ne prenez pas le gouvernement de la démocratie ; il ne vous conduirait pas sûrement au but.

Mais s'il vous semble utile de détourner l'activité intellectuelle et morale de l'homme sur les nécessités de la vie matérielle, et de l'employer à produire le bien-être ; si la raison vous paraît plus profitable aux hommes que le génie; si votre objet n'est point de créer des vertus héroïques, mais des habitudes paisibles; si vous aimez mieux voir des vices que des crimes, et préférez trouver moins de grandes actions, à la condition de rencontrer moins de forfaits; si, au lieu d'agir dans le sein d'une société brillante, il vous suffit de vivre au milieu d'une société prospère; si, enfin, l'objet principal d'un gouvernement n'est point, suivant vous, de donner au corps entier de la nation le plus de force ou le plus de gloire possible, mais de procurer à chacun des individus qui le composent le plus de bien-être et de lui éviter le plus de misère; alors égalisez les conditions et constituez le gouvernement de la démocratie.

Que s'il n'est plus temps de faire un choix, et qu'une force supérieure à l'homme vous entraîne déjà, sans consulter vos désirs, vers l'un des deux gouvernements, cherchez du moins à en tirer tout le bien qu'il peut faire; et connaissant ses bons instincts, ainsi que ses mauvais penchants, efforcez-vous de restreindre l'effet des seconds et de développer les premiers.

CHAPITRE VII.

DE L'OMNIPOTENCE DE LA MAJORITÉ AUX ÉTATS-UNIS ET DE SES EFFETS.

Force naturelle de la majorité dans les démocraties. — La plupart des constitutions américaines ont accru artificiellement cette force naturelle. — Comment. — Mandats impératifs. — Empire moral de la majorité. — Opinion de son infaillibilité. — Respect pour ses droits. — Ce qui l'augmente aux États-Unis.

Il est de l'essence même des gouvernements démocratiques que l'empire de la majorité y soit absolu; car en dehors de la majorité, dans les démocraties, il n'y a rien qui résiste.

La plupart des constitutions américaines ont encore cherché à augmenter artificiellement cette force naturelle de la majorité (1).

La législature est, de tous les pouvoirs politiques, celui qui obéit le plus volontiers à la majorité. Les Américains ont voulu que les membres de la législature fussent nommés *directement* par le peuple, et

(1) Nous avons vu, lors de l'examen de la constitution fédérale, que les législateurs de l'Union avaient fait des efforts contraires. Le résultat de ces efforts a été de rendre le gouvernement fédéral plus indépendant dans sa sphère que celui des États. Mais le gouvernement fédéral ne s'occupe guère que des affaires extérieures : ce sont les gouvernements d'État qui dirigent réellement la société américaine.

pour un *terme très court*, afin de les obliger à se soumettre, non seulement aux vues générales, mais encore aux passions journalières de leurs constituants.

Ils ont pris dans les mêmes classes et nommé de la même manière les membres des deux chambres; de telle sorte que les mouvements du corps législatif sont presque aussi rapides et non moins irrésistibles que ceux d'une seule assemblée.

La législature ainsi constituée, ils ont réuni dans son sein presque tout le gouvernement.

En même temps que la loi accroissait la force des pouvoirs qui étaient naturellement forts, elle énervait de plus en plus ceux qui étaient naturellement faibles. Elle n'accordait aux représentants de la puissance exécutive, ni stabilité ni indépendance; et, en les soumettant complétement aux caprices de la législature, elle leur enlevait le peu d'influence que la nature du gouvernement démocratique leur aurait permis d'exercer.

Dans plusieurs États, elle livrait le pouvoir judiciaire à l'élection de la majorité, et dans tous elle faisait, en quelque sorte, dépendre son existence de la puissance législative, en laissant aux représentants le droit de fixer chaque année le salaire des juges.

Les usages ont été plus loin encore que les lois.

Il se répand de plus en plus, aux États-Unis, une coutume qui finira par rendre vaines les garanties du gouvernement représentatif : il arrive très fréquemment que les électeurs, en nommant un député, lui tracent un plan de conduite et lui imposent un certain nombre d'obligations positives dont il ne saurait nullement s'écarter. Au tumulte près, c'est comme si la majorité elle-même délibérait sur la place publique.

Plusieurs circonstances particulières tendent encore à rendre, en Amérique, le pouvoir de la majorité non seulement prédominant, mais irrésistible.

L'empire moral de la majorité se fonde en partie sur cette idée, qu'il y a plus de lumières et de sagesse dans beaucoup d'hommes réunis que dans un seul, dans le nombre des législateurs que dans le choix. C'est la théorie de l'égalité appliquée aux intelligences. Cette doctrine attaque l'orgueil de l'homme dans son dernier asile : aussi la minorité l'admet-elle avec peine; elle ne s'y habitue qu'à la longue. Comme tous les pouvoirs, et plus peut-être qu'aucun d'entre eux, le pouvoir de la majorité a donc besoin de durer pour paraître légitime. Quand il commence à s'établir, il se fait obéir par la contrainte; ce n'est qu'après avoir long-temps vécu sous ses lois qu'on commence à le respecter.

L'idée du droit que possède la majorité, par ses lumières, de gouverner la société, a été apportée sur le sol des États-Unis par leurs premiers habitants. Cette idée, qui seule suffirait pour créer un peuple libre, est aujourd'hui passée dans les mœurs, et on la retrouve jusque dans les moindres habitudes de la vie.

Les Français, sous l'ancienne monarchie, tenaient pour constant que le roi ne pouvait jamais faillir; et quand il lui arrivait de faire mal, ils pensaient que la faute en était à ses conseillers. Ceci facilitait merveilleusement l'obéissance. On pouvait murmurer contre la loi, sans cesser d'aimer et de respecter le législateur. Les Américains ont la même opinion de la majorité.

L'empire moral de la majorité se fonde encore sur ce principe, que les intérêts du plus grand nombre doivent être préférés à ceux du petit. Or, on comprend sans peine que le respect qu'on professe pour ce droit du plus grand nombre augmente naturellement ou diminue suivant l'état des partis. Quand une nation est partagée entre plusieurs grands intérêts inconciliables, le privilége de la majorité est souvent méconnu, parce qu'il devient trop pénible de s'y soumettre.

S'il existait en Amérique une classe de citoyens que le législateur travaillât à dépouiller de certains avantages exclusifs, possédés pendant des siècles, et voulût faire descendre d'une situation élevée pour les ramener dans les rangs de la multitude, il est probable que la minorité ne se soumettrait pas facilement à ses lois.

Mais les États-Unis ayant été peuplés par des hommes égaux entre eux, il ne se trouve pas encore de dissidence naturelle et permanente entre les intérêts de leurs divers habitants.

Il y a tel état social où les membres de la minorité ne peuvent espérer d'attirer à eux la majorité, parce qu'il faudrait pour cela abandonner l'objet même de la lutte qu'ils soutiennent contre elle. Une aristocratie, par exemple, ne saurait devenir majorité en conservant ses priviléges exclusifs, et elle ne saurait laisser échapper ses priviléges sans cesser d'être une aristocratie.

Aux États-Unis, les questions politiques ne peuvent se poser d'une manière aussi générale et aussi absolue, et tous les partis sont prêts à reconnaître les droits de la majorité, parce que tous ils espèrent pouvoir un jour les exercer à leur profit.

La majorité a donc aux États-Unis une immense puissance de fait et une puissance d'opinion presque aussi grande; et lorsqu'elle est une fois formée sur une question, il n'y a pour ainsi dire point d'obstacles qui puissent, je ne dirai pas arrêter, mais même retarder sa marche, et lui laisser le temps d'écouter les plaintes de ceux qu'elle écrase en passant.

Les conséquences de cet état de choses sont funestes et dangereux pour l'avenir.

COMMENT L'OMNIPOTENCE DE LA MAJORITÉ AUGMENTE, EN AMÉRIQUE, L'INSTABILITÉ LÉGISLATIVE ET ADMINISTRATIVE QUI EST NATURELLE AUX DÉMOCRATIES.

Comment les Américains augmentent l'instabilité législative, qui est naturelle à la démocratie, en changeant chaque année le législateur, et en l'armant d'un pouvoir presque sans bornes. — Le même effet produit sur l'administration. — En Amérique on apporte aux améliorations sociales une force infiniment plus grande, mais moins continue qu'en Europe.

J'ai parlé précédemment des vices qui sont naturels au gouvernement de la démocratie; il n'en est pas un qui ne croisse en même temps que le pouvoir de la majorité.

Et, pour commencer par le plus apparent de tous :

L'instabilité législative est un mal inhérent au gouvernement démocratique, parce qu'il est de la nature des démocraties d'amener des hommes nouveaux au pouvoir. Mais ce mal est plus ou moins grand suivant la puissance et les moyens d'action qu'on accorde au législateur.

En Amérique, on remet à l'autorité qui fait les lois un souverain pouvoir. Elle peut se livrer rapidement et irrésistiblement à chacun de ses désirs, et tous les ans on lui donne d'autres représentants. C'est-à-dire qu'on a adopté précisément la combinaison qui favorise le plus l'instabilité démocratique, et qui permet à la démocratie d'appliquer ses volontés changeantes aux objets les plus importants.

Aussi l'Amérique est-elle de nos jours le pays du monde où les lois ont le moins de durée. Presque toutes les constitutions américaines ont été amendées depuis trente ans. Il n'y a donc pas d'État américain qui n'ait, pendant cette période, modifié le principe de ses lois.

Quant aux lois elles-mêmes, il suffit de jeter un coup d'œil sur les archives des différents États de l'Union pour se convaincre qu'en Amérique l'action du législateur ne se ralentit jamais. Ce n'est pas que la démocratie américaine soit de sa nature plus instable qu'une autre, mais on lui a donné le moyen de suivre, dans la formation des lois, l'instabilité naturelle de ses penchants (1).

(1) Les actes législatifs promulgués dans le seul État de Massachusetts, à partir de 1780 jusqu'à nos jours, remplissent déjà trois gros vo-

L'omnipotence de la majorité et la manière rapide et absolue dont ses volontés s'exécutent aux États-Unis ne rend pas seulement la loi instable, elle exerce encore la même influence sur l'exécution de la loi et sur l'action de l'administration publique.

La majorité étant la seule puissance à laquelle il soit important de plaire, on concourt avec ardeur aux œuvres qu'elle entreprend ; mais du moment où son attention se porte ailleurs, tous les efforts cessent ; tandis que dans les États libres de l'Europe, où le pouvoir administratif a une existence indépendante et une position assurée, les volontés du législateur continuent à s'exécuter, alors même qu'il s'occupe d'autres objets.

En Amérique, on apporte à certaines améliorations beaucoup plus de zèle et d'activité qu'on ne le fait ailleurs.

En Europe, on emploie à ces mêmes choses une force sociale infiniment moins grande, mais plus continue.

Quelques hommes religieux entreprirent, il y a plusieurs années, d'améliorer l'état des prisons. Le public s'émut à leur voix, et la régénération des criminels devint une œuvre populaire.

De nouvelles prisons s'élevèrent alors. Pour la première fois, l'idée de la réforme du coupable pénétra dans un cachot en même temps que l'idée du châti-

---

lumes. Encore faut-il remarquer que le recueil dont je parle a été révisé en 1823, et qu'on en a écarté beaucoup de lois anciennes ou devenues sans objet. Or l'État de Massachusetts, qui n'est pas plus peuplé qu'un de nos départements, peut passer pour le plus stable de toute l'Union, et celui qui met le plus de suite et de sagesse dans ses entreprises.

ment. Mais l'heureuse révolution à laquelle le public s'était associé avec tant d'ardeur, et que les efforts simultanés des citoyens rendaient irrésistible, ne pouvait s'opérer en un moment.

A côté des nouveaux pénitenciers, dont le vœu de la majorité hâtait le développement, les anciennes prisons subsistaient encore et continuaient à renfermer un grand nombre de coupables. Celles-ci semblaient devenir plus insalubres et plus corruptrices à mesure que les nouvelles devenaient plus réformatrices et plus saines. Ce double effet se comprend aisément : la majorité, préoccupée par l'idée de fonder le nouvel établissement, avait oublié celui qui existait déjà. Chacun alors détournant les yeux de l'objet qui n'attirait plus les regards du maître, la surveillance avait cessé. On avait d'abord vu se détendre, puis, bientôt après, se briser les liens salutaires de la discipline. Et à côté de la prison, monument durable de la douceur et des lumières de notre temps, se rencontrait un cachot qui rappelait la barbarie du moyen âge.

TYRANNIE DE LA MAJORITÉ.

Comment il faut entendre le principe de la souveraineté du peuple. — Impossibilité de concevoir un gouvernement mixte. — Il faut que le souverain pouvoir soit quelque part. — Précautions qu'on doit prendre pour modérer son action. — Ces précautions n'ont pas été prises aux États-Unis. — Ce qui en résulte.

Je regarde comme impie et détestable cette maxime, qu'en matière de gouvernement la majorité d'un peuple a le droit de tout faire, et pourtant je place dans les volontés de la majorité l'origine de tous les pouvoirs. Suis-je en contradiction avec moi-même?

Il existe une loi générale qui a été faite ou du moins adoptée, non pas seulement par la majorité de tel ou tel peuple, mais par la majorité de tous les hommes. Cette loi, c'est la justice.

La justice forme donc la borne du droit de chaque peuple.

Une nation est comme un jury chargé de représenter la société universelle et d'appliquer la justice qui est sa loi. Le jury, qui représente la société, doit-il avoir plus de puissance que la société elle-même dont il applique les lois?

Quand donc je refuse d'obéir à une loi injuste, je ne dénie point à la majorité le droit de commander, j'en appelle seulement de la souveraineté du peuple à la souveraineté du genre humain.

Il y a des gens qui n'ont pas craint de dire qu'un peuple, dans les objets qui n'intéressaient que lui-même, ne pouvait sortir entièrement des limites de la justice et de la raison, et qu'ainsi on ne devait pas craindre de donner tout pouvoir à la majorité qui le représente. Mais c'est là un langage d'esclave.

Qu'est-ce donc qu'une majorité prise collectivement, sinon un individu qui a des opinions et le plus souvent des intérêts contraires à un autre individu qu'on nomme la minorité? Or, si vous admettez qu'un homme revêtu de la toute-puissance peut en abuser contre ses adversaires, pourquoi n'admettez-vous pas la même chose pour une majorité? Les hommes, en se réunissant, ont-ils changé de caractère? Sont-ils devenus plus patients dans les obstacles en devenant plus forts (1)? Pour moi, je ne saurais le croire; et le pouvoir de tout faire, que je refuse à un seul de mes semblables, je ne l'accorderai jamais à plusieurs.

Ce n'est pas que, pour conserver la liberté, je croie qu'on puisse mélanger plusieurs principes dans un même gouvernement, de manière à les opposer réellement l'un à l'autre.

Le gouvernement qu'on appelle mixte m'a toujours semblé une chimère. Il n'y a pas, à vrai dire, de gouvernement mixte (dans le sens qu'on donne à ce mot), parce que, dans chaque société, on finit par découvrir un principe d'action qui domine tous les autres.

L'Angleterre du dernier siècle, qu'on a particulièrement citée comme exemple de ces sortes de gouvernements, était un état essentiellement aristocratique, bien qu'il se trouvât dans son sein de grands éléments de démocratie; car les lois et les mœurs y étaient ainsi établies que l'aristocratie devait toujours, à la longue, y prédominer et diriger à sa volonté les affaires publiques.

L'erreur est venue de ce que, voyant sans cesse les intérêts des grands aux prises avec ceux du peuple, on n'a songé qu'à la lutte, au lieu de faire attention au résultat de cette lutte, qui était le point important. Quand une société en vient à avoir réellement un gouvernement mixte, c'est-à-dire également partagé entre

(1) Personne ne voudrait soutenir qu'un peuple ne peut abuser de la force vis-à-vis d'un autre peuple. Or, les partis forment comme autant de petites nations dans une grande; ils sont entre eux dans des rapports d'étrangers.

Si on convient qu'une nation peut être tyrannique envers une autre nation, comment nier qu'un parti puisse l'être envers un autre parti?

des principes contraires, elle entre en révolution ou elle se dissout.

Je pense donc qu'il faut toujours placer quelque part un pouvoir social supérieur à tous les autres, mais je crois la liberté en péril lorsque ce pouvoir ne trouve devant lui aucun obstacle qui puisse retenir sa marche et lui donner le temps de se modérer lui-même.

La toute-puissance me semble en soi une chose mauvaise et dangereuse. Son exercice me paraît au-dessus des forces de l'homme, quel qu'il soit, et je ne vois que Dieu qui puisse sans danger être tout-puissant, parce que sa sagesse et sa justice sont toujours égales à son pouvoir. Il n'y a donc pas sur la terre d'autorité si respectable en elle-même, ou revêtue d'un droit si sacré, que je voulusse laisser agir sans contrôle et dominer sans obstacles. Lors donc que je vois accorder le droit et la faculté de tout faire à une puissance quelconque, qu'on l'appelle peuple ou roi, démocratie ou aristocratie, qu'on l'exerce dans une monarchie ou dans une république, je dis : là est le germe de la tyrannie, et je cherche à aller vivre sous d'autres lois.

Ce que je reproche le plus au gouvernement démocratique, tel qu'on l'a organisé aux États-Unis, ce n'est pas, comme beaucoup de gens le prétendent en Europe, sa faiblesse, mais au contraire sa force irrésistible. Et ce qui me répugne le plus en Amérique, ce n'est pas l'extrême liberté qui y règne, c'est le peu de garantie qu'on y trouve contre la tyrannie.

Lorsqu'un homme ou un parti souffre d'une injustice aux États-Unis, à qui voulez-vous qu'il s'adresse?

A l'opinion publique? c'est elle qui forme la majorité; au corps législatif? il représente la majorité et lui obéit aveuglément; au pouvoir exécutif? il est nommé par la majorité et lui sert d'instrument passif; à la force publique? la force publique n'est autre chose que la majorité sous les armes; au jury? le jury, c'est la majorité revêtue du droit de prononcer des arrêts : les juges eux-mêmes, dans certains États, sont élus par la majorité. Quelque inique ou déraisonnable que soit la mesure qui vous frappe, il faut donc vous y soumettre (1).

(1) On vit à Baltimore, lors de la guerre de 1812, un exemple frappant des excès que peut amener le despotisme de la majorité. A cette époque, la guerre était très populaire à Baltimore. Un journal qui s'y montrait fort opposé excita par cette conduite l'indignation des habitants. Le peuple s'assembla, brisa les presses, et attaqua la maison des journalistes. On voulut réunir la milice, mais elle ne répondit point à l'appel. Afin de sauver les malheureux que menaçait la fureur publique, on prit le parti de les conduire en prison, comme des criminels. Cette précaution fut inutile : pendant la nuit, le peuple s'assembla de nouveau ; les magistrats ayant encore échoué pour réunir la milice, la prison fut forcée, un des journalistes fut tué sur la place, les autres restèrent pour morts : les coupables déférés au jury furent acquittés.

Je disais un jour à un habitant de la Pensylvanie : — Expliquez-moi, je vous prie, comment, dans un État fondé par des quakers, et renommé pour sa tolérance, les nègres affranchis ne sont pas admis à exercer les droits de citoyens. Ils paient l'impôt, n'est-il pas juste qu'ils votent? — Ne nous faites pas cette injure, me répondit-il, de croire que nos législateurs aient commis un acte aussi grossier d'injustice et d'intolérance. — Ainsi, chez vous, les noirs ont le droit de voter? — Sans aucun doute. — Alors, d'où vient qu'au collège électoral ce matin je n'en ai pas aperçu un seul dans l'assemblée? — Ceci n'est pas la faute de la loi, me dit l'Américain; les nègres ont, il est vrai, le droit de se présenter aux élections, mais ils s'abstiennent volontairement d'y paraître. — Voilà bien de la modestie de leur part. — Oh! ce n'est pas qu'ils refusent d'y aller, mais ils craignent qu'on ne les y maltraite. Chez nous, il arrive quelquefois que la loi manque de force, quand la majorité ne l'appuie point. Or, la majorité est imbue des plus grands préjugés contre les nègres, et les magistrats ne se sentent pas la force de garantir

Supposez, au contraire, un corps législatif composé de telle manière qu'il représente la majorité, sans être nécessairement l'esclave de ses passions; un pouvoir exécutif qui ait une force qui lui soit propre, et une puissance judiciaire indépendante des deux autres pouvoirs; vous aurez encore un gouvernement démocratique, mais il n'y aura presque plus de chances pour la tyrannie.

Je ne dis pas que dans le temps actuel on fasse en Amérique un fréquent usage de la tyrannie, je dis qu'on n'y découvre point de garantie contre elle, et qu'il faut y chercher les causes de la douceur du gouvernement dans les circonstances et dans les mœurs, plutôt que dans les lois.

EFFETS DE L'OMNIPOTENCE DE LA MAJORITÉ SUR L'ARBITRAIRE DES FONCTIONNAIRES PUBLICS AMÉRICAINS.

Liberté que laisse la loi américaine aux fonctionnaires dans le cercle qu'elle a tracé. — Leur puissance.

Il faut bien distinguer l'arbitraire de la tyrannie. La tyrannie peut s'exercer au moyen de la loi même, et alors elle n'est point arbitraire; l'arbitraire peut s'exercer dans l'intérêt des gouvernés, et alors il n'est pas tyrannique.

La tyrannie se sert ordinairement de l'arbitraire, mais au besoin elle sait s'en passer.

Aux États-Unis, l'omnipotence de la majorité, en

à ceux-ci les droits que le législateur leur a conférés. — Eh quoi! la majorité, qui a le privilége de faire la loi, veut encore avoir celui de désobéir à la loi?

même temps qu'elle favorise le despotisme légal du législateur, favorise aussi l'arbitraire du magistrat. La majorité étant maîtresse absolue de faire la loi et d'en surveiller l'exécution, ayant un égal contrôle sur les gouvernants et sur les gouvernés, regarde les fonctionnaires publics comme ses agents passifs, et se repose volontiers sur eux du soin de servir ses desseins. Elle n'entre donc point d'avance dans le détail de leurs devoirs, et ne prend guère la peine de définir leurs droits. Elle les traite comme pourrait faire un maître ses serviteurs, si, les voyant toujours agir sous ses yeux, il pouvait diriger ou corriger leur conduite à chaque instant.

En général, la loi laisse les fonctionnaires américains bien plus libres que les nôtres dans le cercle qu'elle trace autour d'eux. Quelquefois même il arrive que la majorité leur permet d'en sortir. Garantis par l'opinion du plus grand nombre et forts de son concours, ils osent alors des choses dont un Européen, habitué au spectacle de l'arbitraire, s'étonne encore. Il se forme ainsi au sein de la liberté des habitudes qui un jour pourront lui devenir funestes.

DU POUVOIR QU'EXERCE LA MAJORITÉ EN AMÉRIQUE SUR LA PENSÉE.

Aux États-Unis, quand la majorité s'est irrévocablement fixée sur une question, on ne discute plus. — Pourquoi. — Puissance morale que la majorité exerce sur la pensée. — Les républiques démocratiques immatérialisent le despotisme.

Lorsqu'on vient à examiner quel est aux États-Unis l'exercice de la pensée, c'est alors qu'on aperçoit bien clairement à quel point la puissance de la majorité surpasse toutes les puissances que nous connaissons en Europe.

La pensée est un pouvoir invisible et presque insaisissable qui se joue de toutes les tyrannies. De nos jours, les souverains les plus absolus de l'Europe ne sauraient empêcher certaines pensées hostiles à leur autorité de circuler sourdement dans leurs États et jusqu'au sein de leurs cours. Il n'en est pas de même en Amérique : tant que la majorité est douteuse, on parle ; mais dès qu'elle s'est irrévocablement prononcée, chacun se tait, et amis comme ennemis semblent alors s'attacher de concert à son char. La raison en est simple : il n'y a pas de monarque si absolu qui puisse réunir dans sa main toutes les forces de la société, et vaincre les résistances, comme peut le faire une majorité revêtue du droit de faire les lois et de les exécuter.

Un roi d'ailleurs n'a qu'une puissance matérielle qui agit sur les actions et ne saurait atteindre les volontés ; mais la majorité est revêtue d'une force tout à la fois matérielle et morale, qui agit sur la volonté autant que sur les actions, et qui empêche en même temps le fait et le désir de faire.

Je ne connais pas de pays où il règne en général moins d'indépendance d'esprit et de véritable liberté de discussion qu'en Amérique.

Il n'y a pas de théorie religieuse ou politique qu'on ne puisse prêcher librement dans les États constitutionnels de l'Europe, et qui ne pénètre dans les autres; car il n'est pas de pays en Europe tellement soumis à un seul pouvoir, que celui qui veut y dire la vérité n'y trouve un appui capable de le rassurer contre les résultats de son indépendance. S'il a le malheur de vivre sous un gouvernement absolu, il a souvent pour lui le peuple ; s'il habite un pays libre, il peut au besoin s'abriter derrière l'autorité royale. La fraction aristocratique de la société le soutient dans les contrées démocratiques, et la démocratie dans les autres. Mais au sein d'une démocratie organisée ainsi que celle des États-Unis, on ne rencontre qu'un seul pouvoir, un seul élément de force et de succès, et rien en dehors de lui.

En Amérique, la majorité trace un cercle formidable autour de la pensée. Au-dedans de ces limites l'écrivain est libre ; mais malheur à lui s'il ose en sortir. Ce n'est pas qu'il ait à craindre un auto-da-fé, mais il est en butte à des dégoûts de tous genres et à des persécutions de tous les jours. La carrière politique lui est fermée : il a offensé la seule puissance qui ait la faculté de l'ouvrir. On lui refuse tout, jusqu'à la gloire. Avant de publier ses opinions, il croyait avoir des partisans ; il lui semble qu'il n'en a plus, maintenant qu'il s'est découvert à tous ; car ceux qui le blâment s'expriment hautement, et ceux qui pensent comme lui, sans avoir son courage, se taisent et s'éloignent. Il cède, il plie enfin sous l'effort de chaque jour, et rentre dans le silence, comme s'il éprouvait des remords d'avoir dit vrai.

Des chaînes et des bourreaux, ce sont là les instruments grossiers qu'employait jadis la tyrannie ; mais de nos jours la civilisation a perfectionné jusqu'au despotisme lui-même, qui semblait pourtant n'avoir plus rien à apprendre.

Les princes avaient pour ainsi dire matérialisé la violence; les républiques démocratiques de nos jours l'ont rendue tout aussi intellectuelle que la volonté humaine qu'elle veut contraindre. Sous le gouvernement absolu d'un seul, le despotisme, pour arriver à l'âme, frappait grossièrement le corps; et l'âme, échappant à ces coups, s'élevait glorieuse au-dessus de lui; mais dans les républiques démocratiques, ce n'est point ainsi que procède la tyrannie; elle laisse le corps et va droit à l'âme. Le maître n'y dit plus : Vous penserez comme moi, ou vous mourrez; il dit : Vous êtes libres de ne point penser ainsi que moi; votre vie, vos biens, tout vous reste; mais de ce jour vous êtes un étranger parmi nous. Vous garderez vos priviléges à la cité, mais ils vous deviendront inutiles; car si vous briguez le choix de vos concitoyens, ils ne vous l'accorderont point, et si vous ne demandez que leur estime, ils feindront encore de vous la refuser. Vous resterez parmi les hommes, mais vous perdrez vos droits à l'humanité. Quand vous vous approcherez de vos semblables, ils vous fuiront comme un être impur; et ceux qui croient à votre innocence, ceux-là mêmes vous abandonneront, car on les fuirait à leur tour. Allez en paix, je vous laisse la vie, mais je vous la laisse pire que la mort.

Les monarchies absolues avaient déshonoré le despotisme; prenons garde que les républiques démocratiques ne le réhabilitent, et qu'en le rendant plus lourd pour quelques uns, elles ne lui ôtent, aux yeux du plus grand nombre, son aspect odieux et son caractère avilissant.

Chez les nations les plus fières de l'Ancien-Monde, on a publié des ouvrages destinés à peindre fidèlement les vices et les ridicules des contemporains ; La Bruyère habitait le palais de Louis XIV quand il composa son chapitre sur les grands, et Molière critiquait la cour dans des pièces qu'il faisait représenter devant les courtisans. Mais la puissance qui domine aux États-Unis n'entend point ainsi qu'on la joue. Le plus léger reproche la blesse, la moindre vérité piquante l'effarouche ; et il faut qu'on loue depuis les formes de son langage jusqu'à ses plus solides vertus. Aucun écrivain, quelle que soit sa renommée, ne peut échapper à cette obligation d'encenser ses concitoyens. La majorité vit donc dans une perpétuelle adoration d'elle-même ; il n'y a que les étrangers ou l'expérience qui puissent faire arriver certaines vérités jusqu'aux oreilles des Américains.

Si l'Amérique n'a pas encore eu de grands écrivains, nous ne devons pas en chercher ailleurs les raisons : il n'existe pas de génie littéraire sans liberté d'esprit, et il n'y a pas de liberté d'esprit en Amérique.

L'inquisition n'a jamais pu empêcher qu'il ne circulât en Espagne des livres contraires à la religion du plus grand nombre. L'empire de la majorité fait mieux aux États-Unis : elle a ôté jusqu'à la pensée d'en publier. On rencontre des incrédules en Amérique, mais l'incrédulité n'y trouve pour ainsi dire pas d'organe.

On voit des gouvernements qui s'efforcent de protéger les mœurs en condamnant les auteurs de livres licencieux. Aux États-Unis, on ne condamne personne pour ces sortes d'ouvrages ; mais personne n'est tenté de les écrire. Ce n'est pas cependant que tous les citoyens aient des mœurs pures, mais la majorité est régulière dans les siennes.

Ici, l'usage du pouvoir est bon sans doute : aussi ne parlé-je que du pouvoir en lui-même. Ce pouvoir irrésistible est un fait continu, et son bon emploi n'est qu'un accident.

EFFETS DE LA TYRANNIE DE LA MAJORITÉ SUR LE CARACTÈRE NATIONAL DES AMÉRICAINS; DE L'ESPRIT DE COUR AUX ÉTATS-UNIS.

Les effets de la tyrannie de la majorité se font jusqu'à présent plus sentir sur les mœurs que sur la conduite de la société. — Ils arrêtent le développement des grands caractères. — Les républiques démocratiques organisées comme celles des États-Unis mettent l'esprit de cour à la portée du grand nombre. — Preuves de cet esprit aux États-Unis. — Pourquoi il y a plus de patriotisme dans le peuple que dans ceux qui gouvernent en son nom.

L'influence de ce qui précède ne se fait encore sentir que faiblement dans la société politique; mais on en remarque déjà de fâcheux effets sur le caractère national des Américains. Je pense que c'est à l'action toujours croissante du despotisme de la majorité, aux États-Unis, qu'il faut surtout attribuer le petit nombre d'hommes remarquables qui s'y montrent aujourd'hui sur la scène politique.

Lorsque la révolution d'Amérique éclata, ils parurent en foule; l'opinion publique dirigeait alors les volontés, et ne les tyrannisait pas. Les hommes célèbres de cette époque, s'associant librement au mouvement des esprits, eurent une grandeur qui leur fut propre;

ils répandirent leur éclat sur la nation, et ne l'empruntèrent pas d'elle.

Dans les gouvernements absolus, les grands qui avoisinent le trône flattent les passions du maître, et se plient volontairement à ses caprices. Mais la masse de la nation ne se prête pas à la servitude, elle s'y soumet souvent par faiblesse, par habitude ou par ignorance; quelquefois par amour de la royauté ou du roi. On a vu des peuples mettre une espèce de plaisir et d'orgueil à sacrifier leur volonté à celle du prince, et placer ainsi une sorte d'indépendance d'âme jusqu'au milieu même de l'obéissance. Chez ces peuples, on rencontre bien moins de dégradation que de misères. Il y a d'ailleurs une grande différence entre faire ce qu'on n'approuve pas, ou feindre d'approuver ce qu'on fait : l'un est d'un homme faible, mais l'autre n'appartient qu'aux habitudes d'un valet.

Dans les pays libres, où chacun est plus ou moins appelé à donner son opinion sur les affaires de l'État; dans les républiques démocratiques, où la vie publique est incessamment mêlée à la vie privée, où le souverain est abordable de toutes parts, et où il ne s'agit que d'élever la voix pour arriver jusqu'à son oreille, on rencontre beaucoup plus de gens qui cherchent à spéculer sur ses faiblesses, et à vivre aux dépens de ses passions, que dans les monarchies absolues. Ce n'est pas que les hommes y soient naturellement pires qu'ailleurs, mais la tentation y est plus forte, et s'offre à plus de monde en même temps. Il en résulte un abaissement bien plus général dans les âmes.

Les républiques démocratiques mettent l'esprit de cour à la portée du grand nombre, et le font pénétrer dans toutes les classes à la fois. C'est un des principaux reproches qu'on peut leur faire.

Cela est surtout vrai dans les États démocratiques, organisés comme les républiques américaines, où la majorité possède un empire si absolu et si irrésistible, qu'il faut en quelque sorte renoncer à ses droits de citoyen, et pour ainsi dire à sa qualité d'homme, quand on veut s'écarter du chemin qu'elle a tracé.

Parmi la foule immense qui, aux États-Unis, se presse dans la carrière politique, j'ai vu bien peu d'hommes qui montrassent cette virile candeur, cette mâle indépendance de la pensée, qui a souvent distingué les Américains dans les temps antérieurs, et qui, partout où on la trouve, forme comme le trait saillant des grands caractères. On dirait, au premier abord, qu'en Amérique les esprits ont tous été formés sur le même modèle, tant ils suivent exactement les mêmes voies. L'étranger rencontre, il est vrai, quelquefois des Américains qui s'écartent de la rigueur des formules; il arrive à ceux-là de déplorer le vice des lois, la versatilité de la démocratie, et son manque de lumières; ils vont même souvent jusqu'à remarquer les défauts qui altèrent le caractère national, et ils indiquent les moyens qu'on pourrait prendre pour les corriger; mais nul, excepté vous, ne les écoute; et vous, à qui ils confient ces pensées secrètes, vous n'êtes qu'un étranger, et vous passez. Ils vous livrent volontiers des vérités qui vous sont inutiles, et, descendus sur la place publique, ils tiennent un autre langage.

Si ces lignes parviennent jamais en Amérique, je

suis assuré de deux choses : la première, que les lecteurs élèveront tous la voix pour me condamner; la seconde, que beaucoup d'entre eux m'absoudront au fond de leur conscience.

J'ai entendu parler de la patrie aux États-Unis. J'ai rencontré du patriotisme véritable dans le peuple; j'en ai souvent cherché en vain dans ceux qui le dirigent. Ceci se comprend facilement par analogie : le despotisme déprave bien plus celui qui s'y soumet que celui qui l'impose. Dans les monarchies absolues, le roi a souvent de grandes vertus; mais les courtisans sont toujours vils.

Il est vrai que les courtisans, en Amérique, ne disent point : Sire, et Votre Majesté, grande et capitale différence, mais ils parlent sans cesse des lumières naturelles de leur maître; ils ne mettent point au concours la question de savoir quelle est celle des vertus du prince qui mérite le plus qu'on l'admire; car ils assurent qu'il possède toutes les vertus, sans les avoir acquises, et pour ainsi dire sans le vouloir; ils ne lui donnent pas leurs femmes et leurs filles pour qu'il daigne les élever au rang de ses maîtresses; mais en lui sacrifiant leurs opinions, ils se prostituent eux-mêmes.

Les moralistes et les philosophes, en Amérique, ne sont pas obligés d'envelopper leurs opinions dans les voiles de l'allégorie; mais avant de hasarder une vérité fâcheuse, ils disent : Nous savons que nous parlons à un peuple trop au-dessus des faiblesses humaines, pour ne pas toujours rester maître de lui-même. Nous ne tiendrions pas un semblable langage, si nous ne nous adressions à des hommes que leurs vertus et leurs lumières rendent seuls, parmi tous les autres, dignes de rester libres.

Comment les flatteurs de Louis XIV pouvaient-ils mieux faire?

Pour moi, je crois que dans tous les gouvernements, quels qu'ils soient, la bassesse s'attachera à la force, et la flatterie au pouvoir. Et je ne connais qu'un moyen d'empêcher que les hommes ne se dégradent: c'est de n'accorder à personne, avec la toute-puissance, le souverain pouvoir de les avilir.

QUE LE PLUS GRAND DANGER DES RÉPUBLIQUES AMÉRICAINES VIENT DE L'OMNIPOTENCE DE LA MAJORITÉ.

C'est par le mauvais emploi de leur puissance, et non par impuissance, que les républiques démocratiques sont exposées à périr. — Le gouvernement des républiques américaines plus centralisé et plus énergique que celui des monarchies de l'Europe. — Danger qui en résulte. — Opinion de Madisson et de Jefferson à ce sujet.

Les gouvernements périssent ordinairement par impuissance ou par tyrannie. Dans le premier cas, le pouvoir leur échappe; on le leur arrache dans l'autre.

Bien des gens, en voyant tomber les États démocratiques en anarchie, ont pensé que le gouvernement, dans ces États, était naturellement faible et impuissant. La vérité est que quand une fois la guerre y est allumée entre les partis, le gouvernement perd son action sur la société. Mais je ne pense pas que la nature d'un pouvoir démocratique soit de manquer de force et de ressources; je crois, au contraire, que c'est presque toujours l'abus de ses forces et le mauvais emploi de ses ressources qui le font périr. L'anarchie naît presque toujours de sa tyrannie ou de son inhabileté, mais non pas de son impuissance.

Il ne faut pas confondre la stabilité avec la force, la grandeur de la chose et sa durée. Dans les républiques démocratiques, le pouvoir qui dirige (1) la société n'est pas stable, car il change souvent de mains et d'objet. Mais partout où il se porte, sa force est presque irrésistible.

Le gouvernement des républiques américaines me paraît aussi centralisé et plus énergique que celui des monarchies absolues de l'Europe. Je ne pense donc point qu'il périsse par faiblesse (2).

Si jamais la liberté se perd en Amérique, il faudra s'en prendre à l'omnipotence de la majorité, qui aura porté les minorités au désespoir, et les aura forcées de faire un appel à la force matérielle. On verra alors l'anarchie, mais elle arrivera comme conséquence du despotisme.

Le président James Madisson a exprimé les mêmes pensées. (Voyez le *Fédéraliste*, n° 51.)

« Il est d'une grande importance dans les républi-
» ques, dit-il, non seulement de défendre la société
» contre l'oppression de ceux qui la gouvernent, mais
» encore de garantir une partie de la société contre
» l'injustice de l'autre. La justice est le but où doit

---

(1) Le pouvoir peut être centralisé dans une assemblée ; alors il est fort, mais non stable ; il peut être centralisé dans un homme : alors il est moins fort, mais il est plus stable.

(2) Il est inutile, je pense, d'avertir le lecteur qu'ici, comme dans tout le reste du chapitre, je parle, non du gouvernement fédéral, mais des gouvernements particuliers de chaque État que la majorité dirige despotiquement.

» tendre tout gouvernement ; c'est le but que se pro-
» posent les hommes en se réunissant. Les peuples ont
» fait et feront toujours des efforts vers ce but, jus-
» qu'à ce qu'ils aient réussi à l'atteindre, ou qu'ils aient
» perdu leur liberté.

» Sil existait une société dans laquelle le parti le
» plus puissant fût en état de réunir facilement ses
» forces et d'opprimer le plus faible, on pourrait
» considérer que l'anarchie règne dans une pareille
» société aussi bien que dans l'état de nature, où l'in-
» dividu le plus faible n'a aucune garantie contre la
» violence du plus fort ; et de même que dans l'état de
» nature, les inconvénients d'un sort incertain et pré-
» caire décident les plus forts à se soumettre à un
» gouvernement qui protège les faibles ainsi qu'eux-
» mêmes ; dans un gouvernement anarchique, les
» mêmes motifs conduiront peu à peu les partis les
» plus puissants à désirer un gouvernement qui puisse
» protéger également tous les partis, le fort et le fai-
» ble. Si l'État de Rhode-Island était séparé de la Con-
» fédération et livré à un gouvernement populaire,
» exercé souverainement dans d'étroites limites, on
» ne saurait douter que la tyrannie des majorités n'y
» rendît l'exercice des droits tellement incertain,
» qu'on n'en vînt à réclamer un pouvoir entièrement
» indépendant du peuple. Les factions elles-mêmes,
» qui l'auraient rendu nécessaire, se hâteraient d'en
» appeler à lui. »

Jefferson disait aussi : « Le pouvoir exécutif, dans
» notre gouvernement, n'est pas le seul ; il n'est peut-
» être pas le principal objet de ma sollicitude. La ty-
» rannie des législateurs est actuellement, et sera

» pendant bien des années encore, le danger le plus
» redoutable. Celle du pouvoir exécutif viendra à son
» tour, mais dans une période plus reculée (1). »

J'aime, en cette matière, à citer Jefferson de préférence à tout autre, parce que je le considère comme le plus puissant apôtre qu'ait jamais eu la démocratie.

(1) Lettre de Jefferson à Madisson, 15 mars 1789.

CHAPITRE VIII.

DE CE QUI TEMPÈRE AUX ÉTATS-UNIS LA TYRANNIE DE LA MAJORITÉ.

ABSENCE DE CENTRALISATION ADMINISTRATIVE.

La majorité nationale n'a pas l'idée de tout faire. — Elle est obligée de se servir des magistrats de la commune et des comtés pour exécuter ses volontés souveraines.

J'ai distingué précédemment deux espèces de centralisations ; j'ai appelé l'une gouvernementale, et l'autre administrative.

La première seule existe en Amérique ; la seconde y est à peu près inconnue.

Si le pouvoir qui dirige les sociétés américaines trouvait à sa disposition ces deux moyens de gouvernement, et joignait au droit de tout commander la faculté et l'habitude de tout exécuter par lui-même ; si, après avoir établi les principes généraux du gouvernement, il pénétrait dans les détails de l'application, et qu'après avoir réglé les grands intérêts du pays, il pût descendre jusqu'à la limite des intérêts individuels, la liberté serait bientôt bannie du Nouveau-Monde.

Mais, aux États-Unis, la majorité, qui a souvent les goûts et les instincts d'un despote, manque encore des instruments les plus perfectionnés de la tyrannie.

Dans aucune des républiques américaines, le gouvernement central ne s'est jamais occupé que d'un petit nombre d'objets, dont l'importance attirait ses regards. Il n'a point entrepris de régler les choses secondaires de la société. Rien n'indique qu'il en ait même conçu le désir. La majorité, en devenant de plus en plus absolue, n'a point accru les attributions du pouvoir central ; elle n'a fait que le rendre tout-puissant dans sa sphère. Ainsi le despotisme peut être très lourd sur un point, mais il ne saurait s'étendre à tous.

Quelque entraînée, d'ailleurs, que puisse être par ses passions la majorité nationale ; quelque ardente qu'elle soit dans ses projets, elle ne saurait faire qu'en tous lieux, de la même manière, et au même moment, tous les citoyens se plient à ses désirs. Quand le gouvernement central qui la représente a ordonné souverainement, il doit s'en rapporter, pour l'exécution de son commandement, à des agents qui souvent ne dépendent point de lui, et qu'il ne peut diriger à chaque instant. Les corps municipaux et les administrations des comtés forment donc comme autant d'écueils cachés qui retardent ou divisent le flot de la volonté populaire. La loi fût-elle oppressive, la liberté trouverait encore un abri dans la manière dont on exécuterait la loi ; et la majorité ne saurait descendre dans les détails, et, si j'ose le dire, dans les puérilités de la tyrannie administrative. Elle n'imagine même pas qu'elle puisse le faire, car elle n'a point l'entière conscience de son pouvoir. Elle ne connaît encore que ses forces naturelles, et elle ignore jusqu'où l'art pourrait en étendre les bornes.

Ceci mérite qu'on y songe. S'il venait jamais à se fonder une république démocratique comme celle des États-Unis dans un pays où le pouvoir d'un seul aurait déjà établi et fait passer dans les habitudes, comme dans les lois, la centralisation administrative, je ne crains pas de le dire, dans une semblable république, le despotisme deviendrait plus intolérable que dans aucune des monarchies absolues de l'Europe. Il faudrait passer en Asie pour trouver quelque chose à lui comparer.

DE L'ESPRIT LÉGISTE AUX ÉTATS-UNIS, ET COMMENT IL SERT DE CONTRE-POIDS A LA DÉMOCRATIE.

Utilité de rechercher quels sont les instincts naturels de l'esprit légiste. — Les légistes appelés à jouer un grand rôle dans la société qui cherche à naître. — Comment le genre de travaux auxquels se livrent les légistes donne une tournure aristocratique à leurs idées.—Causes accidentelles qui peuvent s'opposer au développement de ces idées. — Facilité que trouve l'aristocratie à s'unir aux légistes. — Parti qu'un despote pourrait tirer des légistes. Comment les légistes forment le seul élément aristocratique qui soit de nature à se combiner avec les éléments naturels de la démocratie. — Causes particulières qui tendent à donner un tour aristocratique à l'esprit du légiste anglais et américain. — L'aristocratie américaine est au banc des avocats et sur le siège des juges. — Influence exercée par les légistes sur la société américaine. — Comment leur esprit pénètre au sein des législatures, dans l'administration, et finit par donner au peuple lui-même quelque chose des instincts des magistrats.

Lorsqu'on visite les Américains et qu'on étudie leurs lois, on voit que l'autorité qu'ils ont donnée aux légistes, et l'influence qu'ils leur ont laissé prendre dans le gouvernement, forment aujourd'hui la plus puissante barrière contre les écarts de la démocratie. Cet effet me semble tenir à une cause générale qu'il est utile de rechercher, car elle peut se reproduire ailleurs.

Les légistes ont été mêlés à tous les mouvements de la société politique, en Europe, depuis cinq cents ans. Tantôt ils ont servi d'instrument aux puissances politiques, tantôt ils ont pris les puissances politiques pour instruments. Au moyen-âge, les légistes ont merveilleusement coopéré à étendre la domination des rois; depuis ce temps, ils ont puissamment travaillé à restreindre ce même pouvoir. En Angleterre, on les a vus s'unir intimement à l'aristocratie; en France, ils se sont montrés ses ennemis les plus dangereux. Les légistes ne cèdent-ils donc qu'à des impulsions soudaines et momentanées, ou obéissent-ils plus ou moins, suivant les circonstances, à des instincts qui leur soient naturels, et qui se reproduisent toujours? Je voudrais éclaircir ce point; car peut-être les légistes sont-ils appelés à jouer le premier rôle dans la société politique qui cherche à naître.

Les hommes qui ont fait leur étude spéciale des lois ont puisé dans ces travaux des habitudes d'ordre, un certain goût des formes, une sorte d'amour instinctif pour l'enchaînement régulier des idées, qui les rendent naturellement fort opposés à l'esprit révolutionnaire et aux passions irréfléchies de la démocratie.

Les connaissances spéciales que les légistes acquièrent en étudiant la loi leur assurent un rang à part dans la société, ils forment une sorte de classe privilégiée parmi les intelligences. Ils retrouvent chaque jour l'idée de cette supériorité dans l'exercice de leur profession; ils sont les maîtres d'une science nécessaire, dont la connaissance n'est point répandue; ils servent d'arbitres entre les citoyens, et l'habitude de diriger vers le but les passions aveugles des plaideurs leur donne un certain mépris pour le jugement de la foule. Ajoutez à cela qu'ils forment naturellement *un corps*. Ce n'est pas qu'ils s'entendent entre eux et se dirigent de concert vers un même point; mais la communauté des études et l'unité des méthodes lient leurs esprits les uns aux autres, comme l'intérêt pourrait unir leurs volontés.

On retrouve donc cachée au fond de l'âme des légistes une partie des goûts et des habitudes de l'aristocratie. Ils ont comme elle un penchant instinctif pour l'ordre, un amour naturel des formes; ainsi qu'elle, ils conçoivent un grand dégoût pour les actions de la multitude et méprisent secrètement le gouvernement du peuple.

Je ne veux point dire que ces penchants naturels des légistes soient assez forts pour les enchaîner d'une façon irrésistible. Ce qui domine chez les légistes, comme chez tous les hommes, c'est l'intérêt particulier, et surtout l'intérêt du moment.

Il y a telle société où les hommes de loi ne peuvent prendre dans le monde politique un rang analogue à celui qu'ils occupent dans la vie privée; on peut être assuré que, dans une société organisée de cette manière, les légistes seront des agents très actifs de révolution. Mais il faut rechercher si la cause qui les porte alors à détruire ou à changer naît, chez eux, d'une disposition permanente ou d'un accident. Il est vrai que les légistes ont singulièrement contribué à renverser la monarchie française en 1789. Reste à savoir s'ils ont agi ainsi parce qu'ils avaient étudié les lois, ou parce qu'ils ne pouvaient concourir à les faire.

Il y a cinq cents ans, l'aristocratie anglaise se mettait à la tête du peuple, et parlait en son nom; aujourd'hui elle soutient le trône, et se fait le champion de l'autorité royale. L'aristocratie a pourtant des instincts et des penchants qui lui sont propres.

Il faut bien se garder aussi de prendre des membres isolés du corps pour le corps lui-même.

Dans tous les gouvernements libres, quelle qu'en soit la forme, on trouvera des légistes aux premiers rangs de tous les partis. Cette même remarque est encore applicable à l'aristocratie. Presque tous les mouvements démocratiques qui ont agité le monde ont été dirigés par des nobles.

Un corps d'élite ne peut jamais suffire à toutes les ambitions qu'il renferme; il s'y trouve toujours plus de talents et de passions que d'emplois, et on ne manque point d'y rencontrer un grand nombre d'hommes qui, ne pouvant grandir assez vite en se servant des priviléges du corps, cherchent à le faire en attaquant ces priviléges.

Je ne prétends donc point qu'il arrive une époque où *tous* les légistes, ni que dans *tous* les temps, la plupart d'entre eux doivent se montrer amis de l'ordre et ennemis des changements.

Je dis que dans une société où les légistes occuperont sans contestation la position élevée qui leur appartient naturellement, leur esprit sera éminemment conservateur, et se montrera antidémocratique.

Lorsque l'aristocratie ferme ses rangs aux légistes, elle trouve en eux des ennemis d'autant plus dangereux qu'au-dessous d'elle par leur richesse et leur pouvoir, ils sont indépendants d'elle par leurs travaux, et se sentent à son niveau par leurs lumières.

Mais toutes les fois que les nobles ont voulu faire partager aux légistes quelques uns de leurs priviléges, ces deux classes ont rencontré pour s'unir de grandes facilités, et se sont pour ainsi dire trouvées de la même famille.

Je suis également porté à croire qu'il sera toujours aisé à un roi de faire des légistes les plus utiles instruments de sa puissance.

Il y a infiniment plus d'affinité naturelle entre les hommes de loi et le pouvoir exécutif, qu'entre eux et le peuple, quoique les légistes aient souvent aidé à renverser le premier; de même qu'il y a plus d'affinité naturelle entre les nobles et le roi qu'entre les nobles et le peuple, bien que souvent on ait vu les classes supérieures de la société s'unir aux autres pour lutter contre le pouvoir royal.

Ce que les légistes aiment par-dessus toutes choses, c'est la vie de l'ordre, et la plus grande garantie de l'ordre est l'autorité. Il ne faut pas d'ailleurs oublier que, s'ils prisent la liberté, ils placent en général la légalité bien au-dessus d'elle ; ils craignent moins la tyrannie que l'arbitraire, et, pourvu que le législateur se charge lui-même d'enlever aux hommes leur indépendance, ils sont à peu près contents.

Je pense donc que le prince qui, en présence d'une démocratie envahissante, chercherait à abattre le pouvoir judiciaire dans ses États, et à y diminuer l'influence politique des légistes, commettrait une grande erreur. Il lâcherait la substance de l'autorité pour en saisir l'ombre.

Je ne doute point qu'il ne lui fût plus profitable d'introduire les légistes dans le gouvernement. Après leur avoir confié le despotisme sous la forme de la violence, peut-être le retrouverait-il en leurs mains sous les traits de la justice et de la loi.

Le gouvernement de la démocratie est favorable à la puissance politique des légistes. Lorsque le riche, le noble et le prince sont exclus du gouvernement, les légistes y arrivent pour ainsi dire de plein droit ; car ils forment alors les seuls hommes éclairés et habiles que le peuple puisse choisir hors de lui.

Si les légistes sont naturellement portés par leurs goûts vers l'aristocratie et le prince, ils le sont donc naturellement vers le peuple par leur intérêt.

Ainsi, les légistes aiment le gouvernement de la démocratie, sans partager ses penchants, et sans imiter ses faiblesses, double cause pour être puissant par elle et sur elle.

Le peuple, dans la démocratie, ne se défie point des légistes, parce qu'il sait que leur intérêt est de servir sa cause ; il les écoute sans colère, parce qu'il ne leur suppose pas d'arrière-pensées. En effet, les légistes ne veulent point renverser le gouvernement que s'est donné la démocratie, mais ils s'efforcent sans cesse de le diriger suivant une tendance qui n'est pas la sienne, et par des moyens qui lui sont étrangers. Le légiste appartient au peuple par son intérêt et par sa naissance, et à l'aristocratie par ses habitudes et par ses goûts; il est comme la liaison naturelle entre ces deux choses, comme l'anneau qui les unit.

Le corps des légistes forme le seul élément aristocratique qui puisse se mêler sans efforts aux éléments naturels de la démocratie, et se combiner d'une manière heureuse et durable avec eux. Je n'ignore pas quels sont les défauts inhérents à l'esprit légiste; sans ce mélange de l'esprit légiste avec l'esprit démocratique, je doute cependant que la démocratie pût gouverner long-temps la société, et je ne saurais croire que de nos jours une république pût espérer de conserver son existence, si l'influence des légistes dans les affaires n'y croissait pas en proportion du pouvoir du peuple.

Ce caractère aristocratique que j'aperçois dans l'esprit légiste est bien plus prononcé encore aux États-Unis et en Angleterre que dans aucun autre pays. Cela ne tient pas seulement à l'étude que les légistes anglais et américains font des lois, mais à la nature même de la législation, et à la position que ces interprètes occupent chez ces deux peuples.

Les Anglais et les Américains ont conservé la législation des précédents, c'est-à-dire qu'ils continuent à puiser, dans les opinions et les décisions légales de leurs pères, les opinions qu'ils doivent avoir en matière de loi, et les décisions qu'ils doivent rendre.

Chez un légiste anglais ou américain, le goût et le respect de ce qui est ancien se joint donc presque toujours à l'amour de ce qui est régulier et légal.

Ceci a encore une autre influence sur le tour d'esprit des légistes, et par suite sur la marche de la société.

Le légiste anglais ou américain recherche ce qui a été fait, le légiste français, ce qu'on a dû vouloir faire; l'un veut des arrêts, l'autre des raisons.

Lorsque vous écoutez un légiste anglais ou américain, vous êtes surpris de lui voir citer si souvent l'opinion des autres, et de l'entendre si peu parler de la sienne propre, tandis que le contraire arrive parmi nous.

Il n'est pas de si petite affaire que l'avocat français consente à traiter, sans y introduire un système d'idées qui lui appartienne, et il discutera jusqu'aux principes constitutifs des lois, à cette fin qu'il plaise au tribunal reculer d'une toise la borne de l'héritage contesté.

Cette sorte d'abnégation que fait le légiste anglais et américain de son propre sens, pour s'en rapporter au sens de ses pères; cette espèce de servitude, dans laquelle il est obligé de maintenir sa pensée, doit donner à l'esprit légiste des habitudes plus timides, et lui faire contracter des penchants plus stationnaires, en Angleterre et en Amérique qu'en France.

Nos lois écrites sont souvent difficiles à comprendre, mais chacun peut y lire; il n'y a rien, au contraire, de plus obscur pour le vulgaire, et de moins à sa portée qu'une législation fondée sur des précédents. Ce besoin qu'on a du légiste en Angleterre et aux États-Unis, cette haute idée qu'on se forme de ses lumières, le sépare de plus en plus du peuple, et achève de le mettre dans une classe à part. Le légiste français n'est qu'un savant ; mais l'homme de loi anglais ou américain ressemble en quelque sorte aux prêtres de l'Égypte ; comme eux, il est l'unique interprète d'une science occulte.

La position que les hommes de loi occupent, en Angleterre et en Amérique, exerce une influence non moins grande sur leurs habitudes et leurs opinions. L'aristocratie d'Angleterre, qui a eu le soin d'attirer dans son sein tout ce qui avait quelque analogie naturelle avec elle, a fait aux légistes une très grande part de considération et de pouvoir. Dans la société anglaise, les légistes ne sont pas au premier rang, mais ils se tiennent pour contents du rang qu'ils occupent. Ils forment comme la branche cadette de l'aristocratie anglaise, et ils aiment et respectent leurs aînés, sans partager tous leurs priviléges. Les légistes anglais mêlent donc aux intérêts aristocratiques de leur profession les idées et les goûts aristocratiques de la société au milieu de laquelle ils vivent.

Aussi est-ce surtout en Angleterre qu'on peut voir en relief ce type légiste que je cherche à peindre : le légiste anglais estime les lois, non pas tant parce qu'elles sont bonnes que parce qu'elles sont vieilles ; et, s'il se voit réduit à les modifier en quelque point, pour les adapter aux changements que le temps fait subir aux sociétés, il recourt aux plus incroyables subtilités, afin de se persuader qu'en ajoutant quelque chose à l'œuvre de ses pères, il ne fait que développer leur pensée et compléter leurs travaux. N'espérez pas lui faire reconnaître qu'il est novateur; il consentira à aller jusqu'à l'absurde avant que de s'avouer coupable d'un si grand crime. C'est en Angleterre qu'est né cet esprit légal, qui semble indifférent au fond des choses, pour ne faire attention qu'à la lettre, et qui sortirait plutôt de la raison et de l'humanité que la loi.

La législation anglaise est comme un arbre antique, sur lequel les légistes ont greffé sans cesse les rejetons les plus étrangers, dans l'espérance que, tout en donnant des fruits différents, ils confondront du moins leur feuillage avec la tige vénérable qui les supporte.

En Amérique, il n'y a point de nobles ni de littérateurs, et le peuple se défie des riches. Les légistes forment donc la classe politique supérieure, et la portion la plus intellectuelle de la société. Ainsi, ils ne pourraient que perdre à innover : ceci ajoute un intérêt conservateur au goût naturel qu'ils ont pour l'ordre.

Si l'on me demandait où je place l'aristocratie américaine, je répondrais sans hésiter que ce n'est point parmi les riches, qui n'ont aucun lien commun qui les rassemble. L'aristocratie américaine est au banc des avocats et sur le siége des juges.

Plus on réfléchit à ce qui se passe aux États-Unis, plus l'on se sent convaincu que le corps des légistes forme dans ce pays le plus puissant, et, pour ainsi dire, l'unique contre-poids de la démocratie.

C'est aux États-Unis qu'on découvre sans peine

combien l'esprit légiste, par ses qualités, et je dirai même par ses défauts, est propre à neutraliser les vices inhérents au gouvernement populaire.

Lorsque le peuple américain se laisse enivrer par ses passions, ou se livre à l'entraînement de ses idées, les légistes lui font sentir un frein presque invisible qui le modère et l'arrête. À ses instincts démocratiques, ils opposent secrètement leurs penchants aristocratiques ; à son amour de la nouveauté, leur respect superstitieux de ce qui est ancien ; à l'immensité de ses desseins, leurs vues étroites ; à son mépris des règles, leur goût des formes ; et à sa fougue, leur habitude de procéder avec lenteur.

Les tribunaux sont les organes les plus visibles dont se sert le corps des légistes pour agir sur la démocratie.

Le juge est un légiste qui, indépendamment du goût de l'ordre et des règles qu'il a contracté dans l'étude des lois, puise encore l'amour de la stabilité dans l'inamovibilité de ses fonctions. Ses connaissances légales lui avaient déjà assuré une position élevée parmi ses semblables ; son pouvoir politique achève de le placer dans un rang à part, et de lui donner les instincts des classes privilégiées.

Armé du droit de déclarer les lois inconstitutionnelles, le magistrat américain pénètre sans cesse dans les affaires politiques (1). Il ne peut pas forcer le peuple à faire des lois, mais du moins il le contraint à ne point être infidèle à ses propres lois, et à rester d'accord avec lui-même.

---

(1) Voyez au premier volume ce que je dis du pouvoir judiciaire.

Je n'ignore pas qu'il existe aux États-Unis une secrète tendance qui porte le peuple à réduire la puissance judiciaire; dans la plupart des constitutions particulières d'État, le gouvernement, sur la demande des deux chambres, peut enlever aux juges leur siége. Certaines constitutions font *élire* les membres des tribunaux, et les soumettent à de fréquentes réélections. J'ose prédire que ces innovations auront tôt ou tard des résultats funestes, et qu'on s'apercevra un jour qu'en diminuant ainsi l'indépendance des magistrats, on n'a pas seulement attaqué le pouvoir judiciaire, mais la république démocratique elle-même.

Il ne faut pas croire, du reste, qu'aux États-Unis l'esprit légiste soit uniquement renfermé dans l'enceinte des tribunaux; il s'étend bien au-delà.

Les légistes, formant la seule classe éclairée dont le peuple ne se défie point, sont naturellement appelés à occuper la plupart des fonctions publiques. Ils remplissent les législatures, et sont à la tête des administrations; ils exercent donc une grande influence sur la formation de la loi et sur son exécution. Les légistes sont pourtant obligés de céder au courant d'opinion publique qui les entraîne; mais il est facile de trouver des indices de ce qu'ils feraient s'ils étaient libres. Les Américains, qui ont tant innové dans leurs lois politiques, n'ont introduit que de légers changements, et à grand'peine, dans leurs lois civiles, quoique plusieurs de ces lois répugnent fortement à leur état social. Cela vient de ce qu'en matière de droit civil la majorité est toujours obligée de s'en rapporter aux légistes; et les légistes américains, livrés à leur propre arbitre, n'innovent point.

C'est une chose fort singulière pour un Français que d'entendre les plaintes qui s'élèvent, aux États-Unis, contre l'esprit stationnaire et les préjugés des légistes en faveur de ce qui est établi.

L'influence de l'esprit légiste s'étend plus loin encore que les limites précises que je viens de tracer.

Il n'est presque pas de question politique, aux États-Unis, qui ne se résolve tôt ou tard en question judiciaire. De là, l'obligation où se trouvent les partis, dans leur polémique journalière, d'emprunter à la justice ses idées et son langage. La plupart des hommes publics étant, ou ayant d'ailleurs été des légistes, font passer dans le maniement des affaires les usages et le tour d'idées qui leur sont propres. Le jury achève d'y familiariser toutes les classes. La langue judiciaire devient ainsi, en quelque sorte, la langue vulgaire; l'esprit légiste, né dans l'intérieur des écoles et des tribunaux, se répand donc peu à peu au-delà de leur enceinte; il s'infiltre pour ainsi dire dans toute la société, il descend dans les derniers rangs, et le peuple tout entier finit par contracter une partie des habitudes et des goûts du magistrat.

Les légistes forment, aux États-Unis, une puissance qu'on redoute peu, qu'on aperçoit à peine, qui n'a point de bannière à elle, qui se plie avec flexibilité aux exigences du temps, et se laisse aller sans résistance à tous les mouvements du corps social; mais elle enveloppe la société tout entière, pénètre dans chacune des classes qui la composent, la travaille en secret, agit sans cesse sur elle à son insu, et finit par la modeler suivant ses désirs.

DU JURY AUX ÉTATS-UNIS CONSIDÉRÉ COMME INSTITUTION POLITIQUE.

Le jury, qui est un des modes de la souveraineté du peuple, doit être mis en rapport avec les autres lois qui établissent cette souveraineté. — Composition du jury aux États-Unis. — Effets produits par le jury sur le caractère national. Education qu'il donne au peuple. — Comment il tend à établir l'influence des magistrats et à répandre l'esprit légiste.

Puisque mon sujet m'a naturellement amené à parler de la justice aux États-Unis, je n'abandonnerai pas cette matière sans m'occuper du jury.

Il faut distinguer deux choses dans le jury : une institution judiciaire et une institution politique.

S'il s'agissait de savoir jusqu'à quel point le jury, et surtout le jury en matière civile, sert à la bonne administration de la justice, j'avouerais que son utilité pourrait être contestée.

L'institution du jury a pris naissance dans une société peu avancée, où l'on ne soumettait guère aux tribunaux que de simples questions de fait; et ce n'est pas une tâche facile que de l'adapter aux besoins d'un peuple très civilisé, quand les rapports des hommes entre eux se sont singulièrement multipliés, et ont pris un caractère savant et intellectuel (1).

(1) Ce serait déjà une chose utile et curieuse que de considérer le jury comme institution judiciaire, d'apprécier les effets qu'il produit aux États-Unis, et de rechercher de quelle manière les Américains en ont tiré parti. On pourrait trouver dans l'examen de cette seule question le sujet d'un livre entier, et d'un livre intéressant pour la France. On y rechercherait, par exemple, quelle portion des institutions américaines relatives au jury pourrait être introduite parmi nous et à l'aide de quelle gradation. L'État américain qui fournirait le plus de lumières sur ce su-

Mon but principal, en ce moment, est d'envisager le côté politique du jury : une autre voie m'écarterait de mon sujet. Quant au jury considéré comme moyen judiciaire, je n'en dirai que deux mots. Lorsque les Anglais ont adopté l'institution du jury, ils formaient un peuple à demi barbare; ils sont devenus, depuis, l'une des nations les plus éclairées du globe, et leur attachement pour le jury a paru croître avec leurs lumières. Ils sont sortis de leur territoire, et on les a vus se répandre dans tout l'univers : les uns ont formé des colonies; les autres des États indépendants; le corps de la nation a gardé un roi; plusieurs des émigrants ont fondé de puissantes républiques; mais partout les Anglais ont également préconisé l'institution du jury (1). Ils l'ont établie partout, ou se sont hâtés de la rétablir. Une institution judiciaire qui obtient ainsi les suffrages d'un grand peuple durant une longue suite de siècles, qu'on reproduit avec zèle à toutes les époques de la civilisation, dans tous les

---

jet serait l'État de la Louisiane. La Louisiane renferme une population mêlée de Français et d'Anglais. Les deux législations s'y trouvent en présence comme les deux peuples, et s'amalgament peu à peu l'une avec l'autre. Les livres les plus utiles à consulter seraient le recueil des lois de la Louisiane en deux volumes, intitulé : *Digeste des lois de la Louisiane;* et plus encore peut-être un cours de procédure civile écrit dans les deux langues, et intitulé : *Traité sur les règles des actions civiles,* imprimé en 1830 à la Nouvelle-Orléans, chez Buisson. Cet ouvrage présente un avantage spécial; il fournit aux Français une explication certaine et authentique des termes légaux anglais. La langue des lois forme comme une langue à part chez tous les peuples, et chez les Anglais plus que chez aucun autre.

(1) Tous les légistes anglais et américains sont unanimes sur ce point. M. Story, juge à la cour suprême des États-Unis, dans son *Traité de la constitution fédérale,* revient encore sur l'excellence de l'institution du jury en matière civile. *The inestimable privilege of a trial by Jury*

climats et sous toutes les formes de gouvernement, ne saurait être contraire à l'esprit de la justice (1).

Mais quittons ce sujet. Ce serait singulièrement rétrécir sa pensée que de se borner à envisager le jury comme une institution judiciaire; car, s'il exerce une grande influence sur le sort des procès, il en exerce une bien plus grande encore sur les destinées mêmes de la société. Le jury est donc avant tout une institution politique. C'est à ce point de vue qu'il faut toujours se placer pour le juger.

in civil cases, dit-il, *a privilege searcely inferior to that in criminal cases, which is counted by all persons to be essential to political and civil liberty.* (Story, liv. III, chap. XXXVIII.)

(1) Si l'on voulait établir quelle est l'utilité du jury comme institution judiciaire, on aurait beaucoup d'autres arguments à donner, et entre autres ceux-ci :

A mesure que vous introduisez les jurés dans les affaires, vous pouvez sans inconvénient diminuer le nombre des juges; ce qui est un grand avantage. Lorsque des juges sont très nombreux, chaque jour la mort fait un vide dans la hiérarchie judiciaire, et y ouvre de nouvelles places pour ceux qui survivent. L'ambition des magistrats est donc continuellement en haleine, et elle les fait naturellement dépendre de la majorité ou de l'homme qui nomme aux emplois vacants : on avance alors dans les tribunaux comme on gagne des grades dans une armée. Cet état de choses est entièrement contraire à la bonne administration de la justice et aux intentions du législateur. On veut que les juges soient inamovibles pour qu'ils restent libres; mais qu'importe que nul ne puisse leur ravir leur indépendance, si eux-mêmes en font volontairement le sacrifice?

Lorsque les juges sont très nombreux, il est impossible qu'il ne s'en rencontre pas parmi eux beaucoup d'incapables : car un grand magistrat n'est point un homme ordinaire. Or, je ne sais si un tribunal à demi éclairé n'est pas la pire de toutes les combinaisons pour arriver aux fins qu'on se propose en établissant des cours de justice.

Quant à moi, j'aimerais mieux abandonner la décision d'un procès à des jurés ignorants dirigés par un magistrat habile, que de la livrer à des juges dont la majorité n'aurait qu'une connaissance incomplète de la jurisprudence et des lois.

J'entends par jury un certain nombre de citoyens pris au hasard et revêtus momentanément du droit de juger.

Appliquer le jury à la répression des crimes me paraît introduire dans le gouvernement une institution éminemment républicaine. Je m'explique :

L'institution du jury peut être aristocratique ou démocratique, suivant la classe dans laquelle on prend les jurés; mais elle conserve toujours un caractère républicain, en ce qu'elle place la direction réelle de la société dans les mains des gouvernés ou d'une portion d'entre eux, et non dans celle des gouvernants.

La force n'est jamais qu'un élément passager de succès : après elle vient aussitôt l'idée du droit. Un gouvernement réduit à ne pouvoir atteindre ses ennemis que sur le champ de bataille, serait bientôt détruit. La véritable sanction des lois politiques se trouve donc dans les lois pénales, et si la sanction manque, la loi perd tôt ou tard sa force. L'homme qui juge au *criminel* est donc réellement le maître de la société. Or, l'institution du jury place le peuple lui-même, ou du moins une classe de citoyens, sur le siége du juge. L'institution du jury met donc réellement la direction de la société dans les mains du peuple ou de cette classe (1).

---

(1) Il faut cependant faire une remarque importante :

L'institution du jury donne, il est vrai, au peuple un droit général de contrôle sur les actions des citoyens, mais elle ne lui fournit pas les moyens d'exercer ce contrôle dans tous les cas ni d'une manière toujours tyrannique.

Lorsqu'un prince absolu a la faculté de faire juger les crimes par ses délégués, le sort de l'accusé est pour ainsi dire fixé d'avance. Mais le

En Angleterre, le jury se recrute dans la portion aristocratique de la nation. L'aristocratie fait les lois, applique les lois et juge les infractions aux lois (*B*). Tout est d'accord : aussi l'Angleterre forme-t-elle à vrai dire une république aristocratique. Aux États-Unis, le même système est appliqué au peuple entier. Chaque citoyen américain est électeur, éligible et juré (*C*). Le système du jury, tel qu'on l'entend en Amérique, me paraît une conséquence aussi directe et aussi extrême du dogme de la souveraineté du peuple que le vote universel. Ce sont deux moyens également puissants de faire régner la majorité.

Tous les souverains qui ont voulu puiser en eux-mêmes les sources de leur puissance, et diriger la société au lieu de se laisser diriger par elle, ont détruit l'institution du jury ou l'ont énervée. Les Tudors envoyaient en prison les jurés qui ne voulaient pas condamner, et Napoléon les faisait choisir par ses agents.

Quelque évidentes que soient la plupart des vérités qui précèdent, elles ne frappent point tous les esprits, et souvent, parmi nous, on ne semble encore se faire qu'une idée confuse de l'institution du jury. Veut on savoir de quels éléments doit se composer la liste des jurés, on se borne à discuter quelles sont les lumières et la capacité de ceux qu'on appelle à en faire partie, comme s'il ne s'agissait que d'une institution judiciaire. En vérité, il me semble que c'est là se préoccuper de la moindre portion du sujet; le jury est avant tout une institution politique; on doit le con-

peuple fût-il résolu à condamner, la composition du jury et son irresponsabilité offriraient encore des chances favorables à l'innocence.

sidérer comme un mode de la souveraineté du peuple; il faut le rejeter entièrement quand on repousse la souveraineté du peuple, ou le mettre en rapport avec les autres lois qui établissent cette souveraineté. Le jury forme la partie de la nation chargée d'assurer l'exécution des lois, comme les chambres sont la partie de la nation chargée de faire les lois; et pour que la société soit gouvernée d'une manière fixe et uniforme, il est nécessaire que la liste des jurés s'étende ou se resserre avec celle des électeurs. C'est ce point de vue qui, suivant moi, doit toujours attirer l'attention principale du législateur. Le reste est pour ainsi dire accessoire.

Je suis si convaincu que le jury est avant tout une institution politique, que je le considère encore de cette manière lorsqu'on l'applique en matière civile.

Les lois sont toujours chancelantes, tant qu'elles ne s'appuient pas sur les mœurs; les mœurs forment la seule puissance résistante et durable chez un peuple.

Quand le jury est réservé pour les affaires criminelles, le peuple ne le voit agir que de loin en loin et dans les cas particuliers; il s'habitue à s'en passer dans le cours ordinaire de la vie, et il le considère comme un moyen et non comme le seul moyen d'obtenir justice (1).

Lorsque, au contraire, le jury est étendu aux affaires civiles, son application tombe à chaque instant sous les yeux; il touche alors à tous les intérêts; chacun vient concourir à son action; il pénètre ainsi jusque dans les usages de la vie; il plie l'esprit hu-

---

(1) Ceci est à plus forte raison vrai lorsque le jury n'est appliqué qu'à certaines affaires criminelles.

main à ses formes, et se confond pour ainsi dire avec l'idée même de la justice.

L'institution du jury, bornée aux affaires criminelles, est donc toujours en péril; une fois introduite dans les matières civiles, elle brave le temps et les efforts des hommes. Si on eût pu enlever le jury des mœurs des Anglais aussi facilement que de leurs lois, il eût entièrement succombé sous les Tudors. C'est donc le jury civil qui a réellement sauvé les libertés de l'Angleterre.

De quelque manière qu'on applique le jury, il ne peut manquer d'exercer une grande influence sur le caractère national; mais cette influence s'accroît infiniment à mesure qu'on l'introduit plus avant dans les matières civiles.

Le jury, et surtout le jury civil, sert à donner à l'esprit de tous les citoyens une partie des habitudes de l'esprit du juge; et ces habitudes sont précisément celles qui préparent le mieux le peuple à être libre.

Il répand dans toutes les classes le respect pour la chose jugée et l'idée du droit. Otez ces deux choses, et l'amour de l'indépendance ne sera plus qu'une passion destructive.

Il enseigne aux hommes la pratique de l'équité. Chacun, en jugeant son voisin, pense qu'il pourra être jugé à son tour. Cela est vrai surtout du jury en matière civile: il n'est presque personne qui craigne d'être un jour l'objet d'une poursuite criminelle; mais tout le monde peut avoir un procès.

Le jury apprend à chaque homme à ne pas reculer devant la responsabilité de ses propres actes;

disposition virile, sans laquelle il n'y a pas de vertu politique.

Il revêt chaque citoyen d'une sorte de magistrature; il fait sentir à tous qu'ils ont des devoirs à remplir envers la société, et qu'ils entrent dans son gouvernement. En forçant les hommes à s'occuper d'autre chose que de leurs propres affaires, il combat l'égoïsme individuel, qui est comme la rouille des sociétés.

Le jury sert incroyablement à former le jugement et à augmenter les lumières naturelles du peuple. C'est là, à mon avis, son plus grand avantage. On doit le considérer comme une école gratuite et toujours ouverte, où chaque juré vient s'instruire de ses droits, où il entre en communication journalière avec les membres les plus instruits et les plus éclairés des classes élevées, où les lois lui sont enseignées d'une manière pratique, et sont mises à la portée de son intelligence par les efforts des avocats, les avis du juge et les passions mêmes des partis. Je pense qu'il faut principalement attribuer l'intelligence pratique et le bon sens politique des Américains au long usage qu'ils ont fait du jury en matière civile.

Je ne sais si le jury est utile à ceux qui ont des procès, mais je suis sûr qu'il est très utile à ceux qui les jugent. Je le regarde comme l'un des moyens les plus efficaces dont puisse se servir la société pour l'éducation du peuple.

Ce qui précède s'applique à toutes les nations; mais voici ce qui est spécial aux Américains, et en général aux peuples démocratiques.

J'ai dit plus haut que dans les démocraties les légistes, et parmi eux les magistrats, forment le seul corps aristocratique qui puisse modérer les mouvements du peuple. Cette aristocratie n'est revêtue d'aucune puissance matérielle, elle n'exerce son influence conservatrice que sur les esprits. Or, c'est dans l'institution du jury civil qu'elle trouve les principales sources de son pouvoir.

Dans les procès criminels, où la société lutte contre un homme, le jury est porté à voir dans le juge l'instrument passif du pouvoir social, et il se défie de ses avis. De plus, les procès criminels reposent entièrement sur des faits simples que le bon sens parvient aisément à apprécier. Sur ce terrain, le juge et le juré sont égaux.

Il n'en est pas de même dans les procès civils : le juge apparaît alors comme un arbitre désintéressé entre les passions des parties. Les jurés le voient avec confiance, et ils l'écoutent avec respect, car ici son intelligence domine entièrement la leur. C'est lui qui déroule devant eux les divers arguments dont on a fatigué leur mémoire, et qui les prend par la main pour les diriger à travers les détours de la procédure ; c'est lui qui les circonscrit dans le point de fait, et leur enseigne la réponse qu'ils doivent faire à la question de droit. Son influence sur eux est presque sans bornes.

Faut-il dire enfin pourquoi je me sens peu ému des arguments tirés de l'incapacité des jurés en matière civile ?

Dans les procès civils, toutes les fois du moins qu'il ne s'agit pas de questions de fait, le jury n'a que l'apparence d'un corps judiciaire.

Les jurés prononcent l'arrêt que le juge a rendu. Ils prêtent à cet arrêt l'autorité de la société qu'ils représentent, et lui, celle de la raison et de la loi (*D*).

En Angleterre et en Amérique, les juges exercent sur le sort des procès criminels une influence que le juge français n'a jamais connue. Il est facile de comprendre la raison de cette différence : le magistrat anglais ou américain a établi son pouvoir en matière civile, il ne fait que l'exercer ensuite sur un autre théâtre; il ne l'y acquiert point.

Il y a des cas, et ce sont souvent les plus importants, où le juge américain a le droit de prononcer seul (1). Il se trouve alors, par occasion, dans la position où se trouve habituellement le juge français; mais son pouvoir moral est bien plus grand : les souvenirs du jury le suivent encore, et sa voix a presque autant de puissance que celle de la société dont les jurés étaient l'organe.

Son influence s'étend même bien au-delà de l'enceinte des tribunaux : dans les délassements de la vie privée comme dans les travaux de la vie politique, sur la place publique comme dans le sein des législatures, le juge américain retrouve sans cesse autour de lui des hommes qui se sont habitués à voir dans son intelligence quelque chose de supérieur à la leur; et, après s'être exercé sur les procès, son pouvoir se fait sentir sur toutes les habitudes de l'esprit et jusque sur l'âme même de ceux qui ont concouru avec lui à les juger.

Le jury, qui semble diminuer les droits de la ma-

---

(1) Les juges fédéraux tranchent presque toujours seuls les questions qui touchent de plus près au gouvernement du pays.

gistrature, fonde donc réellement son empire, et il n'y a pas de pays où les juges soient aussi puissants que ceux où le peuple entre en partage de leurs priviléges.

C'est surtout à l'aide du jury en matière civile que la magistrature américaine fait pénétrer ce que j'ai appelé l'esprit légiste jusque dans les derniers rangs de la société.

Ainsi le jury, qui est le moyen le plus énergique de faire régner le peuple, est aussi le moyen le plus efficace de lui apprendre à régner.

CHAPITRE IX.

DES CAUSES PRINCIPALES QUI TENDENT A MAINTENIR LA RÉPUBLIQUE DÉMOCRATIQUE AUX ÉTATS-UNIS.

La république démocratique subsiste aux États-Unis. Le but principal de ce livre a été de faire comprendre les causes de ce phénomène.

Parmi ces causes, il en est plusieurs à côté desquelles le courant de mon sujet m'a entraîné malgré moi, et que je n'ai fait qu'indiquer de loin en passant. Il en est d'autres dont je n'ai pu m'occuper; et celles sur lesquelles il m'a été permis de m'étendre sont restées derrière moi comme ensevelies sous les détails.

J'ai donc pensé qu'avant d'aller plus loin et de parler de l'avenir, je devais réunir dans un cadre étroit toutes les raisons qui expliquent le présent.

Dans cette espèce de résumé je serai court, car j'aurai soin de ne faire que rappeler très sommairement au lecteur ce qu'il connaît déjà, et parmi les faits que je n'ai pas encore eu l'occasion d'exposer, je ne choisirai que les principaux.

J'ai pensé que toutes les causes qui tendent au maintien de la république démocratique aux États-Unis pouvaient se réduire à trois.

La situation particulière et accidentelle dans laquelle la Providence a placé les Américains forme la première ;

La deuxième provient des lois ;

La troisième découle des habitudes et des mœurs.

DES CAUSES ACCIDENTELLES OU PROVIDENTIELLES QUI CONTRIBUENT AU MAINTIEN DE LA RÉPUBLIQUE DÉMOCRATIQUE AUX ÉTATS-UNIS.

L'Union n'a pas de voisins. — Point de grande capitale. — Les Américains ont eu pour eux le hasard de la naissance. — L'Amérique est un pays vide. — Comment cette circonstance sert puissamment au maintien de la république démocratique. — Manière dont se peuplent les déserts de l'Amérique. — Avidité des Anglo-Américains pour s'emparer des solitudes du Nouveau-Monde. — Influence du bien-être matériel sur les opinions politiques des Américains.

Il y a mille circonstances indépendantes de la volonté des hommes qui, aux États-Unis, rendent la république démocratique aisée. Les unes sont connues, les autres sont faciles à faire connaître : je me bornerai à exposer les principales.

Les Américains n'ont pas de voisins, par conséquent point de grandes guerres, de crise financière, de ravages ni de conquête à craindre ; ils n'ont besoin ni de gros impôts, ni d'armée nombreuse, ni de grands généraux ; ils n'ont presque rien à redouter d'un fléau plus terrible pour les républiques que tous ceux-là ensemble, la gloire militaire.

Comment nier l'incroyable influence qu'exerce la gloire militaire sur l'esprit du peuple ? Le général Jackson, que les Américains ont choisi deux fois pour le placer à leur tête, est un homme d'un caractère violent et d'une capacité moyenne ; rien dans tout le cours de sa carrière n'avait jamais prouvé qu'il eût les qualités requises pour gouverner un peuple libre : aussi la majorité des classes éclairées de l'Union lui a toujours été contraire. Qui donc l'a placé sur le siége du président et l'y maintient encore? Le souvenir d'une victoire remportée par lui, il y a vingt ans, sous les murs de la Nouvelle-Orléans ; or, cette victoire de la Nouvelle-Orléans est un fait d'armes fort ordinaire dont on ne saurait s'occuper long-temps que dans un pays où l'on ne donne point de batailles ; et le peuple qui se laisse ainsi entraîner par le prestige de la gloire est, à coup sûr, le plus froid, le plus calculateur, le moins militaire, et, si je puis m'exprimer ainsi, le plus prosaïque de tous les peuples du monde.

L'Amérique n'a point de grande capitale (1) dont l'influence directe ou indirecte se fasse sentir sur toute l'étendue du territoire, ce que je considère comme une des premières causes du maintien des institutions républicaines aux États-Unis. Dans les villes, on ne peut guère empêcher les hommes de se concerter, de s'échauffer en commun, de prendre des résolutions subites et passionnées. Les villes forment comme de

(1) L'Amérique n'a point encore de capitale, mais elle a déjà de très grandes villes. Philadelphie comptait, en 1830, 161,000 habitants, et New-York 202,000. Le bas peuple qui habite ces vastes cités forme une populace plus dangereuse que celle même d'Europe. Elle se compose d'abord de nègres affranchis, que la loi et l'opinion condamnent à un état de dégradation et de misère héréditaires. On rencontre aussi dans son sein une multitude d'Européens que le malheur et l'inconduite poussent chaque jour sur les rivages du Nouveau-Monde ; ces hommes apportent aux États-Unis nos plus grands vices, et ils n'ont aucun des intérêts qui pourraient en combattre l'influence. Habitant le pays sans en être citoyens, ils sont prêts à tirer parti de toutes les passions qui l'agitent : aussi avons-nous vu depuis quelque temps des émeutes sé-

grandes assemblées dont tous les habitants sont membres. Le peuple y exerce une influence prodigieuse sur ses magistrats, et souvent il y exécute sans intermédiaire ses volontés.

Soumettre les provinces à la capitale, c'est donc remettre la destinée de tout l'empire, non seulement dans les mains d'une portion du peuple, ce qui est injuste, mais encore dans les mains du peuple agissant par lui-même, ce qui est fort dangereux. La prépondérance des capitales porte donc une grave atteinte au système représentatif. Elle fait tomber les républiques modernes dans le défaut des républiques de l'antiquité, qui ont toutes péri pour n'avoir pas connu ce système.

Il me serait facile d'énumérer ici un grand nombre d'autres causes secondaires qui ont favorisé l'établissement et assurent le maintien de la république démocratique aux États-Unis. Mais au milieu de cette foule de circonstances heureuses, j'en aperçois deux principales, et je me hâte de les indiquer.

J'ai déjà dit précédemment que je voyais dans l'origine des Américains, dans ce que j'ai appelé leur point de départ, la première et la plus efficace de

rieuses éclater à Philadelphie et à New-York. De pareils désordres sont inconnus dans le reste du pays, qui ne s'en inquiète point, parce que la population des villes n'a exercé jusqu'à présent aucun pouvoir ni aucune influence sur celle des campagnes.

Je regarde cependant la grandeur de certaines cités américaines; et surtout la nature de leurs habitants, comme un danger véritable qui menace l'avenir des républiques démocratiques du Nouveau-Monde, et je ne crains pas de prédire que c'est par là qu'elles périront, à moins que leur gouvernement ne parvienne à créer une force armée qui, tout en restant soumise aux volontés de la majorité nationale, soit pourtant indépendante du peuple des villes et puisse comprimer ses excès.

toutes les causes auxquelles on puisse attribuer la prospérité actuelle des États-Unis. Les Américains ont eu pour eux le hasard de la naissance : leurs pères ont jadis importé sur le sol qu'ils habitent l'égalité des conditions et celle des intelligences, d'où la république démocratique devait sortir un jour comme de sa source naturelle. Ce n'est pas tout encore; avec un état social républicain, ils ont légué à leurs descendants les habitudes, les idées et les mœurs les plus propres à faire fleurir la république. Quand je pense à ce qu'a produit ce fait originel, il me semble voir toute la destinée de l'Amérique renfermée dans le premier puritain qui aborda sur ses rivages, comme toute la race humaine dans le premier homme.

Parmi les circonstances heureuses qui ont encore favorisé l'établissement et assurent le maintien de la république démocratique aux États-Unis, la première en importance est le choix du pays lui-même que les Américains habitent. Leurs pères leur ont donné l'amour de l'égalité et de la liberté, mais c'est Dieu même qui, en leur livrant un continent sans bornes, leur a accordé les moyens de rester long-temps égaux et libres.

Le bien-être général favorise la stabilité de tous les gouvernements, mais particulièrement du gouvernement démocratique, qui repose sur les dispositions du plus grand nombre, et principalement sur les dispositions de ceux qui sont le plus exposés aux besoins. Lorsque le peuple gouverne, il est nécessaire qu'il soit heureux, pour qu'il ne bouleverse pas l'État. La misère produit chez lui ce que l'ambition fait chez les rois. Or, les causes matérielles et indépendantes des lois qui peuvent amener le bien-être sont plus nombreuses en Amérique qu'elles ne l'ont été dans aucun pays du monde, à aucune époque de l'histoire.

Aux États-Unis, ce n'est pas seulement la législation qui est démocratique, la nature elle-même travaille pour le peuple.

Où trouver, parmi les souvenirs de l'homme, rien de semblable à ce qui se passe sous nos yeux dans l'Amérique du Nord?

Les sociétés célèbres de l'antiquité se sont toutes fondées au milieu de peuples ennemis qu'il a fallu vaincre pour s'établir à leur place. Les modernes eux-mêmes ont trouvé, dans quelques parties de l'Amérique du Sud, de vastes contrées habitées par des peuples moins éclairés qu'eux, mais qui s'étaient déjà approprié le sol en le cultivant. Pour fonder leurs nouveaux États, il leur a fallu détruire ou asservir des populations nombreuses, et ils ont fait rougir la civilisation de ses triomphes.

Mais l'Amérique du Nord n'était habitée que par des tribus errantes qui ne pensaient point à utiliser les richesses naturelles du sol. L'Amérique du Nord était encore, à proprement parler, un continent vide, une terre déserte, qui attendait des habitants.

Tout est extraordinaire chez les Américains, leur état social comme leurs lois; mais ce qui est plus extraordinaire encore, c'est le sol qui les porte.

Quand la terre fut livrée aux hommes par le Créateur, elle était jeune et inépuisable, mais ils étaient faibles et ignorants; et lorsqu'ils eurent appris à tirer parti des trésors qu'elle renfermait dans son sein, ils en couvraient déjà la face, et bientôt il leur fallut combattre pour acquérir le droit d'y posséder un asile et de s'y reposer en liberté.

C'est alors que l'Amérique du Nord se découvre, comme si Dieu l'eût tenue en réserve et qu'elle ne fît que sortir de dessous les eaux du déluge.

Elle présente, ainsi qu'aux premiers jours de la création, des fleuves dont la source ne tarit point, de vertes et humides solitudes, des champs sans bornes que n'a point encore retournés le soc du laboureur. En cet état, elle ne s'offre plus à l'homme isolé, ignorant et barbare des premiers âges, mais à l'homme déjà maître des secrets les plus importants de la nature, uni à ses semblables, et instruit par une expérience de cinquante siècles.

Au moment où je parle, treize millions d'Européens civilisés s'étendent tranquillement dans des déserts fertiles dont eux-mêmes ne connaissent pas encore exactement les ressources ni l'étendue. Trois ou quatre mille soldats poussent devant eux la race errante des indigènes; derrière les hommes armés s'avancent des bûcherons qui percent des forêts, écartent les bêtes farouches, explorent le cours des fleuves, et préparent la marche triomphante de la civilisation à travers le désert.

Souvent, dans le cours de cet ouvrage, j'ai fait allusion au bien-être matériel dont jouissent les Américains; je l'ai indiqué comme une des grandes causes du succès de leurs lois. Cette raison avait déjà été donnée par mille autres avant moi : c'est la seule qui, tombant en quelque sorte sous le sens des Européens, soit devenue populaire parmi nous. Je ne m'étendrai donc pas sur un sujet si souvent traité et si bien compris; je ne ferai qu'ajouter quelques nouveaux faits.

On se figure généralement que les déserts de l'Amérique se peuplent à l'aide des émigrants européens qui descendent chaque année sur les rivages du Nouveau-Monde, tandis que la population américaine croît et se multiplie sur le sol qu'ont occupé ses pères: c'est là une grande erreur. L'Européen qui aborde aux États-Unis y arrive sans amis et souvent sans ressources; il est obligé, pour vivre, de louer ses services, et il est rare de lui voir dépasser la grande zone industrielle qui s'étend le long de l'Océan. On ne saurait défricher le désert sans un capital ou du crédit; avant de se risquer au milieu des forêts, il faut que le corps se soit habitué aux rigueurs d'un climat nouveau. Ce sont donc des Américains qui, abandonnant chaque jour le lieu de leur naissance, vont se créer au loin de vastes domaines. Ainsi l'Européen quitte sa chaumière pour aller habiter les rivages transatlantiques, et l'Américain qui est né sur ces mêmes bords s'enfonce à son tour dans les solitudes de l'Amérique Centrale. Ce double mouvement d'émigration ne s'arrête jamais: il commence au fond de l'Europe, il se continue sur le grand Océan, il se suit à travers les solitudes du Nouveau-Monde. Des millions d'hommes marchent à la fois vers le même point de l'horizon: leur langue, leur religion, leurs mœurs diffèrent, leur but est commun. On leur a dit que la fortune se trouvait quelque part vers l'ouest, et ils se rendent en hâte au devant d'elle.

Rien ne saurait se comparer à ce déplacement continuel de l'espèce humaine, sinon peut-être ce qui arriva à la chute de l'empire romain. On vit alors comme aujourd'hui les hommes accourir tous en foule vers le même point et se rencontrer tumultueusement dans les mêmes lieux; mais les desseins de la Providence étaient différents. Chaque nouveau venu traînait à sa suite la destruction et la mort; aujourd'hui chacun d'eux apporte avec soi un germe de prospérité et de vie.

Les conséquences éloignées de cette migration des Américains vers l'occident nous sont encore cachées par l'avenir, mais les résultats immédiats sont faciles à reconnaître: une partie des anciens habitants s'éloignant chaque année des États où ils ont reçu la naissance, il arrive que ces États ne se peuplent que très lentement, quoiqu'ils vieillissent; c'est ainsi que dans le Connecticut, qui ne compte encore que cinquante-neuf habitants par mille carré, la population n'a crû que d'un quart depuis quarante ans, tandis qu'en Angleterre elle s'est augmentée d'un tiers durant la même période. L'émigrant d'Europe aborde donc toujours dans un pays à moitié plein, où les bras manquent à l'industrie; il devient un ouvrier aisé; son fils va chercher fortune dans un pays vide, et il devient un propriétaire riche. Le premier amasse le capital que le second fait valoir, et il n'y a de misère ni chez l'étranger ni chez le natif.

La législation, aux États-Unis, favorise autant que possible la division de la propriété; mais une cause plus puissante que la législation empêche que la propriété ne s'y divise outre mesure (1). On s'en aperçoit bien dans les États qui commencent enfin à se remplir. Le Massachusetts est le pays le plus peuplé de l'Union ; on y compte quatre-vingts habitants par mille carré, ce qui est infiniment moins qu'en France, où il s'en trouve cent soixante-deux réunis dans le même espace.

Au Massachusetts cependant il est déjà rare qu'on divise les petits domaines : l'aîné prend en général la terre ; les cadets vont chercher fortune au désert.

La loi a aboli le droit d'aînesse ; mais on peut dire que la Providence l'a rétabli sans que personne ait à se plaindre, et cette fois du moins il ne blesse pas la justice.

On jugera par un seul fait du nombre prodigieux d'individus qui quittent ainsi la Nouvelle-Angleterre pour aller transporter leurs foyers au désert. On nous a assuré qu'en 1830, parmi les membres du congrès, il s'en trouvait trente-six qui étaient nés dans le petit État du Connecticut. La population du Connecticut, qui ne forme que la quarante-troisième partie de celle des États-Unis, fournissait donc le huitième de leurs représentants.

L'État de Connecticut n'envoie cependant lui-même que cinq députés au congrès : les trente-un autres y paraissent comme les représentants des nouveaux États de l'Ouest. Si ces trente-un individus étaient demeurés dans le Conneticut, il est probable qu'au lieu d'être de riches propriétaires, ils seraient restés de petits laboureurs, qu'ils auraient vécu dans l'obs-

(1) Dans la Nouvelle-Angleterre, le sol est partagé en très petits domaines, mais il ne se divise plus.

curité sans pouvoir s'ouvrir la carrière politique, et que, loin de devenir des législateurs utiles, ils auraient été de dangereux citoyens.

Ces considérations n'échappent pas plus à l'esprit des Américains qu'au nôtre.

« On ne saurait douter, dit le chancelier Kent dans » son Traité sur le droit américain (vol. IV, p. 380), » que la division des domaines ne doive produire de » grands maux quand elle est portée à l'extrême; de » telle sorte que chaque portion de terre ne puisse » plus pourvoir à l'entretien d'une famille; mais ces » inconvénients n'ont jamais été ressentis aux États-» Unis, et bien des générations s'écouleront avant » qu'on les ressente. L'étendue de notre territoire in-» habité, l'abondance des terres qui nous touchent » et le courant continuel d'émigrations qui, partant » des bords de l'Atlantique, se dirige sans cesse vers » l'intérieur du pays, suffisent et suffiront long-temps » encore pour empêcher le morcellement des héri-» tages. »

Il serait difficile de peindre l'avidité avec laquelle l'Américain se jette sur cette proie immense que lui offre la fortune. Pour la poursuivre, il brave sans crainte la flèche de l'Indien et les maladies du désert; le silence des bois n'a rien qui l'étonne, l'approche des bêtes farouches ne l'émeut point : une passion plus forte que l'amour de la vie l'aiguillonne sans cesse. Devant lui s'étend un continent presque sans bornes, et on dirait que, craignant déjà d'y manquer de place, il se hâte de peur d'arriver trop tard. J'ai parlé de l'émigration des anciens États; mais que dirai-je de celle des nouveaux? Il n'y a pas cinquante ans que l'Ohio est fondé; le plus grand nombre de ses habitants n'y a pas vu le jour; sa capitale ne compte pas trente années d'existence, et une immense étendue de champs déserts couvre encore son territoire; déjà cependant la population de l'Ohio s'est remise en marche vers l'ouest : la plupart de ceux qui descendent dans les fertiles prairies de l'Illinois sont des habitants de l'Ohio. Ces hommes ont quitté leur première patrie pour être bien; ils quittent la seconde pour être mieux encore : presque partout ils rencontrent la fortune, mais non pas le bonheur. Chez eux, le désir du bien-être est devenu une passion inquiète et ardente qui s'accroît en se satisfaisant. Ils ont jadis brisé les liens qui les attachaient au sol natal; depuis il n'en ont point formé d'autres. Pour eux l'émigration a commencé par être un besoin; aujourd'hui, elle est devenue à leurs yeux une sorte de jeu de hasard, dont ils aiment les émotions autant que le gain.

Quelquefois l'homme marche si vite que le désert reparaît derrière lui. La forêt n'a fait que ployer sous ses pieds; dès qu'il est passé, elle se relève. Il n'est pas rare, en parcourant les nouveaux États de l'Ouest, de rencontrer des demeures abandonnées au milieu des bois; souvent on découvre les débris d'une cabane au plus profond de la solitude, et l'on s'étonne en traversant des défrichements ébauchés, qui attestent tout à la fois la puissance et l'inconstance humaines. Parmi ces champs délaissés, sur ces ruines d'un jour, l'antique forêt ne tarde point à pousser des rejetons nouveaux; les animaux reprennent possession de leur empire : la nature vient en riant couvrir de rameaux verts et de fleurs les vestiges de l'homme, et se hâte de faire disparaître sa trace éphémère.

Je me souviens qu'en traversant l'un des cantons déserts qui couvrent encore l'État de New-York, je parvins sur les bords d'un lac tout environné de forêts comme au commencement du monde. Une petite île s'élevait au milieu des eaux. Le bois qui la couvrait, étendant autour d'elle son feuillage, en cachait entièrement les bords. Sur les rives du lac, rien n'annonçait la présence de l'homme; seulement on apercevait à l'horizon une colonne de fumée qui, allant perpendiculairement de la cime des arbres jusqu'aux nuages, semblait pendre du haut du ciel plutôt qu'y monter.

Une pirogue indienne était tirée sur le sable; j'en profitai pour aller visiter l'île qui avait d'abord attiré mes regards, et bientôt après j'étais parvenu sur son rivage. L'île entière formait une de ces délicieuses solitudes du Nouveau-Monde qui font presque regretter à l'homme civilisé la vie sauvage. Une végétation vigoureuse annonçait par ses merveilles les richesses incomparables du sol. Il y régnait, comme dans tous les déserts de l'Amérique du Nord, un silence profond qui n'était interrompu que par le roucoulement monotone des ramiers ou par les coups que frappait le pic vert sur l'écorce des arbres. J'étais bien loin de croire que ce lieu eût été habité jadis, tant la nature y semblait encore abandonnée à elle-même; mais, parvenu au centre de l'île, je crus tout-à-coup rencontrer les vestiges de l'homme. J'examinai alors avec soin tous les objets d'alentour, et bientôt je ne doutai plus qu'un Européen ne fût venu chercher un refuge en cet endroit. Mais combien son œuvre avait changé de face! Le bois que jadis il avait coupé à la hâte pour s'en faire un abri, avait depuis poussé des rejetons; ses clôtures étaient devenues des haies vives, et sa cabane était transformée en un bosquet. Au milieu de ces arbustes, on apercevait encore quelques pierres noircies par le feu, répandues autour d'un petit tas de cendres; c'était sans doute dans ce lieu qu'était le foyer: la cheminée, en s'écroulant, l'avait couvert de ses débris. Quelque temps j'admirai en silence les ressources de la nature et la faiblesse de l'homme; et lorsque enfin il fallut m'éloigner de ces lieux enchantés, je répétai encore avec tristesse: Quoi! déjà des ruines!

En Europe, nous sommes habitués à regarder comme un grand danger social l'inquiétude de l'esprit, le désir immodéré des richesses, l'amour extrême de l'indépendance. Ce sont précisément toutes ces choses qui garantissent aux républiques américaines un long et paisible avenir. Sans ces passions inquiètes, la population se concentrerait autour de certains lieux, et éprouverait bientôt, comme parmi nous, des besoins difficiles à satisfaire. Heureux pays que le Nouveau-Monde, où les vices de l'homme sont presque aussi utiles à la société que ses vertus!

Ceci exerce une grande influence sur la manière dont on juge les actions humaines dans les deux hémisphères. Souvent les Américains appellent une louable industrie ce que nous nommons l'amour du gain, et ils voient une certaine lâcheté de cœur dans ce que nous considérons comme la modération des désirs.

En France, on regarde la simplicité des goûts, la

tranquillité des mœurs, l'esprit de famille et l'amour du lieu de la naissance, comme de grandes garanties de tranquillité et de bonheur pour l'État; mais en Amérique, rien ne paraît plus préjudiciable à la société que de semblables vertus. Les Français du Canada, qui ont fidèlement conservé les traditions des anciennes mœurs, trouvent déjà de la difficulté à vivre sur leur territoire, et ce petit peuple qui vient de naître sera bientôt en proie aux misères des vieilles nations. Au Canada, les hommes qui ont le plus de lumières, de patriotisme et d'humanité, font des efforts extraordinaires pour dégoûter le peuple du simple bonheur qui lui suffit encore. Ils célèbrent les avantages de la richesse, de même que parmi nous ils vanteraient peut-être les charmes d'une honnête médiocrité, et ils mettent plus de soin à aiguillonner les passions humaines qu'ailleurs on n'emploie d'efforts pour les calmer. Échanger les plaisirs purs et tranquilles que la patrie présente au pauvre lui-même contre les stériles jouissances que donne le bien-être sous un ciel étranger; fuir le foyer paternel et les champs où reposent ses aïeux; abandonner les vivants et les morts pour courir après la fortune, il n'y a rien qui à leurs yeux mérite plus de louanges.

De notre temps, l'Amérique livre aux hommes un fonds toujours plus vaste que ne saurait l'être l'industrie qui le fait valoir.

En Amérique, on ne saurait donc donner assez de lumières; car toutes les lumières, en même temps qu'elles peuvent être utiles à celui qui les possède, tournent encore au profit de ceux qui ne les ont point. Les besoins nouveaux n'y sont pas à craindre, puisque tous les besoins s'y satisfont sans peine : il ne faut pas redouter d'y faire naître trop de passions, puisque toutes les passions trouvent un aliment facile et salutaire; on ne peut y rendre les hommes trop libres, parce qu'ils ne sont presque jamais tentés d'y faire un mauvais usage de la liberté.

Les républiques américaines de nos jours sont comme des compagnies de négociants formées pour exploiter en commun les terres désertes du Nouveau-Monde, et occupées d'un commerce qui prospère.

Les passions qui agitent le plus profondément les Américains sont des passions commerciales et non des passions politiques, ou plutôt ils transportent dans la politique les habitudes du négoce. Ils aiment l'ordre, sans lequel les affaires ne sauraient prospérer, et ils prisent particulièrement la régularité des mœurs, qui fonde les bonnes maisons; ils préfèrent le bon sens qui crée les grandes fortunes au génie qui souvent les dissipe; les idées générales effraient leurs esprits accoutumés aux calculs positifs, et parmi eux, la pratique est plus en honneur que la théorie.

C'est en Amérique qu'il faut aller pour comprendre quelle puissance exerce le bien-être matériel sur les actions politiques et jusque sur les opinions elles-mêmes, qui devraient n'être soumises qu'à la raison. C'est parmi les étrangers qu'on découvre principalement la vérité de ceci. La plupart des émigrants d'Europe apportent dans le Nouveau-Monde cet amour sauvage de l'indépendance et du changement qui naît si souvent au milieu de nos misères. Je rencontrais quelquefois aux États-Unis de ces Européens qui jadis avaient été obligés de fuir leur pays pour cause d'opinions politiques. Tous m'étonnaient par leurs discours ; mais l'un d'eux me frappa plus qu'aucun autre. Comme je traversais l'un des districts les plus reculés de la Pensylvanie, la nuit me surprit, et j'allai demander asile à la porte d'un riche planteur : c'était un Français. Il me fit asseoir auprès de son foyer, et nous nous mîmes à discourir librement, comme il convient à des gens qui se retrouvent au fond d'un bois à deux mille lieues du pays qui les a vus naître. Je n'ignorais pas que mon hôte avait été un grand niveleur il y a quarante ans et un ardent démagogue. Son nom était resté dans l'histoire.

Je fus donc étrangement surpris de l'entendre discuter le droit de propriété comme aurait pu le faire un économiste, j'allais presque dire un propriétaire; il parla de la hiérarchie nécessaire que la fortune établit parmi les hommes, de l'obéissance à la loi établie, de l'influence des bonnes mœurs dans les républiques, et du secours que les idées religieuses prêtent à l'ordre et à la liberté : il lui arriva même de citer comme par mégarde, à l'appui d'une de ses opinions politiques, l'autorité de Jésus-Christ.

J'admirais en l'écoutant l'imbécillité de la raison humaine. Cela est vrai ou faux : comment le découvrir au milieu des incertitudes de la science et des leçons diverses de l'expérience? Survient un fait nouveau qui lève tous mes doutes. J'étais pauvre, me voici riche : du moins si le bien-être, en agissant sur ma conduite, laissait mon jugement en liberté! Mais non, mes opinions sont en effet changées avec ma fortune, et dans l'événement heureux dont je profite, j'ai réellement découvert la raison déterminante qui jusque là m'avait manqué.

L'influence du bien-être s'exerce plus librement encore sur les Américains que sur les étrangers. L'Américain a toujours vu sous ses yeux l'ordre et la prospérité publique s'enchaîner l'un à l'autre et marcher du même pas ; il n'imagine point qu'ils puissent vivre séparément : il n'a donc rien à oublier, et ne doit point perdre, comme tant d'Européens, ce qu'il tient de son éducation première.

—•••—

DE L'INFLUENCE DES LOIS SUR LE MAINTIEN DE LA RÉPUBLIQUE DÉMOCRATIQUE AUX ÉTATS-UNIS.

Trois causes principales du maintien de la république démocratique. — Forme fédérale. — Institutions communales. — Pouvoir judiciaire.

Le but principal de ce livre était de faire connaître les lois des États-Unis ; si ce but a été atteint, le lecteur a déjà pu juger lui-même quelles sont, parmi ces lois, celles qui tendent réellement à maintenir la république démocratique et celles qui la mettent en danger. Si je n'ai pas réussi dans tout le cours du livre, j'y réussirais encore moins dans un chapitre.

Je ne veux donc pas rentrer dans la carrière que j'ai déjà parcourue, et quelques lignes doivent suffire pour me résumer.

Trois choses semblent concourir plus que toutes les autres au maintien de la république démocratique dans le Nouveau-Monde :

La première est la forme fédérale que les Américains ont adoptée, et qui permet à l'Union de jouir de la puissance d'une grande république et de la sécurité d'une petite.

Je trouve la deuxième dans les institutions communales, qui, modérant le despotisme de la majorité, donnent en même temps au peuple le goût de la liberté et l'art d'être libre.

La troisième se rencontre dans la constitution du pouvoir judiciaire. J'ai montré combien les tribunaux servent à corriger les écarts de la démocratie, et comment, sans jamais pouvoir arrêter les mouvements de la majorité, ils parviennent à les ralentir et à les diriger.

DE L'INFLUENCE DES MŒURS SUR LE MAINTIEN DE LA RÉPUBLIQUE DÉMOCRATIQUE AUX ÉTATS-UNIS.

J'ai dit plus haut que je considérais les mœurs comme l'une des grandes causes générales auxquelles on peut attribuer le maintien de la république démocratique aux États-Unis.

J'entends ici l'expression de *mœurs* dans le sens qu'attachaient les anciens au mot *mores;* non seulement je l'applique aux mœurs proprement dites, qu'on pourrait appeler les habitudes du cœur, mais aux différentes notions que possèdent les hommes, aux diverses opinions qui ont cours au milieu d'eux, et à l'ensemble des idées dont se forment les habitudes de l'esprit.

Je comprends donc sous ce mot tout l'état moral et intellectuel d'un peuple. Mon but n'est pas de faire un tableau des mœurs américaines; je me borne en ce moment à rechercher parmi elles ce qui est favorable au maintien des institutions politiques.

DE LA RELIGION CONSIDÉRÉE COMME INSTITUTION POLITIQUE, ET COMMENT ELLE SERT PUISSAMMENT AU MAINTIEN DE LA RÉPUBLIQUE DÉMOCRATIQUE CHEZ LES AMÉRICAINS.

L'Amérique du Nord peuplée par des hommes qui professaient un christianisme démocratique et républicain. — Arrivée des catholiques. — Pourquoi de nos jours les catholiques forment la classe la plus démocratique et la plus républicaine.

A côté de chaque religion se trouve une opinion politique qui, par affinité, lui est jointe.

Laissez l'esprit humain suivre sa tendance, et il règlera d'une manière uniforme la société politique et la cité divine; il cherchera, si j'ose le dire, à *harmoniser* la terre avec le ciel.

La plus grande partie de l'Amérique anglaise a été peuplée par des hommes qui, après s'être soustraits à l'autorité du pape, ne s'étaient soumis à aucune suprématie religieuse; ils apportaient donc dans le Nouveau-Monde un christianisme que je ne saurais mieux peindre qu'en l'appelant démocratique et républicain: ceci favorisa singulièrement l'établissement de la république et de la démocratie dans les affaires. Dès le principe, la politique et la religion se trouvèrent d'accord, et depuis elles n'ont point cessé de l'être.

Il y a environ cinquante ans que l'Irlande commença à verser au sein des États-Unis une population catholique. De son côté, le catholicisme américain fit des prosélytes : l'on rencontre aujourd'hui dans l'Union plus d'un million de chrétiens qui professent les vérités de l'Église romaine.

Ces catholiques montrent une grande fidélité dans les pratiques de leur culte, et sont pleins d'ardeur et de zèle pour leurs croyances; cependant ils forment la classe la plus républicaine et la plus démocratique qui soit aux États-Unis. Ce fait surprend au premier abord, mais la réflexion en découvre aisément les causes cachées.

Je pense qu'on a tort de regarder la religion catholique comme un ennemi naturel de la démocratie. Parmi les différentes doctrines chrétiennes, le catholicisme me paraît au contraire l'une des plus favorables à l'égalité des conditions. Chez les catholiques, la société religieuse ne se compose que de deux éléments : le prêtre et le peuple. Le prêtre s'élève seul au-dessus des fidèles : tout est égal au-dessous de lui.

En matière de dogmes, le catholicisme place le même niveau sur toutes les intelligences; il astreint aux détails des mêmes croyances le savant ainsi que l'ignorant, l'homme de génie aussi bien que le vulgaire; il impose les mêmes pratiques au riche comme au pauvre, inflige les mêmes austérités au puissant comme au faible; il ne compose avec aucun mortel, et appliquant à chacun des humains la même mesure, il aime à confondre toutes les classes de la société au pied du même autel, comme elles sont confondues aux yeux de Dieu.

Si le catholicisme dispose les fidèles à l'obéissance, il ne les prépare donc pas à l'inégalité. Je dirai le contraire du protestantisme, qui, en général, porte les hommes bien moins vers l'égalité que vers l'indépendance.

Le catholicisme est comme une monarchie absolue. Otez le prince, et les conditions y sont plus égales que dans les républiques.

Souvent il est arrivé que le prêtre catholique est sorti du sanctuaire pour pénétrer comme une puissance dans la société, et qu'il est venu s'y asseoir au milieu de la hiérarchie sociale; quelquefois alors il a usé de son influence religieuse pour assurer la durée d'un ordre politique dont il faisait partie : alors aussi on a pu voir des catholiques partisans de l'aristocratie par esprit de religion.

Mais une fois que les prêtres sont écartés ou s'écartent du gouvernement, comme ils le font aux Etats-Unis, il n'y a pas d'hommes qui par leurs croyances soient plus disposés que les catholiques à transporter dans le monde politique l'idée de l'égalité des conditions.

Si donc les catholiques des États-Unis ne sont pas entraînés violemment par la nature de leurs croyances vers les opinions démocratiques et républicaines, du moins n'y sont-ils pas naturellement contraires, et leur position sociale, ainsi que leur petit nombre, leur fait une loi de les embrasser.

La plupart des catholiques sont pauvres, et ils ont besoin que tous les citoyens gouvernent pour arriver eux-mêmes au gouvernement. Les catholiques sont en minorité, et ils ont besoin qu'on respecte tous les droits pour être assurés du libre exercice des leurs. Ces deux causes les poussent, à leur insu même, vers des doctrines politiques qu'ils adopteraient peut-être avec moins d'ardeur s'ils étaient riches et prédominants.

Le clergé catholique des États-Unis n'a point essayé de lutter contre cette tendance politique; il cherche plutôt à la justifier. Les prêtres catholiques d'Amérique ont divisé le monde intellectuel en deux parts : dans l'une, ils ont laissé les dogmes révélés, et ils s'y soumettent sans les discuter ; dans l'autre, ils ont placé la vérité politique, et ils pensent que Dieu l'y a abandonnée aux libres recherches des hommes. Ainsi, les catholiques des États-Unis sont tout à la fois les fidèles les plus soumis et les citoyens les plus indépendants.

On peut donc dire qu'aux États-Unis il n'y a pas une seule doctrine religieuse qui se montre hostile aux institutions démocratiques et républicaines. Tous les clergés y tiennent le même langage; les opinions y sont d'accord avec les lois, et il n'y règne pour ainsi dire qu'un seul courant dans l'esprit humain.

J'habitais momentanément l'une des plus grandes villes de l'Union, lorsqu'on m'invita à assister à une réunion politique dont le but était de venir au secours des Polonais, et de leur faire parvenir des armes et de l'argent.

Je trouvai deux à trois mille personnes réunies dans une vaste salle qui avait été préparée pour les recevoir. Bientôt après, un prêtre, revêtu de ses habits ecclésiastiques, s'avança sur le bord de l'estrade destinée aux orateurs. Les assistants, après s'être découverts, se tinrent debout en silence, et il parla en ces termes :

« Dieu tout-puissant! Dieu des armées! toi qui as
» maintenu le cœur et conduit le bras de nos pères,
» lorsqu'ils soutenaient les droits sacrés de leur in-
» dépendance nationale; toi qui les as fait triompher
» d'une odieuse oppression, et as accordé à notre
» peuple les bienfaits de la paix et de la liberté, ô Sei-
» gneur! tourne un œil favorable vers l'autre hémi-
» sphère; regarde en pitié un peuple héroïque qui
» lutte aujourd'hui comme nous l'avons fait jadis et
» pour la défense des mêmes droits! Seigneur, qui as
» créé tous les hommes sur le même modèle, ne per-
» mets point que le despotisme vienne déformer ton
» ouvrage et maintenir l'inégalité sur la terre. Dieu
» tout-puissant! veille sur les destinées des Polonais,
» rends-les dignes d'être libres; que ta sagesse règne
» dans leurs conseils, que ta force soit dans leurs bras;
» répands la terreur sur leurs ennemis, divise les
» puissances qui trament leur ruine, et ne permets pas
» que l'injustice dont le monde a été le témoin il y a
» cinquante ans se consomme aujourd'hui. Seigneur,
» qui tiens dans ta main puissante le cœur des peu-
» ples comme celui des hommes, suscite des alliés à la
» cause sacrée du bon droit; fais que la nation fran-
» çaise se lève enfin, et, sortant du repos dans lequel
» ses chefs la retiennent, vienne combattre encore une
» fois pour la liberté du monde.

» O Seigneur! ne détourne jamais de nous ta face;
» permets que nous soyons toujours le peuple le plus
» religieux comme le plus libre.

» Dieu tout-puissant, exauce aujourd'hui notre
» prière; sauve les Polonais. Nous te le demandons au
» nom de ton fils bien-aimé, Notre Seigneur Jésus-

» Christ, qui est mort sur la croix pour le salut de tous
» les hommes. *Amen.* »

Toute l'assemblée répéta *amen* avec recueillement.

INFLUENCE INDIRECTE QU'EXERCENT LES CROYANCES RELIGIEUSES SUR LA SOCIÉTÉ POLITIQUE AUX ÉTATS-UNIS.

Morale du christianisme qui se retrouve dans toutes les sectes. — Influence de la religion sur les mœurs des Américains. — Respect du lien du mariage. — Comment la religion renferme l'imagination des Américains entre certaines limites et modère chez eux la passion d'innover. — Opinion des Américains sur l'utilité politique de la religion. — Leurs efforts pour étendre et assurer son empire.

Je viens de montrer quelle était, aux États-Unis, l'action directe de la religion sur la politique. Son action indirecte me semble bien plus puissante encore, et c'est quand elle ne parle point de la liberté, qu'elle enseigne le mieux aux Américains l'art d'être libres.

Il y a une multitude innombrable de sectes aux États-Unis. Toutes diffèrent dans le culte qu'il faut rendre au Créateur, mais toutes s'entendent sur les devoirs des hommes les uns envers les autres. Chaque secte adore donc Dieu à sa manière, mais toutes les sectes prêchent la même morale au nom de Dieu. S'il sert beaucoup à l'homme comme individu que sa religion soit vraie, il n'en est point ainsi pour la société. La société n'a rien à craindre ni à espérer de l'autre vie ; et ce qui lui importe le plus, ce n'est pas tant que tous les citoyens professent la vraie religion, mais qu'ils professent une religion. D'ailleurs toutes les sectes aux États-Unis se retrouvent dans la grande unité chrétienne, et la morale du christianisme est partout la même.

Il est permis de penser qu'un certain nombre d'Américains suivent, dans le culte qu'ils rendent à Dieu, leurs habitudes plus que leurs convictions. Aux États-Unis d'ailleurs le souverain est religieux, et par conséquent l'hypocrisie doit être commune ; mais l'Amérique est pourtant encore le lieu du monde où la religion chrétienne a conservé le plus de véritable pouvoir sur les âmes ; et rien ne montre mieux combien elle est utile et naturelle à l'homme, puisque le pays où elle exerce de nos jours le plus d'empire est en même temps le plus éclairé et le plus libre.

J'ai dit que les prêtres américains se prononcent d'une manière générale en faveur de la liberté civile, sans en excepter ceux mêmes qui n'admettent point la liberté religieuse ; cependant on ne les voit prêter leur appui à aucun système politique en particulier. Ils ont soin de se tenir en dehors des affaires, et ne se mêlent pas aux combinaisons des partis. On ne peut donc pas dire qu'aux États-Unis la religion exerce une influence sur les lois ni sur le détail des opinions politiques, mais elle dirige les mœurs, et c'est en réglant la famille qu'elle travaille à régler l'État.

Je ne doute pas un instant que la grande sévérité de mœurs qu'on remarque aux États-Unis n'ait sa source première dans les croyances. La religion y est souvent impuissante à retenir l'homme au milieu des tentations sans nombre que la fortune lui présente. Elle ne saurait modérer en lui l'ardeur de s'enrichir que tout vient aiguillonner, mais elle règne souverainement sur l'âme de la femme, et c'est la femme qui fait les mœurs. L'Amérique est assurément le pays du monde où le lien du mariage est le plus respecté, et où l'on a conçu l'idée la plus haute et la plus juste du bonheur conjugal.

En Europe, presque tous les désordres de la société prennent naissance autour du foyer domestique et non loin de la couche nuptiale. C'est là que les hommes conçoivent le mépris des liens naturels et des plaisirs permis, le goût du désordre, l'inquiétude du cœur, l'instabilité des désirs. Agité par les passions tumultueuses qui ont souvent troublé sa propre demeure, l'Européen ne se soumet qu'avec peine aux pouvoirs législateurs de l'État. Lorsque, au sortir des agitations du monde politique, l'Américain rentre au sein de sa famille, il y rencontre aussitôt l'image de l'ordre et de la paix. Là, tous ses plaisirs sont simples et naturels, ses joies innocentes et tranquilles ; et comme il arrive au bonheur par la régularité de la vie, il s'habitue sans peine à régler ses opinions aussi bien que ses goûts.

Tandis que l'Européen cherche à échapper à ses chagrins domestiques en troublant la société, l'Américain puise dans sa demeure l'amour de l'ordre, qu'il porte ensuite dans les affaires de l'État.

Aux États-Unis, la religion ne règle pas seulement les mœurs, elle étend son empire jusque sur l'intelligence.

Parmi les Anglo-Américains, les uns professent les dogmes chrétiens parce qu'ils y croient, les autres parce qu'ils redoutent de n'avoir pas l'air d'y croire. Le christianisme règne donc sans obstacles de l'aveu de tous ; il en résulte, ainsi que je l'ai déjà dit ailleurs, que tout est certain et arrêté dans le monde moral, quoique le monde politique semble abandonné à la discussion et aux essais des hommes. Ainsi l'esprit humain n'aperçoit jamais devant lui un champ sans limite : quelle que soit son audace, il sent de temps en temps qu'il doit s'arrêter devant des barrières insurmontables. Avant d'innover, il est forcé d'accepter certaines données premières, et de soumettre ses conceptions les plus hardies à certaines formes qui le retardent et qui l'arrêtent.

L'imagination des Américains, dans ses plus grands écarts, n'a donc qu'une marche circonspecte et incertaine; ses allures sont gênées et ses œuvres incomplètes. Ces habitudes de retenue se retrouvent dans la société politique et favorisent singulièrement la tranquillité du peuple, ainsi que la durée des institutions qu'il s'est données. La nature et les circonstances avaient fait de l'habitant des États-Unis un homme audacieux; il est facile d'en juger, lorsqu'on voit de quelle manière il poursuit la fortune. Si l'esprit des Américains était libre de toute entrave, on ne tarderait pas à rencontrer parmi eux les plus hardis novateurs et les plus implacables logiciens du monde. Mais les révolutionnaires d'Amérique sont obligés de professer ostensiblement un certain respect pour la morale et l'équité chrétiennes, qui ne leur permet pas d'en violer aisément les lois lorsqu'elles s'opposent à l'exécution de leurs desseins; et s'ils pouvaient s'élever eux-mêmes au-dessus de leurs scrupules, ils se sentiraient encore arrêtés par ceux de leurs partisans. Jusqu'à présent il ne s'est rencontré personne, aux États-Unis, qui ait osé avancer cette maxime : que tout est permis dans l'intérêt de la société. Maxime impie, qui semble avoir été inventée dans un siècle de liberté pour légitimer tous les tyrans à venir.

Ainsi donc, en même temps que la loi permet au peuple américain de tout faire, la religion l'empêche de tout concevoir et lui défend de tout oser.

La religion, qui, chez les Américains, ne se mêle jamais directement au gouvernement de la société, doit donc être considérée comme la première de leurs institutions politiques; car si elle ne leur donne pas le goût de la liberté, elle leur en facilite singulièrement l'usage.

C'est aussi sous ce point de vue que les habitants des États-Unis eux-mêmes considèrent les croyances religieuses. Je ne sais si tous les Américains ont foi dans leur religion, car qui peut lire au fond des cœurs? mais je suis sûr qu'ils la croient nécessaire au maintien des institutions républicaines. Cette opinion n'appartient pas à une classe de citoyens ou à un parti, mais à la nation entière; on la retrouve dans tous les rangs.

Aux États-Unis, lorsqu'un homme politique attaque une secte, ce n'est pas une raison pour que les partisans mêmes de cette secte ne le soutiennent pas; mais s'il attaque toutes les sectes ensemble, chacun le fuit, et il reste seul.

Pendant que j'étais en Amérique, un témoin se présenta aux assises du comté de Chester (État de New-York), et déclara qu'il ne croyait pas à l'existence de Dieu et à l'immortalité de l'âme. Le président refusa de recevoir son serment, attendu, dit-il, que le témoin avait détruit d'avance toute la foi qu'on pouvait ajouter à ses paroles (1). Les journaux rapportèrent le fait sans commentaire.

Les Américains confondent si complétement dans leur esprit le christianisme et la liberté, qu'il est presque impossible de leur faire concevoir l'un sans l'autre; et ce n'est point chez eux une de ces croyances stériles que le passé lègue au présent, et qui semble moins vivre que végéter au fond de l'âme.

J'ai vu des Américains s'associer pour envoyer des prêtres dans les nouveaux États de l'Ouest, et pour y fonder des écoles et des églises; ils craignent que la religion ne vienne à se perdre au milieu des bois, et que le peuple qui s'élève ne puisse être aussi libre que celui dont il est sorti. J'ai rencontré des habitants riches de la Nouvelle-Angleterre qui abandonnaient le pays de leur naissance dans le but d'aller jeter, sur les bords du Missouri ou dans les prairies des Illinois, les fondements du christianisme et de la liberté. C'est ainsi qu'aux États-Unis le zèle religieux s'échauffe sans cesse au foyer du patriotisme. Vous pensez que ces hommes agissent uniquement dans la considération de l'autre vie, mais vous vous trompez : l'éternité n'est qu'un de leurs soins. Si vous interrogez

---

(1) Voici en quels termes le *New-York Spectator* du 23 août 1831 rapporte le fait : « The court of common pleas of Chester county (New-» York) a few days since rejected a witness who declared his disbelief in » the existence of God. The presiding judge remarked that he had not » before been aware that there was a man living who did not believe in » the existence of God; that this belief constituted the sanction of all » testimony in a court of justice and that he knew of no cause in a » christian country where a witness had been permitted to testify » without such a belief. »

ces missionnaires de la civilisation chrétienne, vous serez tout surpris de les entendre parler si souvent des biens de ce monde, et de trouver des politiques où vous croyez ne voir que des religieux. « Toutes les ré-
» publiques américaines sont solidaires les unes des
» autres, vous diront-ils ; si les républiques de l'Ouest
» tombaient dans l'anarchie ou subissaient le joug du
» despotisme, les institutions républicaines qui fleu-
» rissent sur les bords de l'océan Atlantique seraient
» en grand péril ; nous avons donc intérêt à ce que les
» nouveaux États soient religieux, afin qu'ils nous
» permettent de rester libres. »

Telles sont les opinions des Américains ; mais leur erreur est manifeste : car chaque jour on me prouve fort doctement que tout est bien en Amérique, excepté précisément cet esprit religieux que j'admire ; et j'apprends qu'il ne manque à la liberté et au bonheur de l'espèce humaine, de l'autre côté de l'Océan, que de croire avec Spinosa à l'éternité du monde, et de soutenir avec Cabanis que le cerveau sécrète la pensée. A cela je n'ai rien à répondre, en vérité, sinon que ceux qui tiennent ce langage n'ont pas été en Amérique, et n'ont pas plus vu de peuples religieux que de peuples libres. Je les attends donc au retour.

Il y a des gens en France qui considèrent les institutions républicaines comme l'instrument passager de leur grandeur. Ils mesurent des yeux l'espace immense qui sépare leurs vices et leurs misères de la puissance et des richesses, et ils voudraient entasser des ruines dans cet abîme pour essayer de le combler. Ceux-là sont à la liberté ce que les compagnies franches du moyen-âge étaient aux rois; ils font la guerre pour leur propre compte, alors même qu'ils portent ses couleurs : la république vivra toujours assez longtemps pour les tirer de leur bassesse présente. Ce n'est pas à eux que je parle; mais il en est d'autres qui voient dans la république un état permanent et tranquille, un but nécessaire vers lequel les idées et les mœurs entraînent chaque jour les sociétés modernes, et qui voudraient sincèrement préparer les hommes à être libres. Quand ceux-là attaquent les croyances religieuses, ils suivent leurs passions et non leurs intérêts. C'est le despotisme qui peut se passer de la foi, mais non la liberté. La religion est beaucoup plus nécessaire dans la république qu'ils préconisent, que dans la monarchie qu'ils attaquent, et dans les républiques démocratiques que dans toutes les autres. Comment la société pourrait-elle manquer de périr si, tandis que le lien politique se relâche, le lien moral ne se resserrait pas? et que faire d'un peuple maître de lui-même, s'il n'est pas soumis à Dieu?

DES PRINCIPALES CAUSES QUI RENDENT LA RELIGION PUISSANTE EN AMÉRIQUE.

Soins qu'ont pris les Américains de séparer l'Église de l'État. — Les lois, l'opinion publique, les efforts des prêtres eux-mêmes, concourent à ce résultat. — C'est à cette cause qu'il faut attribuer la puissance que la religion exerce sur les âmes aux États-Unis. — Pourquoi. — Quel est de nos jours l'état naturel des hommes en matière de religion. — Quelle cause particulière et accidentelle s'oppose, dans certains pays, à ce que les hommes se conforment à cet état.

Les philosophes du XVIIIe siècle expliquaient d'une façon toute simple l'affaiblissement graduel des croyances. Le zèle religieux, disaient-ils, doit s'éteindre à mesure que la liberté et les lumières augmentent. Il est fâcheux que les faits ne s'accordent point avec cette théorie.

Il y a telle population européenne dont l'incrédulité n'est égalée que par l'abrutissement et l'ignorance, tandis qu'en Amérique on voit l'un des peuples les plus libres et les plus éclairés du monde remplir avec ardeur tous les devoirs extérieurs de la religion.

A mon arrivée aux États-Unis, ce fut l'aspect religieux du pays qui frappa d'abord mes regards. A mesure que je prolongeais mon séjour, j'apercevais les grandes conséquences politiques qui découlaient de ces faits nouveaux.

J'avais vu parmi nous l'esprit de religion et l'esprit de liberté marcher presque toujours en sens contraire. Ici, je les retrouvais intimement unis l'un à l'autre : ils régnaient ensemble sur le même sol.

Chaque jour je sentais croître mon désir de connaître la cause de ce phénomène.

Pour l'apprendre, j'interrogeai les fidèles de toutes les communions; je recherchai surtout la société des prêtres, qui conservent le dépôt des différentes croyances et qui ont un intérêt personnel à leur durée. La religion que je professe me rapprochait particulièrement du clergé catholique, et je ne tardai point à lier une sorte d'intimité avec plusieurs de ses membres. A chacun d'eux j'exprimais mon étonnement et j'exposais mes doutes : je trouvai que tous ces hommes ne différaient entre eux que sur des détails; mais tous attribuaient principalement à la complète séparation de l'Église et de l'État l'empire paisible que la religion exerce en leur pays. Je ne crains pas d'affirmer que, pendant mon séjour en Amérique, je n'ai pas rencontré un seul homme, prêtre ou laïque, qui ne soit tombé d'accord sur ce point.

Ceci me conduisit à examiner plus attentivement que je ne l'avais fait jusqu'alors la position que les prêtres américains occupent dans la société politique. Je reconnus avec surprise qu'ils ne remplissent aucun emploi public (1). Je n'en vis pas un seul dans l'administration, et je découvris qu'ils n'étaient pas même représentés au sein des assemblées.

La loi, dans plusieurs États, leur avait fermé la carrière politique (2) ; l'opinion dans tous les autres.

Lorsqu'enfin je vins à rechercher quel était l'esprit du clergé lui-même, j'aperçus que la plupart de ses membres semblaient s'éloigner volontairement du

---

(1) A moins que l'on ne donne ce nom aux fonctions que beaucoup d'entre eux occupent dans les écoles. La plus grande partie de l'éducation est confiée au clergé.

(2) Voyez la constitution de New-York, art. 7, § 4.
Idem de la Caroline du Nord, art. 31.
Idem de la Virginie.
Idem de la Caroline du Sud, art. 1, § 23.
Idem du Kentucky, art. 2, § 26.
Idem du Tennessee, art. 1, § 28.
Idem de la Louisiane, art 2, § 22.

L'article de la constitution de New-York est ainsi conçu :

« Les ministres de l'Évangile étant par leur profession consacrés au
» service de Dieu, et livrés au soin de diriger les âmes, ne doivent
» point être troublés dans l'exercice de ces importants devoirs ; en con-
» séquence, aucun ministre de l'Évangile ou prêtre, à quelque secte
» qu'il appartienne, ne pourra être revêtu d'aucunes fonctions publi-
» ques, civiles ou militaires. »

pouvoir, et mettre une sorte d'orgueil de profession à y rester étrangers.

Je les entendis frapper d'anathème l'ambition et la mauvaise foi, quelles que fussent les opinions politiques dont elles prennent soin de se couvrir. Mais j'appris, en les écoutant, que les hommes ne peuvent être condamnables aux yeux de Dieu à cause de ces mêmes opinions, lorsqu'elles sont sincères, et qu'il n'y a pas plus de péché à errer en matière de gouvernement, qu'à se tromper sur la manière dont il faut bâtir sa demeure ou tracer son sillon.

Je les vis se séparer avec soin de tous les partis, et en fuir le contact avec toute l'ardeur de l'intérêt personnel.

Ces faits achevèrent de me prouver qu'on m'avait dit vrai. Alors je voulus remonter des faits aux causes : je me demandai comment il pouvait arriver qu'en diminuant la force apparente d'une religion, on vînt à augmenter sa puissance réelle, et je crus qu'il n'était pas impossible de le découvrir.

Jamais le court espace de soixante années ne renfermera toute l'imagination de l'homme; les joies incomplètes de ce monde ne suffiront jamais à son cœur. Seul entre tous les êtres, l'homme montre un dégoût naturel pour l'existence et un désir immense d'exister : il méprise la vie et craint le néant. Ces différents instincts poussent sans cesse son âme vers la contemplation d'un autre monde, et c'est la religion qui l'y conduit. La religion n'est donc qu'une forme particulière de l'espérance, et elle est aussi naturelle au cœur humain que l'espérance elle-même. C'est par une espèce d'aberration de l'intelligence, et à l'aide d'une sorte de violence morale exercée sur leur propre nature, que les hommes s'éloignent des croyances religieuses; une pente invincible les y ramène. L'incrédulité est un accident; la foi seule est l'état permanent de l'humanité.

En ne considérant les religions que sous un point de vue purement humain, on peut donc dire que toutes les religions puisent dans l'homme lui-même un élément de force qui ne saurait jamais leur manquer, parce qu'il tient à l'un des principes constitutifs de la nature humaine.

Je sais qu'il y a des temps où la religion peut ajouter à cette influence qui lui est propre la puissance artificielle des lois et l'appui des pouvoirs matériels qui dirigent la société. On a vu des religions intimement unies aux gouvernements de la terre, dominer en même temps les âmes par la terreur et par la foi : mais lorsqu'une religion contracte une semblable alliance, je ne crains pas de le dire, elle agit comme pourrait le faire un homme ; elle sacrifie l'avenir en vue du présent, et en obtenant une puissance qui ne lui est point due, elle expose son légitime pouvoir.

Lorsqu'une religion ne cherche à fonder son empire que sur le désir d'immortalité qui tourmente également le cœur de tous les hommes, elle peut viser à l'universalité; mais quand elle vient à s'unir à un gouvernement, il lui faut adopter des maximes qui ne sont applicables qu'à certains peuples. Ainsi donc, en s'alliant à un pouvoir politique, la religion augmente sa puissance sur quelques uns, et perd l'espérance de régner sur tous.

Tant qu'une religion ne s'appuie que sur des sentiments qui sont la consolation de toutes les misères, elle peut attirer à elle le cœur du genre humain. Mêlée aux passions amères de ce monde, on la contraint quelquefois à défendre des alliés que lui a donnés l'intérêt plutôt que l'amour; et il lui faut repousser comme adversaires des hommes qui souvent l'aiment encore, tout en combattant ceux auxquels elle s'est unie. La religion ne saurait donc partager la force matérielle des gouvernants, sans se charger d'une partie des haines qu'ils font naître.

Les puissances politiques qui paraissent le mieux établies n'ont pour garantie de leur durée que les opinions d'une génération, les intérêts d'un siècle, souvent la vie d'un homme. Une loi peut modifier l'état social qui semble le plus définitif et le mieux affermi, et avec lui tout change.

Les pouvoirs de la société sont tous plus ou moins fugitifs, ainsi que nos années sur la terre; ils se succèdent avec rapidité comme les divers soins de la vie; et l'on n'a jamais vu de gouvernement qui se soit appuyé sur une disposition invariable du cœur humain, ni qui ait pu se fonder sur un intérêt immortel.

Aussi long-temps qu'une religion trouve sa force dans des sentiments, des instincts, des passions qu'on voit se reproduire de la même manière à toutes les époques de l'histoire, elle brave l'effort du temps, ou du moins elle ne saurait être détruite que par une autre religion. Mais quand la religion veut s'appuyer sur les intérêts de ce monde, elle devient presque aussi fragile que toutes les puissances de la terre. Seule elle peut espérer l'immortalité; liée à des pouvoirs éphémères, elle suit leur fortune, et tombe souvent avec les passions d'un jour qui les soutiennent.

En s'unissant aux différentes puissances politiques, la religion ne saurait donc contracter qu'une alliance onéreuse. Elle n'a pas besoin de leurs secours pour vivre, et en les servant elle peut mourir.

Le danger que je viens de signaler existe dans tous les temps, mais il n'est pas toujours aussi visible.

Il est des siècles où les gouvernements paraissent immortels, et d'autres où l'on dirait que l'existence de la société est plus fragile que celle d'un homme.

Certaines constitutions maintiennent les citoyens dans une sorte de sommeil léthargique, et d'autres les livrent à une agitation fébrile.

Quand les gouvernements semblent si forts et les lois si stables, les hommes n'aperçoivent point le danger que peut courir la religion en s'unissant au pouvoir.

Quand les gouvernements se montrent si faibles et les lois si changeantes, le péril frappe tous les regards, mais souvent alors il n'est plus temps de s'y soustraire. Il faut donc apprendre à l'apercevoir de loin.

A mesure qu'une nation prend un état social démocratique, et qu'on voit les sociétés pencher vers la république, il devient de plus en plus dangereux d'unir la religion à l'autorité ; car les temps approchent où la puissance va passer de main en main, où les théories politiques se succéderont, où les hommes, les lois, les constitutions elles-mêmes disparaîtront ou se modifieront chaque jour, et cela non durant un temps, mais sans cesse. L'agitation et l'instabilité tiennent à la nature des républiques démocratiques, comme l'immobilité et le sommeil forment la loi des monarchies absolues.

Si les Américains, qui changent le siége de l'État tous les quatre ans, qui tous les deux ans font choix de nouveaux législateurs, et remplacent les administrateurs provinciaux chaque année; si les Américains, qui ont livré le monde politique aux essais des novateurs, n'avaient point placé leur religion quelque part en dehors de lui, à quoi pourrait-elle se tenir dans le flux et reflux des opinions humaines? Au milieu de la lutte des partis, où serait le respect qui lui est dû? Que deviendrait son immortalité quand tout périrait autour d'elle?

Les prêtres américains ont aperçu cette vérité avant tous les autres, et ils y conforment leur conduite. Ils ont vu qu'il fallait renoncer à l'influence religieuse, s'ils voulaient acquérir une puissance politique, et ils ont préféré perdre l'appui du pouvoir que partager ses vicissitudes.

En Amérique, la religion est peut-être moins puissante qu'elle ne l'a été dans certains temps et chez certains peuples, mais son influence est plus durable. Elle s'est réduite à ses propres forces, que nul ne saurait lui enlever; elle n'agit que dans un cercle unique, mais elle le parcourt tout entier et y domine sans efforts.

J'entends en Europe des voix qui s'élèvent de toutes parts; on déplore l'absence des croyances, et l'on se demande quel est le moyen de rendre à la religion quelque reste de son ancien pouvoir.

Il me semble qu'il faut d'abord rechercher attentivement quel devrait être, de nos jours, l'*état naturel* des hommes en matière de religion. Connaissant alors ce que nous pouvons espérer et avons à craindre, nous apercevrions clairement le but vers lequel doivent tendre nos efforts.

Deux grands dangers menacent l'existence des religions : les schismes et l'indifférence.

Dans les siècles de ferveur, il arrive quelquefois aux hommes d'abandonner leur religion, mais ils n'échappent à son joug que pour se soumettre à celui d'une autre. La foi change d'objet, elle ne meurt point. L'ancienne religion excite alors dans tous les cœurs d'ardents amours ou d'implacables haines ; les uns la quittent avec colère, les autres s'y attachent avec une nouvelle ardeur : les croyances diffèrent, l'irréligion est inconnue.

Mais il n'en est point de même lorsqu'une croyance religieuse est sourdement minée par des doctrines que j'appellerai négatives, puisqu'en affirmant la fausseté d'une religion elles n'établissent la vérité d'aucune autre.

Alors il s'opère de prodigieuses révolutions dans l'esprit humain, sans que l'homme ait l'air d'y aider par ses passions, et pour ainsi dire sans qu'il s'en doute. On voit des hommes qui laissent échapper, comme par oubli, l'objet de leurs plus chères espérances. Entraînés par un courant insensible contre lequel ils n'ont pas le courage de lutter, et auquel pourtant ils cèdent à regret, ils abandonnent la foi qu'ils aiment pour suivre le doute qui les conduit au désespoir.

Dans les siècles que nous venons de décrire, on délaisse ces croyances par froideur plutôt que par haine; on ne les rejette point, elles vous quittent. En cessant de croire la religion vraie, l'incrédule continue à la juger utile. Considérant les croyances religieuses sous un aspect humain, il reconnaît leur empire sur les mœurs, leur influence sur les lois. Il comprend comment elles peuvent faire vivre les hommes en paix et les préparer doucement à la mort. Il regrette donc la foi après l'avoir perdue, et privé d'un bien dont il sait tout le prix, il craint de l'enlever à ceux qui le possèdent encore.

De son côté, celui qui continue à croire ne craint point d'exposer sa foi à tous les regards. Dans ceux qui ne partagent point ses espérances, il voit des malheureux plutôt que des adversaires; il sait qu'il peut conquérir leur estime sans suivre leur exemple; il n'est donc en guerre avec personne; et ne considérant point la société dans laquelle il vit comme une arène où la religion doit lutter sans cesse contre mille ennemis acharnés, il aime ses contemporains en même temps qu'il condamne leurs faiblesses et s'afflige de leurs erreurs.

Ceux qui ne croient pas, cachant leur incrédulité, et ceux qui croient, montrant leur foi, il se fait une opinion publique en faveur de la religion; on l'aime, on la soutient, on l'honore, et il faut pénétrer jusqu'au fond des âmes pour découvrir les blessures qu'elle a reçues.

La masse des hommes, que le sentiment religieux n'abandonne jamais, ne voit rien alors qui l'écarte des croyances établies. L'instinct d'une autre vie la conduit sans peine au pied des autels et livre son cœur aux préceptes et aux consolations de la foi.

Pourquoi ce tableau ne nous est-il pas applicable?

J'aperçois parmi nous des hommes qui ont cessé de croire au christianisme sans s'attacher à aucune religion.

J'en vois d'autres qui sont arrêtés dans le doute, et feignent déjà de ne plus croire.

Plus loin, je rencontre des chrétiens qui croient encore et n'osent le dire.

Au milieu de ces tièdes amis et de ces ardents adversaires, je découvre enfin un petit nombre de fidèles prêts à braver tous les obstacles et à mépriser tous les dangers pour leurs croyances. Ceux-là ont fait violence à la faiblesse humaine pour s'élever au-dessus de la commune opinion. Entraînés par cet effort même, ils ne savent plus précisément où ils doivent s'arrêter. Comme ils ont vu que, dans leur patrie, le premier usage que l'homme a fait de l'indépendance a été d'attaquer la religion, ils redoutent leurs contemporains, et s'écartent avec terreur de la liberté que ceux-ci poursuivent. L'incrédulité leur paraissant une chose nouvelle, ils enveloppent dans une même haine tout ce qui est nouveau. Ils sont donc en guerre avec leur siècle et leur pays, et dans chacune des opinions qu'on y professe ils voient une ennemie nécessaire de la foi.

Tel ne devrait pas être de nos jours l'état naturel des hommes en matière de religion.

Il se rencontre donc parmi nous une cause accidentelle et particulière qui empêche l'esprit humain de suivre sa pente, et le pousse au-delà des limites dans lesquelles il doit naturellement s'arrêter.

Je suis profondément convaincu que cette cause particulière et accidentelle est l'union intime de la politique et de la religion.

Les incrédules d'Europe poursuivent les chrétiens comme des ennemis politiques, plutôt que comme des adversaires religieux : ils haïssent la foi comme l'opinion d'un parti, bien plus que comme une croyance erronée; et c'est moins le représentant de Dieu qu'ils repoussent dans le prêtre, que l'ami du pouvoir.

En Europe, le christianisme a permis qu'on l'unît intimement aux puissances de la terre. Aujourd'hui ces puissances tombent, et il est comme enseveli sous leurs débris. C'est un vivant qu'on a voulu attacher à des morts : coupez les liens qui le retiennent, et il se relève.

J'ignore ce qu'il faudrait faire pour rendre au christianisme d'Europe l'énergie de la jeunesse. Dieu seul le pourrait; mais du moins il dépend des hommes de laisser à la foi l'usage de toutes les forces qu'elle conserve encore.

COMMENT LES LUMIÈRES, LES HABITUDES, ET L'EXPÉRIENCE PRATIQUE DES AMÉRICAINS CONTRIBUENT AU SUCCÈS DES INSTITUTIONS DÉMOCRATIQUES.

Ce qu'on doit entendre par les lumières du peuple américain. — L'esprit humain a reçu aux États-Unis une culture moins profonde qu'en Europe. — Mais personne n'est resté dans l'ignorance. — Pourquoi. — Rapidité avec laquelle la pensée circule dans les États à moitié déserts de l'Ouest. — Comment l'expérience pratique sert plus encore aux Américains que les connaissances littéraires.

Dans mille endroits de cet ouvrage, j'ai fait remarquer aux lecteurs quelle était l'influence exercée par les lumières et les habitudes des Américains sur le maintien de leurs institutions politiques. Il me reste donc maintenant peu de choses nouvelles à dire.

L'Amérique n'a eu jusqu'à présent qu'un très petit nombre d'écrivains remarquables; elle n'a pas de grands historiens et ne compte pas un poëte. Ses habitants voient la littérature proprement dite avec une sorte de défaveur; et il y a telle ville du troisième ordre en Europe qui publie chaque année plus d'œuvres littéraires que les vingt-quatre États de l'Union pris ensemble.

L'esprit américain s'écarte des idées générales; il ne se dirige point vers les découvertes théoriques. La politique elle-même et l'industrie ne sauraient l'y porter. Aux États-Unis, on fait sans cesse des lois nouvelles; mais il ne s'est point encore trouvé de grands écrivains pour y rechercher les principes généraux des lois.

Les Américains ont des jurisconsultes et des commentateurs, les publicistes leur manquent; et en politique ils donnent au monde des exemples plutôt que des leçons.

Il en est de même pour les arts mécaniques.

En Amérique, on applique avec sagacité les inventions de l'Europe, et après les avoir perfectionnées, on les adapte merveilleusement aux besoins du pays. Les hommes y sont industrieux, mais ils n'y cultivent pas la science de l'industrie. On y trouve de bons ouvriers et peu d'inventeurs. Fulton colporta long-temps son génie chez les peuples étrangers avant de pouvoir le consacrer à son pays.

Celui qui veut juger quel est l'état des lumières parmi les Anglo-Américains, est donc exposé à voir le même objet sous deux différents aspects. S'il ne fait attention qu'aux savants, il s'étonnera de leur petit nombre; et s'il compte les ignorants, le peuple américain lui semblera le plus éclairé de la terre.

La population tout entière se trouve placée entre ces deux extrêmes : je l'ai déjà dit ailleurs.

Dans la Nouvelle-Angleterre, chaque citoyen reçoit les notions élémentaires des connaissances humaines; il apprend en outre quelles sont les doctrines et les preuves de sa religion : on lui fait connaître l'histoire de sa patrie et les traits principaux de la constitution qui la régit. Dans le Connecticut et le Massachusetts, il est fort rare de trouver un homme qui ne sache qu'imparfaitement toutes ces choses, et celui qui les ignore absolument est en quelque sorte un phénomène.

Quand je compare les républiques grecques et romaines à ces républiques d'Amérique, les bibliothèques manuscrites des premières et leur populace grossière, aux mille journaux qui sillonnent les secondes et au peuple éclairé qui les habite; lorsque ensuite je songe à tous les efforts qu'on fait encore pour juger de l'un à l'aide des autres, et prévoir, par ce qui est arrivé il y a deux mille ans, ce qui arrivera de nos jours, je suis tenté de brûler mes livres, afin de n'appliquer que des idées nouvelles à un état social si nouveau.

Il ne faut pas, du reste, étendre indistinctement à toute l'Union ce que je dis de la Nouvelle-Angleterre. Plus on s'avance à l'ouest ou vers le midi, plus l'instruction du peuple diminue. Dans les États qui avoisinent le golfe du Mexique, il se trouve, ainsi que parmi nous, un certain nombre d'individus qui sont étrangers aux éléments des connaissances humaines; mais on chercherait vainement, aux États-Unis, un seul canton qui fût resté plongé dans l'ignorance. La raison en est simple: les peuples de l'Europe sont partis des ténèbres et de la barbarie pour s'avancer vers la civilisation et vers les lumières. Leur progrès ont été inégaux: les uns ont couru dans cette carrière, les autres n'ont fait en quelque sorte qu'y marcher; plusieurs se sont arrêtés, et ils dorment encore sur le chemin.

Il n'en a point été de même aux États-Unis.

Les Anglo-Américains sont arrivés tout civilisés sur le sol que leur postérité occupe; ils n'ont point eu à apprendre, il leur a suffi de ne pas oublier. Or, ce sont les fils de ces mêmes Américains qui, chaque année, transportent dans le désert, avec leur demeure, les connaissances déjà acquises et l'estime du savoir. L'éducation leur a fait sentir l'utilité des lumières, et les a mis en état de transmettre ces mêmes lumières à leurs descendants. Aux États-Unis, la société n'a donc point d'enfance; elle naît à l'âge viril.

Les Américains ne font aucun usage du mot de paysan; ils n'emploient pas le mot, parce qu'ils n'ont pas l'idée; l'ignorance des premiers âges, la simplicité des champs, la rusticité du village, ne se sont point conservés parmi eux, et ils ne conçoivent ni les vertus, ni les vices, ni les habitudes grossières, ni les grâces naïves d'une civilisation naissante.

Aux extrêmes limites des États confédérés, sur les confins de la société et du désert, se tient une population de hardis aventuriers qui, pour fuir la pauvreté prête à les atteindre sous le toit paternel, n'ont pas craint de s'enfoncer dans les solitudes de l'Amérique et d'y chercher une nouvelle patrie. A peine arrivé sur le lieu qui doit lui servir d'asile, le pionnier abat quelques arbres à la hâte, et élève une cabane sous la feuillée. Il n'y a rien qui offre un aspect plus misérable que ces demeures isolées. Le voyageur qui s'en approche vers le soir aperçoit de loin reluire, à travers les murs, la flamme du foyer; et la nuit, si le vent vient à s'élever, il entend le toit de feuillage s'agiter avec bruit au milieu des arbres de la forêt. Qui ne croirait que cette pauvre chaumière sert d'asile à la grossièreté et à l'ignorance? Il ne faut pourtant établir aucuns rapports entre le pionnier et le lieu qui lui sert d'asile. Tout est primitif et sauvage autour de lui, mais lui est pour ainsi dire le résultat de dix-huit siècles de travaux et d'expérience. Il porte le vêtement des villes, en parle la langue; sait le passé, est curieux de l'avenir, argumente sur le présent;

c'est un homme très civilisé, qui, pour un temps, se soumet à vivre au milieu des bois, et qui s'enfonce dans les déserts du Nouveau-Monde avec la Bible, une hache et des journaux.

Il est difficile de se figurer avec quelle incroyable rapidité la pensée circule dans le sein de ces déserts (1).

Je ne crois point qu'il se fasse un aussi grand mouvement intellectuel dans les cantons de France les plus éclairés et les plus peuplés (2).

On ne saurait douter qu'aux États-Unis l'instruction du peuple ne serve puissamment au maintien de la république démocratique. Il en sera ainsi, je pense, partout où l'on ne séparera point l'instruction qui éclaire l'esprit, de l'éducation qui règle les mœurs.

(1) J'ai parcouru une partie des frontières des États-Unis sur une espèce de charrette découverte qu'on appelait la malle. Nous marchions grand train nuit et jour par des chemins à peine frayés au milieu d'immenses forêts d'arbres verts ; lorsque l'obscurité devenait impénétrable, mon conducteur allumait des branches de mélèze, et nous continuions notre route à leur clarté. De loin en loin on rencontrait une chaumière au milieu des bois : c'était l'hôtel de la poste. Le courrier jetait à la porte de cette demeure isolée un énorme paquet de lettres, et nous reprenions notre course au galop, laissant à chaque habitant du voisinage le soin de venir chercher sa part du trésor.

(1) En 1832, chaque habitant du Michigan a fourni 1 fr. 22 c. à la taxe des lettres, et chaque habitant des Florides 1 fr. 5 c. (Voyez *National Calendar*, 1833, p. 244.) Dans la même année, chaque habitant du département du Nord a payé à l'État, pour le même objet, 1 fr. 4 c. (Voyez *Compte général de l'administration des finances*, 1833, p. 623.) Or, le Michigan ne comptait encore à cette époque que sept habitants par lieue carrée, et la Floride, cinq : l'instruction était moins répandue et l'activité moins grande dans ces deux districts que dans la plupart des États de l'Union, tandis que le département du Nord, qui renferme 3,400 individus par lieue carrée, forme une des portions les plus éclairées et les plus industrielles de France.

Toutefois, je ne m'exagère point cet avantage, et je suis plus loin encore de croire, ainsi qu'un grand nombre de gens en Europe, qu'il suffise d'apprendre aux hommes à lire et à écrire pour en faire aussitôt des citoyens.

Les véritables lumières naissent principalement de l'expérience, et si l'on n'avait pas habitué peu à peu les Américains à se gouverner eux-mêmes, les connaissances littéraires qu'ils possèdent ne leur seraient point aujourd'hui d'un grand secours pour y réussir.

J'ai beaucoup vécu avec le peuple aux États-Unis, et je ne saurais dire combien j'ai admiré son expérience et son bon sens.

N'amenez pas l'Américain à parler de l'Europe; il montrera d'ordinaire une grande présomption et un assez sot orgueil. Il se contentera de ces idées générales et indéfinies qui, dans tous les pays, sont d'un si grand secours aux ignorants. Mais interrogez-le sur son pays, et vous verrez se dissiper tout-à-coup le nuage qui enveloppait son intelligence : son langage deviendra clair, net et précis, comme sa pensée. Il vous apprendra quels sont ses droits et de quels moyens il doit se servir pour les exercer; il saura suivant quels usages se mène le monde politique. Vous apercevrez que les règles de l'administration lui sont connues, et qu'il s'est rendu familier le mécanisme des lois. L'habitant des États-Unis n'a pas puisé dans les livres ces connaissances pratiques et ces notions positives : son éducation littéraire a pu le préparer à les recevoir, mais ne les lui a point fournies.

C'est en participant à la législation que l'Américain

apprend à connaître les lois ; c'est en gouvernant qu'il s'instruit des formes du gouvernement. Le grand œuvre de la société s'accomplit chaque jour sous ses yeux, et pour ainsi dire dans ses mains.

Aux États-Unis, l'ensemble de l'éducation des hommes est dirigé vers la politique ; en Europe, son but principal est de préparer à la vie privée. L'action des citoyens dans les affaires est un fait trop rare pour être prévu d'avance.

Dès qu'on jette les regards sur les deux sociétés, ces différences se révèlent jusque dans leur aspect extérieur.

En Europe, nous faisons souvent entrer les idées et les habitudes de l'existence privée dans la vie publique, et comme il nous arrive de passer tout-à-coup de l'intérieur de la famille au gouvernement de l'État, on nous voit souvent discuter les grands intérêts de la société de la même manière que nous conversons avec nos amis.

Ce sont au contraire les habitudes de la vie publique que les Américains transportent presque toujours dans la vie privée. Chez eux, l'idée du jury se découvre parmi les jeux de l'école, et l'on retrouve les formes parlementaires jusque dans l'ordre d'un banquet.

QUE LES LOIS SERVENT PLUS AU MAINTIEN DE LA RÉPUBLIQUE DÉMOCRATIQUE AUX ÉTATS-UNIS QUE LES CAUSES PHYSIQUES, ET LES MOEURS PLUS QUE LES LOIS.

Tous les peuples de l'Amérique ont un état social démocratique. — Cependant les institutions démocratiques ne se soutiennent que chez les Anglo-Américains. — Les Espagnols de l'Amérique du Sud, aussi favorisés par la nature physique que les Anglo-Américains, ne peuvent supporter la république démocratique. — Le Mexique, qui a adopté la constitution des États-Unis, ne le peut. — Les Anglo-Américains de l'Ouest la supportent avec plus de peine que ceux de l'Est. — Raisons de ces différences.

J'ai dit qu'il fallait attribuer le maintien des institutions démocratiques des États-Unis aux circonstances, aux lois et aux moeurs (1).

La plupart des Européens ne connaissent que la première de ces trois causes, et ils lui donnent une importance prépondérante qu'elle n'a pas.

Il est vrai que les Anglo-Américains ont apporté dans le Nouveau-Monde l'égalité des conditions. Jamais on ne rencontra parmi eux ni roturiers ni nobles; les préjugés de naissance y ont toujours été aussi inconnus que les préjugés de profession. L'état social se trouvant ainsi démocratique, la démocratie n'eut pas de peine à établir son empire.

Mais ce fait n'est point particulier aux États-Unis; presque toutes les colonies d'Amérique ont été fondées par des hommes égaux entre eux ou qui le sont devenus en les habitant. Il n'y a pas une seule partie du Nouveau-Monde où les Européens aient pu créer une aristocratie.

(1) Je rappelle ici au lecteur le sens général dans lequel je prends le mot *moeurs*; j'entends par ce mot l'ensemble des dispositions intellectuelles et morales que les hommes apportent dans l'état de société.

Cependant les institutions démocratiques ne prospèrent qu'aux États-Unis.

L'Union américaine n'a point d'ennemis à combattre. Elle est seule au milieu des déserts comme une île au sein de l'Océan.

Mais la nature avait isolé de la même manière les Espagnols de l'Amérique du Sud, et cet isolement ne les a pas empêchés d'entretenir des armées. Ils se sont fait la guerre entre eux quand les étrangers leur ont manqué. Il n'y a que la démocratie anglo-américaine qui, jusqu'à présent, ait pu se maintenir en paix.

Le territoire de l'Union présente un champ sans bornes à l'activité humaine; il offre un aliment inépuisable à l'industrie et au travail. L'amour des richesses y prend donc la place de l'ambition, et le bien-être y éteint l'ardeur des partis.

Mais dans quelle portion du monde rencontre-t-on des déserts plus fertiles, de plus grands fleuves, des richesses plus intactes et plus inépuisables que dans l'Amérique du Sud? Cependant l'Amérique du Sud ne peut supporter la démocratie. S'il suffisait aux peuples pour être heureux d'avoir été placés dans un coin de l'univers, et de pouvoir s'étendre à volonté sur les terres inhabitées, les Espagnols de l'Amérique méridionale n'auraient pas à se plaindre de leur sort. Et quand ils ne jouiraient point du même bonheur que les habitants des États-Unis, ils devraient du moins se faire envier des peuples de l'Europe. Il n'y a cependant pas sur la terre de nations plus misérables que celles de l'Amérique du Sud.

Ainsi, non seulement les causes physiques ne peuvent amener des résultats analogues chez les Américains du Sud et ceux du Nord, mais elles ne sauraient même produire chez les premiers quelque chose qui ne fût pas inférieur à ce qu'on voit en Europe, où elles agissent en sens contraire.

Les causes physiques n'influent donc pas autant qu'on le suppose sur la destinée des nations.

J'ai rencontré des hommes de la Nouvelle-Angleterre prêts à abandonner une patrie où ils auraient pu trouver l'aisance, pour aller chercher la fortune au désert. Près de là, j'ai vu la population française du Canada se presser dans un espace trop étroit pour elle, lorsque le même désert était proche; et tandis que l'émigrant des États-Unis acquérait avec le prix de quelques journées de travail un grand domaine, le Canadien payait la terre aussi cher que s'il eût encore habité la France.

Ainsi la nature, en livrant aux Européens les solitudes du Nouveau-Monde, leur offre des biens dont ils ne savent pas toujours se servir.

J'aperçois chez d'autres peuples de l'Amérique les mêmes conditions de prospérité que chez les Anglo-Américains, moins leurs lois et leurs mœurs; et ces peuples sont misérables. Les lois et les mœurs des Anglo-Américains forment donc la raison spéciale de leur grandeur et la cause prédominante que je cherche.

Je suis loin de prétendre qu'il y ait une bonté absolue dans les lois américaines : je ne crois point qu'elles soient applicables à tous les peuples démocratiques; et, parmi elles, il en est plusieurs qui, aux États-Unis même, me semblent dangereuses.

Cependant on ne saurait nier que la législation des

Américains, prise dans son ensemble, ne soit bien adaptée au génie du peuple qu'elle doit régir et à la nature du pays.

Les lois américaines sont donc bonnes, et il faut leur attribuer une grande part dans le succès qu'obtient en Amérique le gouvernement de la démocratie; mais je ne pense pas qu'elles en soient la cause principale. Et si elles me paraissent avoir plus d'influence sur le bonheur social des Américains que la nature même du pays, d'un autre côté j'aperçois des raisons de croire qu'elles en exercent moins que les mœurs.

Les lois fédérales forment assurément la portion la plus importante de la législation des États-Unis.

Le Mexique, qui est aussi heureusement situé que l'Union anglo-américaine, s'est approprié ces mêmes lois, et il ne peut s'habituer au gouvernement de la démocratie.

Il y a donc une raison indépendante des causes physiques et des lois, qui fait que la démocratie peut gouverner les États-Unis.

Mais voici qui prouve plus encore. Presque tous les hommes qui habitent le territoire de l'Union sont issus du même sang. Ils parlent la même langue, prient Dieu de la même manière, sont soumis aux mêmes causes matérielles, obéissent aux mêmes lois.

D'où naissent donc les différences qu'il faut observer entre eux?

Pourquoi, à l'est de l'Union, le gouvernement républicain se montre-t-il fort et régulier, et procède-t-il avec maturité et lenteur? Quelle cause imprime à tous ses actes un caractère de sagesse et de durée?

D'où vient, au contraire, qu'à l'ouest les pouvoirs de la société semblent marcher au hasard?

Pourquoi y règne-t-il dans le mouvement des affaires quelque chose de désordonné, de passionné, on pourrait presque dire de fébrile, qui n'annonce point un long avenir?

Je ne compare plus les Anglo-Américains à des peuples étrangers; j'oppose maintenant les Anglo-Américains les uns aux autres, et je cherche pourquoi ils ne se ressemblent pas. Ici tous les arguments tirés de la nature du pays et de la différence des lois me manquent en même temps. Il faut recourir à quelque autre cause; et cette cause, où la découvrirai-je, sinon dans les mœurs?

C'est à l'est que les Anglo-Américains ont contracté le plus long usage du gouvernement de la démocratie, et qu'ils ont formé les habitudes et conçu les idées les plus favorables à son maintien. La démocratie y a peu à peu pénétré dans les usages, dans les opinions, dans les formes; on la retrouve dans tout le détail de la vie sociale comme dans les lois. C'est à l'est que l'instruction littéraire et l'éducation pratique du peuple ont été le plus perfectionnées et que la religion s'est le mieux entremêlée à la liberté. Qu'est-ce que toutes ces habitudes, ces opinions, ces usages, ces croyances, sinon ce que j'ai appelé des mœurs?

A l'ouest, au contraire, une partie des mêmes avantages manque encore. Beaucoup d'Américains des États de l'Ouest sont nés dans les bois, et ils mêlent à la civilisation de leurs pères les idées et les coutumes de la vie sauvage. Parmi eux, les passions sont plus violentes, la morale religieuse moins puissante, les idées moins arrêtées. Les hommes n'y exercent aucun contrôle les uns sur les autres, car ils se connaissent à peine. Les nations de l'Ouest montrent donc, jusqu'à un certain point, l'inexpérience et les habitudes déréglées des peuples naissants. Cependant les sociétés, dans l'Ouest, sont formées d'éléments anciens; mais l'assemblage est nouveau.

Ce sont donc particulièrement les mœurs qui rendent les Américains des États-Unis, seuls entre tous les Américains, capables de supporter l'empire de la démocratie; et ce sont elles encore qui font que les diverses démocraties anglo-américaines sont plus ou moins réglées et prospères.

Ainsi, l'on s'exagère en Europe l'influence qu'exerce la position géographique du pays sur la durée des institutions démocratiques. On attribue trop d'importance aux lois, trop peu aux mœurs. Ces trois grandes causes servent sans doute à régler et à diriger la démocratie américaine; mais s'il fallait les classer, je dirais que les causes physiques y contribuent moins que les lois, et les lois infiniment moins que les mœurs.

Je suis convaincu que la situation la plus heureuse et les meilleures lois ne peuvent maintenir une constitution en dépit des mœurs, tandis que celles-ci tirent encore parti des positions les plus défavorables et des plus mauvaises lois. L'importance des mœurs est une vérité commune à laquelle l'étude et l'expérience ramènent sans cesse. Il me semble que je la trouve placée dans mon esprit comme un point central; je l'aperçois au bout de toutes mes idées.

Je n'ai plus qu'un mot à dire sur ce sujet.

Si je ne suis point parvenu à faire sentir au lecteur

dans le cours de cet ouvrage l'importance que j'attribuais à l'expérience pratique des Américains, à leurs habitudes, à leurs opinions, en un mot à leurs mœurs, dans le maintien de leurs lois, j'ai manqué le but principal que je me proposais en l'écrivant.

LES LOIS ET LES MŒURS SUFFIRAIENT-ELLES POUR MAINTENIR LES INSTITUTIONS DÉMOCRATIQUES AUTRE PART QU'EN AMÉRIQUE ?

Les Anglo-Américains, transportés en Europe, seraient obligés d'y modifier leurs lois. — Il faut distinguer entre les institutions démocratiques et les institutions américaines. — On peut concevoir des lois démocratiques meilleures ou du moins différentes de celles que s'est données la démocratie américaine. — L'exemple de l'Amérique prouve seulement qu'il ne faut pas désespérer, à l'aide des lois et des mœurs, de régler la démocratie.

J'ai dit que le succès des institutions démocratiques aux États-Unis tenait aux lois elles-mêmes et aux mœurs plus qu'à la nature du pays.

Mais s'ensuit-il que ces mêmes causes transportées ailleurs eussent seules la même puissance, et si le pays ne peut pas tenir lieu des lois et des mœurs, les lois et les mœurs, à leur tour, peuvent-elles tenir lieu du pays ?

Ici l'on concevra sans peine que les éléments de preuves nous manquent : on rencontre dans le Nouveau-Monde d'autres peuples que les Anglo-Américains, et ces peuples étant soumis aux mêmes causes matérielles que ceux-ci, j'ai pu les comparer entre eux.

Mais hors de l'Amérique il n'y a point de nations

qui, privées des mêmes avantages physiques que les Anglo-Américains, aient cependant adopté leurs lois et leurs mœurs.

Ainsi nous n'avons point d'objet de comparaison en cette matière ; on ne peut que hasarder des opinions.

Il me semble d'abord qu'il faut distinguer soigneusement les institutions des États-Unis d'avec les institutions démocratiques en général.

Quand je songe à l'état de l'Europe, à ses grands peuples, à ses populeuses cités, à ses formidables armées, aux complications de sa politique, je ne saurais croire que les Anglo-Américains eux-mêmes, transportés avec leurs idées, leur religion, leurs mœurs, sur notre sol, pussent y vivre sans y modifier considérablement leurs lois.

Mais on peut supposer un peuple démocratique organisé d'une autre manière que le peuple américain.

Est-il donc impossible de concevoir un gouvernement fondé sur les volontés réelles de la majorité, mais où la majorité, faisant violence aux instincts d'égalité qui lui sont naturels, en faveur de l'ordre et de la stabilité de l'État, consentirait à revêtir de toutes les attributions du pouvoir exécutif une famille ou un homme ? Ne saurait-on imaginer une société démocratique où les forces nationales seraient plus centralisées qu'aux États-Unis, où le peuple exercerait un empire moins direct et moins irrésistible sur les affaires générales, et où cependant chaque citoyen, revêtu de certains droits, prendrait part, dans sa sphère, à la marche du gouvernement ?

Ce que j'ai vu chez les Anglo-Américains me porte à croire que des institutions démocratiques de cette nature, introduites prudemment dans la société, qui s'y mêleraient peu à peu aux habitudes, et s'y fondraient graduellement avec les opinions mêmes du peuple, pourraient subsister ailleurs qu'en Amérique.

Si les lois des États-Unis étaient les seules lois démocratiques qu'on doive imaginer, ou les plus parfaites qu'il soit possible de rencontrer, je conçois qu'on pût en conclure que le succès des lois des États-Unis ne prouve rien pour le succès des lois démocratiques en général, dans un pays moins favorisé de la nature.

Mais si les lois des Américains me paraissent défectueuses en beaucoup de points, et qu'il me soit aisé de les concevoir autres, la nature spéciale du pays ne me prouve point que des institutions démocratiques ne puissent réussir chez un peuple où les circonstances physiques se trouvant moins favorables, les lois seraient meilleures.

Si les hommes se montraient différents en Amérique de ce qu'ils sont ailleurs; si leur état social faisait naître chez eux des habitudes et des opinions contraires à celles qui naissent en Europe de ce même état social, ce qui se passe dans les démocraties américaines n'apprendrait rien sur ce qui doit se passer dans les autres démocraties.

Si les Américains montraient les mêmes penchants que tous les autres peuples démocratiques, et que leurs législateurs s'en fussent rapportés à la nature du pays et à la faveur des circonstances pour contenir ces penchants dans de justes limites, la prospérité des États-Unis devant être attribuée à des causes purement physiques, ne prouverait rien en faveur des peuples qui voudraient suivre leurs exemples sans avoir leurs avantages naturels.

Mais ni l'une ni l'autre de ces suppositions ne se trouvent vérifiées par les faits.

J'ai rencontré en Amérique des passions analogues à celles que nous voyons en Europe : les unes tenaient à la nature même du cœur humain; les autres, à l'état démocratique de la société.

C'est ainsi que j'ai retrouvé aux États-Unis l'inquiétude du cœur, qui est naturelle aux hommes quand, toutes les conditions étant à peu près égales, chacun voit les mêmes chances de s'élever. J'y ai rencontré le sentiment démocratique de l'envie exprimé de mille manières différentes. J'ai remarqué que le peuple y montrait souvent, dans la conduite des affaires, un grand mélange de présomption et d'ignorance; et j'en ai conclu qu'en Amérique comme parmi nous, les hommes étaient sujets aux mêmes imperfections et exposés aux mêmes misères.

Mais quand je vins à examiner attentivement l'état de la société, je découvris sans peine que les Américains avaient fait de grands et heureux efforts pour combattre ces faiblesses du cœur humain et corriger ces défauts naturels de la démocratie.

Leurs diverses lois municipales me parurent comme autant de barrières qui retenaient dans une sphère étroite l'ambition inquiète des citoyens, et tournaient au profit de la commune les mêmes passions démocratiques qui eussent pu renverser l'État. Il me sembla que les législateurs américains étaient parvenus à opposer, non sans succès, l'idée des droits aux sentiments de l'envie; aux mouvements continuels du monde politique, l'immobilité de la morale religieuse; l'expérience du peuple, à son ignorance théorique, et son habitude des affaires, à la fougue de ses désirs.

Les Américains ne s'en sont donc pas rapportés à la nature du pays pour combattre les dangers qui naissent de leur constitution et de leurs lois politiques. A des maux qu'ils partagent avec tous les peuples démocratiques, ils ont appliqué des remèdes dont eux seuls, jusqu'à présent, se sont avisés; et quoiqu'ils fussent les premiers à en faire l'essai, ils ont réussi.

Les mœurs et les lois des Américains ne sont pas les seules qui puissent convenir aux peuples démocratiques; mais les Américains ont montré qu'il ne faut pas désespérer de régler la démocratie à l'aide des lois et des mœurs.

Si d'autres peuples, empruntant à l'Amérique cette idée générale et féconde, sans vouloir du reste imiter ses habitants dans l'application particulière qu'ils en ont faite, tentaient de se rendre propres à l'état social que la Providence impose aux hommes de nos jours, et cherchaient ainsi à échapper au despotisme ou à l'anarchie qui les menacent, quelles raisons avons-nous de croire qu'ils dussent échouer dans leurs efforts?

L'organisation et l'établissement de la démocratie parmi les chrétiens est le grand problème politique de notre temps. Les Américains ne résolvent point sans doute ce problème, mais ils fournissent d'utiles renseignements à ceux qui veulent le résoudre.

IMPORTANCE DE CE QUI PRÉCÈDE, PAR RAPPORT A L'EUROPE.

On découvre aisément pourquoi je me suis livré aux recherches qui précèdent. La question que j'ai soulevée n'intéresse pas seulement les États-Unis, mais le monde entier; non pas une nation, mais tous les hommes.

Si les peuples dont l'état social est démocratique ne pouvaient rester libres que lorsqu'ils habitent des déserts, il faudrait désespérer du sort futur de l'espèce humaine; car les hommes marchent rapidement vers la démocratie, et les déserts se remplissent.

S'il était vrai que les lois et les mœurs fussent insuffisantes au maintien des institutions démocratiques, quel autre refuge resterait-il aux nations, sinon le despotisme d'un seul?

Je sais que de nos jours il y a bien des gens honnêtes que cet avenir n'effraie guère, et qui, fatigués de la liberté, aimeraient à se reposer enfin loin de ses orages.

Mais ceux-là connaissent bien mal le port vers lequel ils se dirigent. Préoccupés de leurs souvenirs, ils jugent le pouvoir absolu par ce qu'il a été jadis, et non par ce qu'il pourrait être de nos jours.

Si le pouvoir absolu venait à s'établir de nouveau chez les peuples démocratiques de l'Europe, je ne doute pas qu'il n'y prît une forme nouvelle et qu'il ne s'y montrât sous des traits inconnus à nos pères.

Il fut un temps en Europe où la loi, ainsi que le consentement du peuple, avaient revêtu les rois d'un pouvoir presque sans bornes. Mais il ne leur arrivait presque jamais de s'en servir.

Je ne parlerai point des prérogatives de la noblesse, de l'autorité des cours souveraines, du droit des corporations, des priviléges de province, qui, tout en amortissant les coups de l'autorité, maintenaient dans la nation un esprit de résistance.

Indépendamment de ces institutions politiques, qui, souvent contraires à la liberté des particuliers, servaient cependant à entretenir l'amour de la liberté dans les âmes, et dont, sous ce rapport, l'utilité se conçoit sans peine, les opinions et les mœurs élevaient autour du pouvoir royal des barrières moins connues, mais non moins puissantes.

La religion, l'amour des sujets, la bonté du prince, l'honneur, l'esprit de famille, les préjugés de province, la coutume et l'opinion publique, bornaient le pouvoir des rois, et enfermaient dans un cercle invisible leur autorité.

Alors la constitution des peuples était despotique, et leurs mœurs libres. Les princes avaient le droit mais non la faculté ni le désir de tout faire.

Des barrières qui arrêtaient jadis la tyrannie, que nous reste-t-il aujourd'hui?

La religion ayant perdu son empire sur les âmes, la borne la plus visible qui divisait le bien et le mal se trouve renversée; tout semble douteux et incertain dans le monde moral; les rois et les peuples y marchent au hasard, et nul ne saurait dire où sont les limites naturelles du despotisme et les bornes de la licence.

De longues révolutions ont pour jamais détruit le respect qui environnait les chefs de l'État. Déchargés du poids de l'estime publique, les princes peuvent désormais se livrer sans crainte à l'enivrement du pouvoir.

Quand les rois voient le cœur des peuples qui vient au devant d'eux, ils sont cléments, parce qu'ils se sentent forts; et ils ménagent l'amour de leurs sujets, parce que l'amour des sujets est l'appui du trône. Il s'établit alors entre le prince et le peuple un échange de sentiments dont la douceur rappelle au sein de la société l'intérieur de la famille. Les sujets, tout en murmurant contre le souverain, s'affligent encore de lui déplaire, et le souverain frappe ses sujets d'une main légère, ainsi qu'un père châtie ses enfants.

Mais quand une fois le prestige de la royauté s'est évanoui au milieu du tumulte des révolutions; lorsque les rois se succédant sur le trône, y ont tour à tour exposé au regard des peuples la faiblesse du *droit* et la dureté du *fait*, personne ne voit plus dans le souverain le père de l'État, et chacun y aperçoit un maître. S'il est faible, on le méprise; on le hait s'il est fort. Lui-même est plein de colère et de crainte; il se voit ainsi qu'un étranger dans son pays, et il traite ses sujets en vaincus.

Quand les provinces et les villes formaient autant de nations différentes au milieu de la patrie commune, chacune d'elles avait un esprit particulier qui s'opposait à l'esprit général de la servitude; mais aujourd'hui que toutes les parties du même empire, après avoir perdu leurs franchises, leurs usages, leurs préjugés et jusqu'à leurs souvenirs et leurs noms, se sont habituées à obéir aux mêmes lois, il n'est pas plus difficile de les opprimer toutes ensemble que d'opprimer séparément l'une d'elles.

Pendant que la noblesse jouissait de son pouvoir, et long-temps encore après qu'elle l'eut perdu, l'honneur aristocratique donnait une force extraordinaire aux résistances individuelles.

On voyait alors des hommes qui, malgré leur impuissance, entretenaient encore une haute idée de leur valeur individuelle, et osaient résister isolément à l'effort de la puissance publique.

Mais de nos jours, où toutes les classes achèvent de se confondre, où l'individu disparaît de plus en plus dans la foule et se perd aisément au milieu de l'obscurité commune ; aujourd'hui que l'honneur monarchique ayant presque perdu son empire sans être remplacé par la vertu, rien ne soutient plus l'homme au-dessus de lui-même, qui peut dire où s'arrêteraient les exigences du pouvoir et les complaisances de la faiblesse?

Tant qu'a duré l'esprit de famille, l'homme qui luttait contre la tyrannie n'était jamais seul, il trouvait autour de lui des clients, des amis héréditaires, des proches. Et cet appui lui eût-il manqué, il se sentait encore soutenu par ses aïeux et animé par ses descendants. Mais quand les patrimoines se divisent, et quand en peu d'années les races se confondent, où placer l'esprit de famille?

Quelle force reste-t-il aux coutumes chez un peuple

qui a entièrement changé de face et qui en change sans cesse, où tous les actes de tyrannie ont déjà un précédent, où tous les crimes peuvent s'appuyer sur un exemple, où l'on ne saurait rien rencontrer d'assez ancien pour qu'on redoute de le détruire, ni rien concevoir de si nouveau qu'on ne puisse l'oser?

Quelle résistance offrent des mœurs qui se sont déjà pliées tant de fois?

Que peut l'opinion publique elle-même, lorsqu'il n'existe pas *vingt* personnes qu'un lien commun rassemble; quand il ne se rencontre ni un homme, ni une famille, ni un corps, ni une classe, ni une association libre qui puisse représenter et faire agir cette opinion?

Quand chaque citoyen étant également impuissant, également pauvre, également isolé, ne peut opposer que sa faiblesse individuelle à la force organisée du gouvernement?

Pour concevoir quelque chose d'analogue à ce qui se passerait alors parmi nous, ce n'est point à nos annales qu'on devrait recourir. Il faudrait peut-être interroger les monuments de l'antiquité, et se reporter à ces siècles affreux de la tyrannie romaine, où les mœurs étant corrompues, les souvenirs effacés, les habitudes détruites, les opinions chancelantes, la liberté chassée des lois ne sut plus où se réfugier pour trouver un asile; où rien ne garantissant plus les citoyens, et les citoyens ne se garantissant plus eux-mêmes, on vit des hommes se jouer de la nature humaine, et des princes lasser la clémence du Ciel plutôt que la patience de leurs sujets.

Ceux-là me semblent bien aveugles qui pensent

retrouver la monarchie de Henri IV ou de Louis XIV. Quant à moi, lorsque je considère l'état où sont déjà arrivées plusieurs nations européennes et celui où toutes les autres tendent, je me sens porté à croire que bientôt parmi elles il ne se trouvera plus de place que pour la liberté démocratique ou pour la tyrannie des Césars.

Ceci ne mérite-t-il pas qu'on y songe? Si les hommes devaient arriver, en effet, à ce point qu'il fallût les rendre tous libres ou tous esclaves, tous égaux en droits ou tous privés de droits ; si ceux qui gouvernent les sociétés en étaient réduits à cette alternative d'élever graduellement la foule jusqu'à eux, ou de laisser tomber tous les citoyens au dessous du niveau de l'humanité, n'en serait-ce pas assez pour vaincre bien des doutes, rassurer bien des consciences, et préparer chacun à faire aisément de grands sacrifices?

Ne faudrait-il pas alors considérer le développement graduel des institutions et des mœurs démocratiques, non comme le meilleur, mais comme le seul moyen qui nous reste d'être libres ; et sans aimer le gouvernement de la démocratie, ne serait-on pas disposé à l'adopter comme le remède le mieux applicable et le plus honnête qu'on puisse opposer aux maux présents de la société?

Il est difficile de faire participer le peuple au gouvernement ; il est plus difficile encore de lui fournir l'expérience, et de lui donner les sentiments qui lui manquent pour bien gouverner.

Les volontés de la démocratie sont changeantes; ses agents, grossiers; ses lois, imparfaites; je l'accorde.

Mais s'il était vrai que bientôt il ne dût exister aucun intermédiaire entre l'empire de la démocratie et le joug d'un seul, ne devrions-nous pas plutôt tendre vers l'un que nous soumettre volontairement à l'autre? et s'il fallait enfin en arriver à une complète égalité, ne vaudrait-il pas mieux se laisser niveler par la liberté que par un despote?

Ceux qui, après avoir lu ce livre, jugeraient qu'en l'écrivant j'ai voulu proposer les lois et les mœurs anglo-américaines à l'imitation de tous les peuples qui ont un état social démocratique, ceux-là auraient commis une grande erreur; ils se seraient attachés à la forme, abandonnant la substance même de ma pensée. Mon but a été de montrer, par l'exemple de l'Amérique, que les lois et surtout les mœurs pouvaient permettre à un peuple démocratique de rester libre. Je suis, du reste, très loin de croire que nous devions suivre l'exemple que la démocratie américaine a donné, et imiter les moyens dont elle s'est servie pour atteindre ce but de ses efforts; car je n'ignore point quelle est l'influence exercée par la nature du pays et les faits antécédents sur les constitutions politiques, et je regarderais comme un grand malheur pour le genre humain que la liberté dût en tous lieux se produire sous les mêmes traits.

Mais je pense que si l'on ne parvient à introduire peu à peu et à fonder enfin parmi nous des institutions démocratiques, et que si l'on renonce à donner à tous les citoyens des idées et des sentiments qui d'abord les préparent à la liberté, et ensuite leur en permettent l'usage, il n'y aura d'indépendance pour personne, ni pour le bourgeois, ni pour le noble, ni pour le pauvre, ni pour le riche, mais une égale tyrannie pour tous; et je prévois que si l'on ne réussit point avec le temps à fonder parmi nous l'empire paisible du plus grand nombre, nous arriverons tôt ou tard au pouvoir *illimité* d'un seul.

CHAPITRE X.

QUELQUES CONSIDÉRATIONS SUR L'ÉTAT ACTUEL ET L'AVENIR PROBABLE DES TROIS RACES QUI HABITENT LE TERRITOIRE DES ÉTATS-UNIS.

La tâche principale que je m'étais imposée est maintenant remplie ; j'ai montré, autant du moins que je pouvais y réussir, quelles étaient les lois de la démocratie américaine ; j'ai fait connaître quelles étaient ses mœurs. Je pourrais m'arrêter ici, mais le lecteur trouverait peut-être que je n'ai point satisfait son attente.

On rencontre en Amérique autre chose encore qu'une immense et complète démocratie ; on peut envisager sous plus d'un point de vue les peuples qui habitent le Nouveau-Monde.

Dans le cours de cet ouvrage, mon sujet m'a souvent amené à parler des Indiens et des nègres, mais je n'ai jamais eu le temps de m'arrêter pour montrer quelle position occupent ces deux races au milieu du peuple démocratique que j'étais occupé à peindre ; j'ai dit suivant quel esprit, à l'aide de quelles lois la confédération anglo-américaine avait été formée ; je n'ai pu indiquer qu'en passant, et d'une manière fort incomplète, les dangers qui menacent cette confédération, et il m'a été impossible d'exposer en détail quelles étaient, indépendamment des lois et des mœurs, ses chances de durée. En parlant des républiques unies, je n'ai hasardé aucune conjecture sur la permanence des formes républicaines dans le Nouveau-Monde, et faisant souvent allusion à l'activité commerciale qui règne dans l'Union, je n'ai pu cependant m'occuper de l'avenir des Américains comme peuple commerçant.

Ces objets, qui touchent à mon sujet, n'y entrent pas; ils sont américains sans être démocratiques, et c'est surtout la démocratie dont j'ai voulu faire le portrait. J'ai donc dû les écarter d'abord; mais je dois y revenir en terminant.

Le territoire occupé de nos jours, ou réclamé par l'Union américaine, s'étend depuis l'océan Atlantique jusqu'aux rivages de la mer du Sud. A l'est ou à l'ouest, ses limites sont donc celles mêmes du continent; il s'avance au midi sur le bord des Tropiques, et remonte ensuite au milieu des glaces du Nord (1).

Les hommes répandus dans cet espace ne forment point, comme en Europe, autant de rejetons d'une même famille. On découvre en eux, dès le premier abord, trois races naturellement distinctes, et je pourrais presque dire ennemies. L'éducation, la loi, l'origine, et jusqu'à la forme extérieure des traits, avaient élevé entre elles une barrière presque insurmontable; la fortune les a rassemblées sur le même sol, mais elle les a mêlées sans pouvoir les confondre, et chacune poursuit à part sa destinée.

(1) Voyez la carte à la fin du premier volume.

Parmi ces hommes si divers, le premier qui attire les regards, le premier en lumière, en puissance, en bonheur, c'est l'homme blanc, l'Européen, l'homme par excellence; au-dessous de lui paraissent le nègre et l'Indien.

Ces deux races infortunées n'ont de commun ni la naissance, ni la figure, ni le langage, ni les mœurs; leurs malheurs seuls se ressemblent. Toutes deux occupent une position également inférieure dans le pays qu'elles habitent; toutes deux éprouvent les effets de la tyrannie; et si leurs misères sont différentes, elles peuvent en accuser les mêmes auteurs.

Ne dirait-on pas, à voir ce qui se passe dans le monde, que l'Européen est aux hommes des autres races, ce que l'homme lui-même est aux animaux? Il les fait servir à son usage, et quand il ne peut les plier, il les détruit.

L'oppression a enlevé du même coup, aux descendants des Africains, presque tous les priviléges de l'humanité! Le nègre des États-Unis a perdu jusqu'au souvenir de son pays; il n'entend plus la langue qu'ont parlée ses pères; il a abjuré leur religion et oublié leurs mœurs. En cessant ainsi d'appartenir à l'Afrique, il n'a pourtant acquis aucun droit aux biens de l'Europe; mais il s'est arrêté entre les deux sociétés; il est resté isolé entre les deux peuples; vendu par l'un et répudié par l'autre; ne trouvant dans l'univers entier que le foyer de son maître pour lui offrir l'image incomplète de la patrie.

Le nègre n'a point de famille; il ne saurait voir dans la femme autre chose que la compagne passagère de ses plaisirs, et, en naissant, ses fils sont ses égaux.

Appellerai-je un bienfait de Dieu ou une dernière malédiction de sa colère, cette disposition de l'âme qui rend l'homme insensible aux misères extrêmes, et souvent même lui donne une sorte de goût dépravé pour la cause de ses malheurs?

Plongé dans cet abîme de maux, le nègre sent à peine son infortune; la violence l'avait placé dans l'esclavage, l'usage de la servitude lui a donné des pensées et une ambition d'esclave; il admire ses tyrans plus encore qu'il ne les hait, et trouve sa joie et son orgueil dans la servile imitation de ceux qui l'oppriment.

Son intelligence s'est abaissée au niveau de son âme.

Le nègre entre en même temps dans la servitude et dans la vie. Que dis-je? souvent on l'achète dès le ventre de sa mère, et il commence pour ainsi dire à être esclave avant que de naître.

Sans besoin comme sans plaisir, inutile à lui-même, il comprend, par les premières notions qu'il reçoit de l'existence, qu'il est la propriété d'un autre, dont l'intérêt est de veiller sur ses jours; il aperçoit que le soin de son propre sort ne lui est pas dévolu; l'usage même de la pensée lui semble un don inutile de la Providence, et il jouit paisiblement de tous les priviléges de sa bassesse.

S'il devient libre, l'indépendance lui paraît souvent alors une chaîne plus pesante que l'esclavage même; car dans le cours de son existence, il a appris à se soumettre à tout, excepté à la raison; et quand la raison devient son seul guide, il ne saurait reconnaître sa voix. Mille besoins nouveaux l'assiègent, et il manque des connaissances et de l'énergie nécessaires pour leur résister. Les besoins sont des maîtres qu'il faut combattre, et lui n'a appris qu'à se soumettre et qu'à obéir. Il en est donc arrivé à ce comble de misère, que la servitude l'abrutit et que la liberté le fait périr.

L'oppression n'a pas exercé moins d'influence sur les races indiennes; mais ces effets sont différents.

Avant l'arrivée des blancs dans le Nouveau-Monde, les hommes qui habitaient l'Amérique du Nord vivaient tranquilles dans les bois. Livrés aux vicissitudes ordinaires de la vie sauvage, ils montraient les vices et les vertus des peuples incivilisés. Les Européens, après avoir dispersé au loin les tribus indiennes dans les déserts, les ont condamnées à une vie errante et vagabonde, pleine d'inexprimables misères.

Les nations sauvages ne sont gouvernées que par les opinions et les mœurs.

En affaiblissant parmi les Indiens de l'Amérique du Nord le sentiment de la patrie, en dispersant leurs familles, en obscurcissant leurs traditions, en interrompant la chaîne des souvenirs, en changeant toutes leurs habitudes, et en accroissant outre mesure leurs besoins, la tyrannie européenne les a rendus plus désordonnés et moins civilisés qu'ils n'étaient déjà. La condition morale et l'état physique de ces peuples n'ont cessé d'empirer en même temps, et ils sont devenus plus barbares à mesure qu'ils étaient plus malheureux. Toutefois, les Européens n'ont pu modifier entièrement le caractère des Indiens, et avec le pouvoir de les détruire, ils n'ont jamais eu celui de les policer et de les soumettre.

Le nègre est placé aux dernières bornes de la servitude; l'Indien, aux limites extrêmes de la liberté. L'esclavage ne produit guère chez le premier des effets plus funestes que l'indépendance chez le second.

Le nègre a perdu jusqu'à la propriété de sa personne, et il ne saurait disposer de sa propre existence sans commettre une sorte de larcin.

Le sauvage est livré à lui-même dès qu'il peut agir. A peine s'il a connu l'autorité de la famille; il n'a jamais plié sa volonté devant celle d'aucun de ses semblables; nul ne lui a appris à discerner une obéissance volontaire d'une honteuse subjection, et il ignore jusqu'au nom de la loi. Pour lui, être libre, c'est échapper à presque tous les liens des sociétés. Il se complaît dans cette indépendance barbare, et il aimerait mieux périr que d'en sacrifier la moindre partie. La civilisation a peu de prise sur un pareil homme.

Le nègre fait mille efforts inutiles pour s'introduire dans une société qui le repousse; il se plie aux goûts de ses oppresseurs, adopte leurs opinions, et aspire, en les imitant, à se confondre avec eux. On lui a dit dès sa naissance que sa race est naturellement inférieure à celle des blancs, et il n'est pas éloigné de le croire, il a donc honte de lui-même. Dans chacun de ses traits il découvre une trace de l'esclavage, et s'il le pouvait, il consentirait avec joie à se répudier tout entier.

L'Indien, au contraire, a l'imagination toute remplie de la prétendue noblesse de son origine. Il vit et meurt au milieu de ces rêves de son orgueil. Loin de vouloir plier ses mœurs aux nôtres, il s'attache à la barbarie comme à un signe distinctif de sa race, et il repousse la civilisation moins encore peut-être en haine d'elle que dans la crainte de ressembler aux Européens (1).

A la perfection de nos arts, il ne veut opposer que les ressources du désert; à notre tactique, que son courage indiscipliné; à la profondeur de nos desseins,

---

(1) L'indigène de l'Amérique du Nord conserve ses opinions et jusqu'au moindre détail de ses habitudes avec une inflexibilité qui n'a point d'exemple dans l'histoire. Depuis plus de deux cents ans que les tribus errantes de l'Amérique du Nord ont des rapports journaliers avec la race blanche, ils ne lui ont emprunté pour ainsi dire ni une idée ni un usage. Les hommes d'Europe ont cependant exercé une très grande influence sur les sauvages. Ils ont rendu le caractère indien plus désordonné, mais ils ne l'ont pas rendu plus européen.

Me trouvant dans l'été de 1831 derrière le lac Michigan, dans un lieu nommé Green-Bay, qui sert d'extrême frontière aux États-Unis du côté des Indiens du Nord-Ouest, je fis connaissance avec un officier américain, le major H., qui, un jour, après m'avoir beaucoup parlé de l'inflexibilité du caractère indien, me raconta le fait suivant : « J'ai » connu autrefois, me dit-il, un jeune Indien qui avait été élevé dans un » collége de la Nouvelle-Angleterre. Il y avait obtenu de grands succès, » et y avait pris tout l'aspect extérieur d'un homme civilisé. Lorsque la » guerre éclata entre nous et les Anglais, en 1810, je revis ce jeune » homme ; il servait alors dans notre armée, à la tête des guerriers de » sa tribu. Les Américains n'avaient admis les Indiens dans leurs rangs » qu'à la condition qu'ils s'abstiendraient de l'horrible usage de scalper » les vaincus. Le soir de la bataille de ***, C... vint s'asseoir auprès du » feu de notre bivouac ; je lui demandai ce qui lui était arrivé dans la » journée; il me le raconta, et s'animant par degrés aux souvenirs de ses » exploits, il finit par entr'ouvrir son habit en me disant : — Ne me tra- » hissez pas, mais voyez! Je vis en effet, ajouta le major H., entre son » corps et sa chemise, la chevelure d'un Anglais encore toute dégout- » tante de sang. »

que les instincts spontanés de sa nature sauvage. Il succombe dans cette lutte inégale.

Le nègre voudrait se confondre avec l'Européen, et il ne le peut. L'Indien pourrait jusqu'à un certain point y réussir, mais il dédaigne de le tenter. La servilité de l'un le livre à l'esclavage, et l'orgueil de l'autre à la mort.

Je me souviens que, parcourant les forêts qui couvrent encore l'État d'Alabama, je parvins un jour auprès de la cabane d'un pionnier. Je ne voulus point pénétrer dans la demeure de l'Américain, mais j'allai me reposer quelques instants sur le bord d'une fontaine qui se trouvait non loin de là dans le bois. Tandis que j'étais en cet endroit, il y vint une Indienne (nous nous trouvions alors près du territoire occupé par la nation des Creeks); elle tenait par la main une petite fille de cinq à six ans, appartenant à la race blanche, et que je supposai être la fille du pionnier. Une négresse les suivait. Il régnait dans le costume de l'Indienne une sorte de luxe barbare : des anneaux de métal étaient suspendus à ses narines et à ses oreilles; ses cheveux, mêlés de grains de verre, tombaient librement sur ses épaules, et je vis qu'elle n'était point épouse, car elle portait encore le collier de coquillages que les vierges ont coutume de déposer sur la couche nuptiale; la négresse était revêtue d'habillements européens presque en lambeaux.

Elles vinrent s'asseoir toutes trois sur les bords de la fontaine, et la jeune sauvage, prenant l'enfant dans ses bras, lui prodiguait des caresses qu'on aurait pu croire dictées par le cœur d'une mère; de son côté, la négresse cherchait par mille innocents artifices à attirer l'attention de la petite créole. Celle-ci montrait dans ses moindres mouvements un sentiment de supériorité qui contrastait étrangement avec sa faiblesse et son âge; on eût dit qu'elle usait d'une sorte de condescendance en recevant les soins de ses compagnes.

Accroupie devant sa maîtresse, épiant chacun de ses désirs, la négresse semblait également partagée entre un attachement presque maternel et une crainte servile; tandis qu'on voyait régner jusque dans l'effusion de tendresse de la femme sauvage un air libre, fier et presque farouche.

Je m'étais approché et je contemplais en silence ce spectacle; ma curiosité déplut sans doute à l'Indienne, car elle se leva brusquement, poussa l'enfant loin d'elle avec une sorte de rudesse, et, après m'avoir lancé un regard irrité, s'enfonça dans le bois.

Il m'était souvent arrivé de voir réunis dans les mêmes lieux des individus appartenant aux trois races humaines qui peuplent l'Amérique du Nord; j'avais déjà reconnu dans mille effets divers la prépondérance exercée par les blancs; mais il se rencontrait, dans le tableau que je viens de décrire, quelque chose de particulièrement touchant : un lien d'affection réunissait ici les opprimés aux oppresseurs, et la nature, en s'efforçant de les rapprocher, rendait plus frappant encore l'espace immense qu'avaient mis entre eux les préjugés et les lois.

ÉTAT ACTUEL ET AVENIR PROBABLE DES TRIBUS INDIENNES QUI HABITENT LE TERRITOIRE POSSÉDÉ PAR L'UNION.

Disparition graduelle des races indigènes. — Comment elle s'opère. — Misères qui accompagnent les migrations forcées des Indiens. — Les sauvages de l'Amérique du Nord n'avaient que deux moyens d'échapper à la destruction : la guerre ou la civilisation. — Ils ne peuvent plus faire la guerre. — Pourquoi ils ne veulent pas se civiliser lorsqu'ils pourraient le faire, et ne le peuvent plus quand ils arrivent à le vouloir. — Exemple des Creeks et des Cherokées. — Politique des États particuliers envers ces Indiens. — Politique du gouvernement fédéral.

Toutes les tribus indiennes qui habitaient autrefois le territoire de la Nouvelle-Angleterre, les Narragansetts, les Mohikans, les Pecots, ne vivent plus que dans le souvenir des hommes; les Lénapes, qui reçurent Penn, il y a cent cinquante ans, sur les rives de la Delaware, sont aujourd'hui disparus. J'ai rencontré les derniers des Iroquois : ils demandaient l'aumône. Toutes les nations que je viens de nommer s'étendaient jadis jusque sur les bords de la mer; maintenant il faut faire plus de cent lieues dans l'intérieur du continent pour rencontrer un Indien. Ces sauvages n'ont pas seulement reculé, ils sont détruits (1). A mesure que les indigènes s'éloignent et meurent, à leur place vient et grandit sans cesse un peuple immense. On n'avait jamais vu parmi les nations un développement si prodigieux, ni une destruction si rapide.

Quant à la manière dont cette destruction s'opère, il est facile de l'indiquer.

(1) Dans les treize États originaires, il ne reste plus que 6,373 Indiens. (Voyez *Documents législatifs*, 20ᵉ congrès, n° 117, p. 20.)

Lorsque les Indiens habitaient seuls le désert dont on les exile aujourd'hui, leurs besoins étaient en petit nombre; ils fabriquaient eux-mêmes leurs armes, l'eau des fleuves était leur seule boisson, et ils avaient pour vêtement la dépouille des animaux dont la chair servait à les nourrir.

Les Européens ont introduit parmi les indigènes de l'Amérique du Nord les armes à feu, le fer et l'eau-de-vie; ils leur ont appris à remplacer par nos tissus les vêtements barbares dont la simplicité indienne s'était jusque là contentée. En contractant des goûts nouveaux, les Indiens n'ont pas appris l'art de les satisfaire, et il leur a fallu recourir à l'industrie des blancs. En retour de ces biens, que lui-même ne savait point créer, le sauvage ne pouvait rien offrir, sinon les riches fourrures que ses bois renfermaient encore. De ce moment la chasse ne dut pas seulement pourvoir à ses besoins, mais encore aux passions frivoles de l'Europe. Il ne poursuivit plus les bêtes des forêts seulement pour se nourrir, mais afin de se procurer les seuls objets d'échange qu'il pût nous donner (1).

Pendant que les besoins des indigènes s'accrois-

(1) MM. Clark et Cass, dans leur rapport au congrès, le 4 février 1829, p. 23, disaient :

« Le temps est déjà bien loin de nous où les Indiens pouvaient se
» procurer les objets nécessaires à leur nourriture et à leurs vêtements
» sans recourir à l'industrie des hommes civilisés. Au-delà du Mississipi,
» dans un pays où l'on rencontre encore d'immenses troupeaux de
» buffles, habitent des tribus indiennes qui suivent ces animaux sau-
» vages dans leurs migrations; les Indiens dont nous parlons trouvent
» encore le moyen de vivre en se conformant à tous les usages de leurs
» pères; mais les buffles reculent sans cesse. On ne peut plus atteindre
» maintenant qu'avec des fusils ou des pièges (*traps*) les bêtes sauvages
» d'une plus petite espèce, telles que l'ours, le daim, le castor, le rat

saient ainsi, leurs ressources ne cessaient de décroître.

Du jour où un établissement européen se forme dans le voisinage du territoire occupé par les Indiens, le gibier prend aussitôt l'alarme (1). Des milliers de sauvages, errants dans les forêts, sans demeures fixes, ne l'effrayaient point; mais à l'instant où les bruits continus de l'industrie européenne se font entendre en quelque endroit, il commence à fuir et à se retirer vers l'ouest, où son instinct lui apprend qu'il rencontrera des déserts encore sans bornes. « Les » troupeaux de bisons se retirent sans cesse, disent » MM. Cass et Clark dans leur rapport au congrès, » 4 février 1829; il y a quelques années, ils s'appro-

---

» musqué, qui fournissent particulièrement aux Indiens ce qui est né-
» cessaire au soutien de la vie.

» C'est principalement au nord-ouest que les Indiens sont obligés de
» se livrer à des travaux excessifs pour nourrir leur famille. Souvent le
» chasseur consacre plusieurs jours de suite à poursuivre le gibier sans
» succès; pendant ce temps, il faut que sa famille se nourrisse d'écorces
» et de racines, ou qu'elle périsse : aussi il y en a beaucoup qui meurent
» de faim chaque hiver. »

Les Indiens ne veulent pas vivre comme les Européens; cependant ils ne peuvent se passer des Européens, ni vivre entièrement comme leurs pères. On en jugera par ce seul fait, dont je puise également la connaissance à une source officielle. Des hommes appartenant à une tribu indienne des bords du lac Supérieur avaient tué un Européen; le gouvernement américain défendit de trafiquer avec la tribu dont les coupables faisaient partie, jusqu'à ce que ceux-ci lui eussent été livrés : ce qui eut lieu.

(1) « Il y a cinq ans, dit Volney dans son *Tableau des États-Unis*,
» p. 370, en allant de Vincennes à Kaskaskias, territoire compris au-
» jourd'hui dans l'État d'Illinois, alors entièrement sauvage (1797), l'on
» ne traversait point de prairies sans voir des troupeaux de quatre à
» cinq cents buffles : aujourd'hui il n'en reste plus; ils ont passé le Mis-
» sissipi à la nage, importunés par les chasseurs, et surtout par les son-
» nettes des vaches américaines. »

» chaient encore du pied des Alléghanys; dans quel-
» ques années, il sera peut-être difficile d'en voir sur
» les plaines immenses qui s'étendent le long des
» montagnes Rocheuses. » On m'a assuré que cet effet
de l'approche des blancs se faisait souvent sentir à
deux cents lieues de leur frontière. Leur influence
s'exerce ainsi sur des tribus dont ils savent à peine le
nom, et qui souffrent les maux de l'usurpation long-
temps avant d'en connaître les auteurs (1).

Bientôt de hardis aventuriers pénètrent dans les contrées indiennes; ils s'avancent à quinze ou vingt lieues
de l'extrême frontière des blancs, et vont bâtir la demeure de l'homme civilisé au milieu même de la barbarie. Il leur est facile de le faire: les bornes du territoire d'un peuple chasseur sont mal fixées. Ce
territoire d'ailleurs appartient à la nation tout entière,
et n'est précisément la propriété de personne; l'intérêt
individuel n'en défend donc aucune partie.

Quelques familles européennes, occupant des points
fort éloignés, achèvent alors de chasser sans retour
les animaux sauvages de tout l'espace intermédiaire
qui s'étend entre elles. Les Indiens, qui avaient vécu
jusque là dans une sorte d'abondance, trouvent difficilement à subsister, plus difficilement encore à se
procurer les objets d'échange dont ils ont besoin. En
faisant fuir leur gibier, c'est comme si on frappait de
stérilité les champs de nos cultivateurs. Bientôt les

---

(1) On peut se convaincre de la vérité de ce que j'avance ici en con-
sultant le tableau général des tribus indiennes contenues dans les limites
réclamées par les États-Unis. (*Documents législatifs*, 20ᵉ congrès, n° 117,
p. 90-105.) On verra que les tribus du centre de l'Amérique décroissent
rapidement, quoique les Européens soient encore très éloignés d'elles.

moyens d'existence leur manquent presque entièrement. On rencontre alors ces infortunés rôdant comme des loups affamés au milieu de leurs bois déserts. L'amour instinctif de la patrie les attache au sol qui les a vus naître (1), et ils n'y trouvent plus que la misère et la mort. Ils se décident enfin ; ils partent, et suivant de loin dans sa fuite l'élan, le buffle et le castor, ils laissent à ces animaux sauvages le soin de leur choisir une nouvelle patrie. Ce ne sont donc pas, à proprement parler, les Européens qui chassent les indigènes de l'Amérique, c'est la famine : heureuse distinction qui avait échappé aux anciens casuistes, et que les docteurs modernes ont découverte.

On ne saurait se figurer les maux affreux qui accompagnent ces émigrations forcées. Au moment où les Indiens ont quitté leurs champs paternels, déjà ils étaient épuisés et réduits. La contrée où ils vont fixer leur séjour est occupée par des peuplades qui ne voient qu'avec jalousie les nouveaux arrivants. Derrière eux est la faim, devant eux la guerre, partout la misère. Afin d'échapper à tant d'ennemis ils se divisent. Chacun d'eux cherche à s'isoler pour trouver furtivement les moyens de soutenir son existence, et vit dans l'immensité des déserts

---

(1) Les Indiens, disent MM. Clark et Cass dans leur rapport au congrès, p. 15, tiennent à leur pays par le même sentiment d'affection qui nous lie au nôtre; et, de plus, ils attachent à l'idée d'aliéner les terres que le grand Esprit a données à leurs ancêtres certaines idées superstitieuses qui exercent une grande puissance sur les tribus qui n'ont encore rien cédé ou qui n'ont cédé qu'une petite portion de leur territoire aux Européens. « Nous ne vendons pas le lieu où reposent les cendres » de nos pères, » telle est la première réponse qu'ils font toujours à celui qui leur propose d'acheter leurs champs.

comme le proscrit dans le sein des sociétés civilisées. Le lien social depuis long-temps affaibli se brise alors. Il n'y avait déjà plus pour eux de patrie, bientôt il n'y aura plus de peuple; à peine s'il restera des familles; le nom commun se perd, la langue s'oublie, les traces de l'origine disparaissent. La nation a cessé d'exister. Elle vit à peine dans le souvenir des antiquaires américains, et n'est connue que de quelques érudits d'Europe.

Je ne voudrais pas que le lecteur pût croire que je charge ici mes tableaux. J'ai vu de mes propres yeux plusieurs des misères que je viens de décrire; j'ai contemplé des maux qu'il me serait impossible de retracer.

A la fin de l'année 1831, je me trouvais sur la rive gauche du Mississipi, à un lieu nommé par les Européens Memphis. Pendant que j'étais en cet endroit, il y vint une troupe nombreuse de Choctaws (les Français de la Louisiane les nomment Chactas); ces sauvages quittaient leur pays et cherchaient à passer sur la rive droite du Mississipi, où ils se flattaient de trouver un asile que le gouvernement américain leur promettait. On était alors au cœur de l'hiver, et le froid sévissait cette année-là avec une violence inaccoutumée; la neige avait durci sur la terre, et le fleuve charriait d'énormes glaçons. Les Indiens menaient avec eux leurs familles; ils traînaient à leur suite des blessés, des malades, des enfants qui venaient de naître, et des vieillards qui allaient mourir. Ils n'avaient ni tentes ni chariots, mais seulement quelques provisions et des armes. Je les vis s'embarquer pour traverser le grand fleuve, et ce spectacle solennel ne sortira jamais de ma mémoire. On n'entendait parmi cette foule assemblée ni sanglots ni plaintes; ils se taisaient. Leurs malheurs étaient anciens, et ils les sentaient irrémédiables. Les Indiens étaient déjà tous entrés dans le vaisseau qui devait les porter; leurs chiens restaient encore sur le rivage; lorsque ces animaux virent enfin qu'on allait s'éloigner pour toujours, ils poussèrent ensemble d'affreux hurlements, et s'élançant à la fois dans les eaux glacées du Mississipi, ils suivirent leurs maîtres à la nage.

La dépossession des Indiens s'opère souvent de nos jours d'une manière régulière et pour ainsi dire toute légale.

Lorsque la population européenne commence à s'approcher du désert occupé par une nation sauvage, le gouvernement des États-Unis envoie communément à cette dernière une ambassade solennelle; les blancs assemblent les Indiens dans une grande plaine, et après avoir mangé et bu avec eux, ils leur disent : « Que faites-vous dans le pays de vos pères? Bientôt » il vous faudra déterrer leurs os pour y vivre. En » quoi la contrée que vous habitez vaut-elle mieux » qu'une autre? N'y a-t-il des bois, des marais et des » prairies que là où vous êtes, et ne sauriez-vous vivre » que sous votre soleil? Au-delà de ces montagnes que » vous voyez à l'horizon, par-delà ce lac qui borde à » l'ouest votre territoire, on rencontre de vastes con- » trées où les bêtes sauvages se trouvent encore en » abondance; vendez-nous vos terres; et allez vivre » heureux dans ces lieux-là. » Après avoir tenu ce discours, on étale aux yeux des Indiens des armes à feu, des vêtements de laine, des barriques d'eau-de-vie, des colliers de verre, des bracelets d'étain, des pendants d'oreilles et des miroirs (1). Si, à la vue de toutes ces richesses, ils hésitent encore, on leur insinue qu'ils ne sauraient refuser le consentement qu'on leur demande, et que bientôt le gouvernement lui-même sera impuissant pour leur garantir la jouissance de leurs droits. Que faire? A demi convaincus, à moitié contraints, les Indiens s'éloignent; ils vont habiter de nouveaux déserts où les blancs ne les laisseront pas dix ans en paix. C'est ainsi que les Américains acquièrent à vil prix des provinces entières, que les plus riches souverains de l'Europe ne sauraient payer (2).

Je viens de retracer de grands maux, j'ajoute qu'ils

(1) Voyez dans les *Documents législatifs du congrès*, doc. 117, le récit de ce qui se passe dans ces circonstances. Ce morceau curieux se trouve dans le rapport déjà cité, fait par MM. Clark et Lewis Cass, au congrès, le 4 février 1829. M. Cass est aujourd'hui secrétaire d'État de la guerre.

« Quand les Indiens arrivent dans l'endroit où le traité doit avoir
» lieu, disent MM. Clark et Cass, ils sont pauvres et presque nus. Là,
» ils voient et examinent un très grand nombre d'objets précieux pour
» eux, que les marchands américains ont eu soin d'y apporter. Les
» femmes et les enfants qui désirent qu'on pourvoie à leurs besoins,
» commencent alors à tourmenter les hommes de mille demandes im-
» portunes, et emploient toute leur influence sur ces derniers pour que
» la vente des terres ait lieu. L'imprévoyance des Indiens est habituelle
» et invincible. Pourvoir à ses besoins immédiats et gratifier ses désirs
» présents est la passion irrésistible du sauvage : l'attente d'avantages
» futurs n'agit que faiblement sur lui; il oublie facilement le passé, et
» ne s'occupe point de l'avenir. On demanderait en vain aux Indiens la
» cession d'une partie de leur territoire, si l'on n'était en état de satis-
« faire sur-le-champ leurs besoins. Quand on considère avec impartialité
» la situation dans laquelle ces malheureux se trouvent, on ne s'étonne
» pas de l'ardeur qu'ils mettent à obtenir quelques soulagements à
» leurs maux. »

(2) Le 19 mai 1830, M. Ed. Everett affirmait devant la chambre des

me paraissent irrémédiables. Je crois que la race indienne de l'Amérique du Nord est condamnée à périr, et je ne puis m'empêcher de penser que le jour où les Européens se seront établis sur les bords de l'océan Pacifique, elle aura cessé d'exister (1).

représentants que les Américains avaient déjà acquis par *traité*, à l'est et à l'ouest du Mississipi, 230,000,000 d'acres.

En 1808, les Osages cédèrent 48,000,000 d'acres pour une rente de 1,000 dollars.

En 1818, les Quapaws cédèrent 20,000,000 d'acres pour 4,000 dollars; ils s'étaient réservé un territoire de 1,000,000 d'acres, afin d'y chasser. Il avait été solennellement juré qu'on le respecterait; mais il n'a pas tardé à être envahi comme le reste.

« Afin de nous approprier les terres désertes dont les Indiens récla-
» ment la propriété, disait M. Bell, rapporteur du comité des affaires in-
» diennes au congrès, le 24 février 1830, nous avons adopté l'usage de
» payer aux tribus indiennes ce que vaut leur pays de chasse (*hunting-
» ground*) après que le gibier a fui ou a été détruit. Il est plus avanta-
» geux et certainement plus conforme aux règles de la justice et plus
» humain d'en agir ainsi, que de s'emparer à main armée du territoire
» des sauvages.

» L'usage d'acheter aux Indiens leur titre de propriété n'est donc
» autre chose qu'un nouveau mode d'acquisition que l'humanité et l'in-
» térêt (*humanity and expediency*) ont substitué à la violence, et qui
» doit également nous rendre maîtres des terres que nous réclamons
» en vertu de la découverte, et que nous assure d'ailleurs le droit qu'ont
» les nations civilisées de s'établir sur le territoire occupé par les tribus
» sauvages.

» Jusqu'à ce jour, plusieurs causes n'ont cessé de diminuer aux yeux
» des Indiens le prix du sol qu'ils occupent, et ensuite les mêmes causes
» les ont portés à nous le vendre sans peine. L'usage d'acheter aux sau-
» vages leur droit d'*occupant* (*right of occupancy*) n'a donc jamais pu
» retarder, dans un degré perceptible, la prospérité des États-Unis. »
(*Documents législatifs*, 21ᵉ congrès, nº 227, p. 6.)

(1) Cette opinion nous a, du reste, paru celle de presque tous les hommes d'État américains.

« Si l'on juge de l'avenir par le passé, disait M. Cass au congrès, on
» doit prévoir une diminution progressive dans le nombre des Indiens,
» et s'attendre à l'extinction finale de leur race. Pour que cet événement

Les Indiens de l'Amérique du Nord n'avaient que deux voies de salut : la guerre ou la civilisation; en d'autres termes, il leur fallait détruire les Européens ou devenir leurs égaux.

A la naissance des colonies, il leur eût été possible, en unissant leurs forces, de se délivrer du petit nombre d'étrangers qui venaient d'aborder sur les rivages du continent (1). Plus d'une fois ils ont tenté de le faire et se sont vus sur le point d'y réussir. Aujourd'hui la disproportion des ressources est trop grande pour qu'ils puissent songer à une pareille entreprise. Il s'élève encore cependant, parmi les nations indiennes, des hommes de génie qui prévoient le sort final réservé aux populations sauvages, et cherchent à réunir toutes les tribus dans la haine commune des Européens; mais leurs efforts sont impuissants. Les peuplades qui avoisinent les blancs sont déjà trop affaiblies pour offrir une résistance efficace; les autres, se livrant à cette insouciance puérile du lendemain qui caractérise la nature sauvage, attendent que le danger se présente pour s'en occuper; les uns ne peuvent, les autres ne veulent point agir.

Il est facile de prévoir que les Indiens ne voudront jamais se civiliser, ou qu'ils l'essaieront trop tard, quand ils viendront à le vouloir.

» n'eût pas lieu, il faudrait que nos frontières cessassent de s'étendre,
» et que les sauvages se fixassent au-delà, ou bien qu'il s'opérât un
» changement complet dans nos rapports avec eux; ce qu'il serait peu
» raisonnable d'attendre. »

(1) Voyez entre autres la guerre entreprise par les Wampanoags, et les autres tribus confédérées, sous la conduite de Métacom, en 1675, contre les colons de la Nouvelle-Angleterre, et celle que les Anglais eurent à soutenir en 1622 dans la Virginie.

La civilisation est le résultat d'un long travail social qui s'opère dans un même lieu, et que les différentes générations se lèguent les unes aux autres en se succédant. Les peuples chez lesquels la civilisation parvient le plus difficilement à fonder son empire sont les peuples chasseurs. Les tribus de pasteurs changent de lieux, mais elles suivent toujours dans leurs migrations un ordre régulier, et reviennent sans cesse sur leurs pas; la demeure des chasseurs varie comme celle des animaux mêmes qu'ils poursuivent.

Plusieurs fois on a tenté de faire pénétrer les lumières parmi les Indiens en leur laissant leurs mœurs vagabondes; les jésuites l'avaient entrepris dans le Canada, les puritains dans la Nouvelle-Angleterre (1). Les uns et les autres n'ont rien fait de durable. La civilisation naissait sous la hutte et allait mourir dans les bois. La grande faute de ces législateurs des Indiens était de ne pas comprendre que, pour parvenir à civiliser un peuple, il faut avant tout obtenir qu'il se fixe, et il ne saurait le faire qu'en cultivant le sol; il s'agissait donc d'abord de rendre les Indiens cultivateurs.

Non seulement les Indiens ne possèdent pas ce préliminaire indispensable de la civilisation, mais il leur est très difficile de l'acquérir.

Les hommes qui se sont une fois livrés à la vie oisive et aventureuse des chasseurs sentent un dégoût presque insurmontable pour les travaux constants et réguliers qu'exige la culture. On peut s'en apercevoir

---

(1) Voyez les différents historiens de la Nouvelle-Angleterre. Voyez aussi l'*Histoire de la Nouvelle-Angleterre*, par Charlevoix, et les *Lettres édifiantes*.

au sein même de nos sociétés; mais cela est bien plus visible encore chez les peuples pour lesquels les habitudes de chasse sont devenues des coutumes nationales.

Indépendamment de cette cause générale, il en est une non moins puissante et qui ne se rencontre que chez les Indiens. Je l'ai déjà indiquée; je crois devoir y revenir.

Les indigènes de l'Amérique du Nord ne considèrent pas seulement le travail comme un mal, mais comme un déshonneur, et leur orgueil lutte contre la civilisation presque aussi obstinément que leur paresse (1).

Il n'y a point d'Indien si misérable qui, sous sa hutte d'écorce, n'entretienne une superbe idée de sa valeur individuelle; il considère les soins de l'industrie comme des occupations avilissantes; il compare le cultivateur au bœuf qui trace un sillon, et dans chacun de nos arts il n'aperçoit que des travaux d'esclaves. Ce n'est pas qu'il n'ait conçu une très haute idée du pouvoir des blancs et de la grandeur de leur intelligence; mais, s'il admire le résultat de nos efforts, il méprise les moyens qui nous l'ont fait obtenir, et, tout en subissant notre ascendant, il se croit encore supérieur à nous. La chasse et la guerre lui semblent les seuls soins dignes d'un homme (2).

(1) « Dans toutes les tribus, dit Volney dans son *Tableau des États-Unis*, p. 423, il existe encore une génération de vieux guerriers qui, en voyant manier la houe, ne cessent de crier à la dégradation des mœurs antiques, et qui prétendent que les sauvages ne doivent leur décadence qu'à ces innovations, et que, pour recouvrer leur gloire et leur puissance, il leur suffirait de revenir à leurs mœurs primitives. »

(2) On trouve dans un document officiel la peinture suivante :
« Jusqu'à ce qu'un jeune homme ait été aux prises avec l'ennemi, et

L'Indien, au fond de la misère de ses bois, nourrit donc les mêmes idées, les mêmes opinions que le noble du moyen âge dans son château-fort, et il ne lui manque, pour achever de lui ressembler, que de devenir conquérant. Ainsi, chose singulière! c'est dans les forêts du Nouveau-Monde, et non parmi les Européens qui peuplent ses rivages, que se retrouvent aujourd'hui les anciens préjugés de l'Europe.

J'ai cherché plus d'une fois, dans le cours de cet ouvrage, à faire comprendre l'influence prodigieuse que me paraissait exercer l'état social sur les lois et les mœurs des hommes. Qu'on me permette d'ajouter à ce sujet un seul mot.

Lorsque j'aperçois la ressemblance qui existe entre les institutions politiques de nos pères, les Germains, et celles des tribus errantes de l'Amérique du Nord, entre les coutumes retracées par Tacite, et celles dont j'ai pu quelquefois être le témoin, je ne saurais m'empêcher de penser que la même cause a produit, dans les deux hémisphères, les mêmes effets, et qu'au

» puisse se vanter de quelques prouesses, on n'a pour lui aucune consi-
» dération : on le regarde à peu près comme une femme.
  » A leurs grandes danses de guerre, les guerriers viennent l'un après
» l'autre frapper le poteau, comme ils l'appellent, et racontent leurs
» exploits. Dans cette occasion, leur auditoire est composé des parents,
» amis et compagnons du narrateur. L'impression profonde que produi-
» sent sur eux ses paroles paraît manifestement au silence avec lequel
» on l'écoute, et se manifeste bruyamment par les applaudissements qui
» accompagnent la fin de ses récits. Le jeune homme qui n'a rien à ra-
» conter dans de semblables réunions se considère comme très malheu-
» reux, et il n'est pas sans exemple que de jeunes guerriers dont les pas-
» sions avaient été ainsi excitées, se soient éloignés tout-à-coup de la
» danse, et, partant seuls, aient été chercher des trophées qu'ils pussent
» montrer et des aventures dont il leur fût permis de se glorifier. »

milieu de la diversité apparente des choses humaines, il n'est pas impossible de retrouver un petit nombre de faits générateurs dont tous les autres découlent. Dans tout ce que nous nommons les institutions germaines, je suis donc tenté de ne voir que des habitudes de barbares, et des opinions de sauvages dans ce que nous appelons les idées féodales.

Quels que soient les vices et les préjugés qui empêchent les Indiens de l'Amérique du Nord de devenir cultivateurs et civilisés, quelquefois la nécessité les y oblige.

Plusieurs nations considérables du Sud, entre autres celles des Chérokées et des Creeks (1), se sont trouvées comme enveloppées par les Européens, qui, débarquant sur les rivages de l'Océan, descendant l'Ohio et remontant le Mississipi, arrivaient à la fois autour d'elles. On ne les a point chassées de place en place, ainsi que les tribus du Nord, mais on les a resserrées peu à peu dans des limites trop étroites, comme des chasseurs font d'abord l'enceinte d'un taillis avant de pénétrer simultanément dans l'intérieur. Les Indiens, placés alors entre la civilisation

---

(1) Ces nations se trouvent aujourd'hui englobées dans les États de Géorgie, de Tennessee, d'Alabama et de Mississipi.

Il y avait jadis au Sud (on en voit les restes) quatre grandes nations : les Choctaws, les Chikasaws, les Creeks et les Chérokées.

Les restes de ces quatre nations formaient encore, en 1830, environ 75,000 individus. On compte qu'il se trouve à présent, sur le territoire occupé ou réclamé par l'Union anglo-américaine, environ 300,000 Indiens. (Voyez *Proceedings of the Indian board in the city New-York*.) Les documents officiels fournis au congrès portent ce nombre à 313,130. Le lecteur qui serait curieux de connaître le nom et la force de toutes les tribus qui habitent le territoire anglo-américain, devra consulter les documents que je viens d'indiquer. (*Documents législatifs*, 20e congrès, n° 17, p. 90-105.)

et la mort, se sont vus réduits à vivre honteusement de leur travail comme les blancs ; ils sont donc devenus cultivateurs ; et sans quitter entièrement ni leurs habitudes, ni leurs mœurs, en ont sacrifié ce qui était absolument nécessaire à leur existence.

Les Chérokées allèrent plus loin ; ils créèrent une langue écrite, établirent une forme assez stable de gouvernement ; et, comme tout marche d'un pas précipité dans le Nouveau-Monde, ils eurent un journal (1) avant d'avoir tous des habits.

Ce qui a singulièrement favorisé le développement rapide des habitudes européennes chez ces Indiens a été la présence des métis (2). Participant aux lumières de son père sans abandonner entièrement les coutumes sauvages de sa race maternelle, le métis forme le lien naturel entre la civilisation et la barbarie. Partout où les métis se sont multipliés, on a vu les sauvages modifier peu à peu leur état social et changer leurs mœurs (3).

(1) J'ai rapporté en France un ou deux exemplaires de cette singulière publication.

(2) Voyez, dans le rapport du comité des affaires indiennes, 21ᵉ congrès, n° 227, p. 23, ce qui fait que les métis se sont multipliés chez les Chérokées ; la cause principale remonte à la guerre de l'indépendance. Beaucoup d'Anglo-Américains de la Géorgie ayant pris parti pour l'Angleterre, furent contraints de se retirer chez les Indiens, et s'y marièrent.

(3) Malheureusement les métis ont été en plus petit nombre, et ont exercé une moindre influence dans l'Amérique du Nord que partout ailleurs.

Deux grandes nations de l'Europe ont peuplé cette portion du continent américain : les Français et les Anglais.

Les premiers n'ont pas tardé à contracter des unions avec les filles indigènes ; mais le malheur voulut qu'il se trouvât une secrète affinité entre le caractère indien et le leur. Au lieu de donner aux barbares le goût et les habitudes de la vie civilisée, ce sont eux qui souvent se sont

Le succès des Cherokées prouve donc que les Indiens ont la faculté de se civiliser, mais il ne prouve nullement qu'ils puissent y réussir.

Cette difficulté que trouvent les Indiens à se soumettre à la civilisation, naît d'une cause générale à laquelle il leur est presque impossible de se soustraire.

Si l'on jette un regard attentif sur l'histoire, on découvre qu'en général les peuples barbares se sont élevés peu à peu d'eux-mêmes, et par leurs propres efforts, jusqu'à la civilisation.

Lorsqu'il leur est arrivé d'aller puiser la lumière chez une nation étrangère, ils occupaient alors vis-à-vis d'elle le rang de vainqueurs, et non la position de vaincus.

Lorsque le peuple conquis est éclairé et le peuple conquérant à demi sauvage, comme dans l'invasion de l'Empire romain par les nations du Nord, ou dans celle de la Chine par les Mongols, la puissance que la victoire assure au barbare suffit pour le tenir au

---

attachés avec passion à la vie sauvage : ils sont devenus les hôtes les plus dangereux des déserts, et ont conquis l'amitié de l'Indien en exagérant ses vices et ses vertus. M. de Sénonville, gouverneur du Canada, écrivait à Louis XIV, en 1685 : « On a cru long-temps qu'il fallait approcher » les sauvages de nous pour les franciser; on a tout lieu de reconnaître » qu'on se trompait. Ceux qui se sont approchés de nous ne se sont pas » rendus Français, et les Français qui les ont hantés sont devenus sau- » vages. Ils affectent de se mettre comme eux, de vivre comme eux. » (*Histoire de la Nouvelle-France*, par Charlevoix, vol. II, p. 345.)

L'Anglais, au contraire, demeurant obstinément attaché aux opinions, aux usages et aux moindres habitudes de ses pères, est resté au milieu des solitudes américaines ce qu'il était au sein des villes de l'Europe ; il n'a donc voulu établir aucun contact avec des sauvages qu'il méprisait, et a évité avec soin de mêler son sang à celui des barbares.

Ainsi, tandis que le Français n'exerçait aucune influence salutaire sur les Indiens, l'Anglais leur était toujours étranger.

niveau de l'homme civilisé et lui permettre de marcher son égal, jusqu'à ce qu'il devienne son émule; l'un a pour lui la force, l'autre l'intelligence; le premier admire les sciences et les arts des vaincus, le second envie le pouvoir des vainqueurs. Les barbares finissent par introduire l'homme policé dans leurs palais, et l'homme policé leur ouvre à son tour ses écoles. Mais quand celui qui possède la force matérielle jouit en même temps de la prépondérance intellectuelle, il est rare que le vaincu se civilise; il se retire ou est détruit.

C'est ainsi qu'on peut dire d'une manière générale que les sauvages vont chercher la lumière les armes à la main, mais qu'ils ne la reçoivent pas.

Si les tribus indiennes qui habitent maintenant le centre du continent pouvaient trouver en elles-mêmes assez d'énergie pour entreprendre de se civiliser, elles y réussiraient peut-être. Supérieures alors aux nations barbares qui les environneraient, elles prendraient peu à peu des forces et de l'expérience, et, quand les Européens paraîtraient enfin sur leurs frontières, elles seraient en état, sinon de maintenir leur indépendance, du moins de faire reconnaître leurs droits au sol et de s'incorporer aux vainqueurs. Mais le malheur des Indiens est d'entrer en contact avec le peuple le plus civilisé, et j'ajouterai le plus avide du globe, alors qu'ils sont encore eux-mêmes à moitié barbares; de trouver dans leurs instituteurs des maîtres, et de recevoir à la fois l'oppression et la lumière.

Vivant au sein de la liberté des bois, l'Indien de l'Amérique du Nord était misérable, mais il ne se sentait inférieur à personne; du moment où il veut

pénétrer dans la hiérarchie sociale des blancs, il ne
saurait y occuper que le dernier rang; car il entre
ignorant et pauvre dans une société où règnent la
science et la richesse. Après avoir mené une vie
agitée, pleine de maux et de dangers, mais en même
temps remplie d'émotions et de grandeur (1), il lui

(1) Il y a dans la vie aventureuse des peuples chasseurs je ne sais
quel attrait irrésistible qui saisit le cœur de l'homme et l'entraîne en
dépit de sa raison et de l'expérience. On peut se convaincre de cette
vérité en lisant les *Mémoires de Tanner.*

Tanner est un Européen qui a été enlevé à l'âge de six ans par les
Indiens, et qui est resté trente ans dans les bois avec eux. Il est impossible de rien voir de plus affreux que les misères qu'il décrit. Il nous
montre des tribus sans chefs, des familles sans nations, des hommes
isolés, débris mutilés de tribus puissantes, errant au hasard au milieu
des glaces et parmi les solitudes désolées du Canada. La faim et le froid
les poursuivent; chaque jour la vie semble prête à leur échapper. Chez
eux les mœurs ont perdu leur empire, les traditions sont sans pouvoir.
Les hommes deviennent de plus en plus barbares. Tanner partage tous
ces maux; il connaît son origine européenne; il n'est point retenu de
force loin des blancs; il vient au contraire chaque année trafiquer avec
eux, parcourt leurs demeures, voit leur aisance; il sait que du jour où il
voudra rentrer au sein de la vie civilisée il pourra facilement y parvenir,
et il reste trente ans dans les déserts. Lorsqu'il retourne enfin au milieu
d'une société civilisée, il confesse que l'existence dont il a décrit les misères a pour lui des charmes secrets qu'il ne saurait définir; il y revient
sans cesse après l'avoir quittée; il ne s'arrache à tant de maux qu'avec
mille regrets; et lorsqu'il est enfin fixé au milieu des blancs, plusieurs
de ses enfants refusent de venir partager avec lui sa tranquillité et son
aisance.

J'ai moi-même rencontré Tanner à l'entrée du lac Supérieur. Il m'a
paru ressembler bien plus encore à un sauvage qu'à un homme civilisé.

On ne trouve dans l'ouvrage de Tanner ni ordre ni goût; mais l'auteur
y fait, à son insu même, une peinture vivante des préjugés, des passions,
des vices, et surtout des misères de ceux au milieu desquels il a vécu.

M. le vicomte Ernest de Blosseville, auteur d'un excellent ouvrage sur
les colonies pénales d'Angleterre, a traduit les *Mémoires de Tanner.*
M. de Blosseville a joint à sa traduction des notes d'un grand intérêt,
qui permettront au lecteur de comparer les faits racontés par Tanner

faut se soumettre à une existence monotone, obscure et dégradée. Gagner par de pénibles travaux et au milieu de l'ignominie le pain qui doit le nourrir, tel est à ses yeux l'unique résultat de cette civilisation qu'on lui vante.

Et ce résultat même, il n'est pas toujours sûr de l'obtenir.

Lorsque les Indiens entreprennent d'imiter les Européens leurs voisins, et de cultiver comme ceux-ci la terre, ils se trouvent aussitôt exposés aux effets d'une concurrence très funeste. Le blanc est maître des secrets de l'agriculture. L'Indien débute grossièrement dans un art qu'il ignore. L'un fait croître sans peine de grandes moissons, l'autre n'arrache des fruits à la terre qu'avec mille efforts.

L'Européen est placé au milieu d'une population dont il connaît et partage les besoins.

Le sauvage est isolé au milieu d'un peuple ennemi dont il connaît incomplétement les mœurs, la langue et les lois, et dont pourtant il ne saurait se passer. Ce n'est qu'en échangeant ses produits contre ceux des blancs qu'il peut trouver l'aisance, car ses compatriotes ne lui sont plus que d'un faible secours.

Ainsi donc, quand l'Indien veut vendre les fruits de ses travaux, il ne trouve pas toujours l'acheteur que le cultivateur européen découvre sans peine, et

avec ceux déjà relatés par un grand nombre d'observateurs anciens et modernes.

Tous ceux qui désirent connaître l'état actuel et prévoir la destinée future des races indiennes de l'Amérique du Nord doivent consulter l'ouvrage de M. de Blosseville.

il ne saurait produire qu'à grands frais ce que l'autre livre à bas prix.

L'Indien ne s'est donc soustrait aux maux auxquels sont exposées les nations barbares que pour se soumettre aux plus grandes misères des peuples policés, et il rencontre presque autant de difficultés à vivre au sein de notre abondance qu'au milieu de ses forêts.

Chez lui cependant, les habitudes de la vie errante ne sont pas encore détruites. Les traditions n'ont pas perdu leur empire; le goût de la chasse n'est pas éteint. Les joies sauvages qu'il a éprouvées jadis au fond des bois se peignent alors avec de plus vives couleurs à son imagination troublée; les privations qu'il y a endurées lui semblent au contraire moins affreuses, les périls qu'il y rencontrait moins grands. L'indépendance dont il jouissait chez ses égaux contraste avec la position servile qu'il occupe dans une société civilisée.

D'un autre côté, la solitude dans laquelle il a si long-temps vécu libre est encore près de lui; quelques heures de marche peuvent la lui rendre. Du champ à moitié défriché dont il tire à peine de quoi se nourrir, les blancs ses voisins lui offrent un prix qui lui semble élevé. Peut-être cet argent que lui présentent les Européens lui permettrait-il de vivre heureux et tranquille loin d'eux. Il quitte la charrue, reprend ses armes, et rentre pour toujours au désert (1).

On peut juger de la vérité de ce triste tableau par

---

(1) Cette influence destructive qu'exercent les peuples très civilisés sur ceux qui le sont moins, se fait remarquer chez les Européens euxmêmes.

Des Français avaient fondé, il y a près d'un siècle, au milieu du désert, la ville de Vincennes sur le Wabash. Ils y vécurent dans une grande ce qui se passe chez les Creeks et les Cherokées, que j'ai cités.

Ces Indiens, dans le peu qu'ils ont fait, ont assurément montré autant de génie naturel que les peuples de l'Europe dans leurs plus vastes entreprises; mais les nations, comme les hommes, ont besoin de temps pour apprendre, quels que soient leur intelligence et leurs efforts.

Pendant que ces sauvages travaillaient à se civi-

---

abondance jusqu'à l'arrivée des émigrants américains. Ceux-ci commencèrent aussitôt à ruiner les anciens habitants par la concurrence; ils leur achetèrent ensuite leurs terres à vil prix. Au moment où M. de Volney, auquel j'emprunte ce détail, traversa Vincennes, le nombre des Français était réduit à une centaine d'individus, dont la plupart se disposaient à passer à la Louisiane et au Canada. Ces Français étaient des hommes honnêtes, mais sans lumières et sans industrie; ils avaient contracté une partie des habitudes sauvages. Les Américains, qui leur étaient peut-être inférieurs sous le point de vue moral, avaient sur eux une immense supériorité intellectuelle : ils étaient industrieux, instruits, riches et habitués à se gouverner eux-mêmes.

J'ai moi-même vu au Canada, où la différence intellectuelle entre les deux races est bien moins prononcée, l'Anglais, maître du commerce et de l'industrie dans le pays du Canadien, s'étendre de tous côtés, et resserrer le Français dans des limites trop étroites.

De même, à la Louisiane, presque toute l'activité commerciale et industrielle se concentre entre les mains des Anglo-Américains.

Quelque chose de plus frappant encore se passe dans la province du Texas; l'État du Texas fait partie, comme on sait, du Mexique, et lui sert de frontière du côté des États-Unis. Depuis quelques années, les Anglo-Américains pénètrent individuellement dans cette province encore mal peuplée, achètent les terres, s'emparent de l'industrie, et se substituent rapidement à la population originaire. On peut prévoir que si le Mexique ne se hâte d'arrêter ce mouvement, le Texas ne tardera pas à lui échapper.

Si quelques différences, comparativement peu sensibles dans la civilisation européenne, amènent de pareils résultats, il est facile de comprendre ce qui doit ariver quand la civilisation la plus perfectionnée de l'Europe entre en contact avec la barbarie indienne.

liser, les Européens continuaient à les envelopper de toutes parts et à les resserrer de plus en plus. Aujourd'hui, les deux races se sont enfin rencontrées; elles se touchent. L'Indien est déjà devenu supérieur à son père le sauvage, mais il est encore fort inférieur au blanc son voisin. A l'aide de leurs ressources et de leurs lumières, les Européens n'ont pas tardé à s'approprier la plupart des avantages que la possession du sol pouvait fournir aux indigènes; ils se sont établis au milieu d'eux, se sont emparés de la terre ou l'ont achetée à vil prix, et les ont ruinés par une concurrence que ces derniers ne pouvaient en aucune façon soutenir. Isolés dans leur propre pays, les Indiens n'ont plus formé qu'une petite colonie d'étrangers incommodes au milieu d'un peuple nombreux et dominateur (1).

Washington avait dit, dans un de ses messages au congrès : « Nous sommes plus éclairés et plus puissants

(1) Voyez, dans les documents législatifs, 21ᵉ congrès, nº 89, les excès de tous genres commis par la population blanche sur le territoire des Indiens. Tantôt les Anglo-Américains s'établissent sur une partie du territoire, comme si la terre manquait ailleurs, et il faut que les troupes du congrès viennent les expulser; tantôt ils enlèvent les bestiaux, brûlent les maisons, coupent les fruits des indigènes ou exercent des violences sur leurs personnes.

Il résulte de toutes ces pièces la preuve que les indigènes sont chaque jour victimes de l'abus de la force. L'Union entretient habituellement parmi les Indiens un *agent chargé de la représenter*; le rapport de l'agent des Cherokées se trouve parmi les pièces que je cite : le langage de ce fonctionnaire est presque toujours favorable aux sauvages. « L'intrusion » des blancs sur le territoire des Cherokées, dit-il, p. 12, causera la » ruine de ceux qui y habitent, et qui y mènent une existence pauvre » et inoffensive. » Plus loin on voit que l'État de Géorgie, voulant resserrer les limites des Cherokées, procède à un bornage; l'agent fédéral fait remarquer que le bornage n'ayant été fait que par les blancs, et non contradictoirement, n'a aucune valeur.

» que les nations indiennes; il est de notre honneur de
» les traiter avec bonté et même avec générosité. »

Cette noble et vertueuse politique n'a point été suivie.

A l'avidité des colons se joint d'ordinaire la tyrannie du gouvernement. Quoique les Cherokées et les Creeks soient établis sur le sol qu'ils habitaient avant l'arrivée des Européens, bien que les Américains aient souvent traité avec eux comme avec des nations étrangères, les États au milieu desquels ils se trouvent n'ont point voulu les reconnaître pour des peuples indépendants, et ils ont entrepris de soumettre ces hommes, à peine sortis des forêts, à leurs magistrats, à leurs coutumes et à leurs lois (1). La misère avait poussé ces Indiens infortunés vers la civilisation, l'oppression les repousse aujourd'hui vers la barbarie. Beaucoup d'entre eux, quittant leurs champs à moitié défrichés, reprennent l'habitude de la vie sauvage.

Si l'on fait attention aux mesures tyranniques adoptées par les législateurs des États du Sud, à la conduite de leurs gouverneurs et aux actes de leurs tribunaux, on se convaincra aisément que l'expulsion

---

(1) En 1829, l'État d'Alabama divise le territoire des Creeks en comtés, et soumet la population indienne à des magistrats européens.

En 1830, l'État de Mississipi assimile les Choctaws et les Chickasas aux blancs, et déclare que ceux d'entre eux qui prendront le titre de chef seront punis de 1,000 dollars d'amende et d'un an de prison.

Lorsque l'État de Mississipi étendit ainsi ses lois sur les Indiens Chactas qui habitaient dans ses limites, ceux-ci s'assemblèrent; leur chef leur fit connaître quelle était la prétention des blancs, et leur lut quelques unes des lois auxquelles on voulait les soumettre : les sauvages déclarèrent d'une commune voix qu'il valait mieux s'enfoncer de nouveau dans les déserts. (*Mississipi papers.*)

complète des Indiens est le but final où tendent simultanément tous leurs efforts. Les Américains de cette partie de l'Union voient avec jalousie les terres que possèdent les indigènes (1); ils sentent que ces derniers n'ont point encore complétement perdu les traditions de la vie sauvage, et avant que la civilisation les ait solidement attachés au sol, ils veulent les réduire au désespoir et les forcer à s'éloigner.

Opprimés par les États particuliers, les Creeks et les Cherokées se sont adressés au gouvernement central. Celui-ci n'est point insensible à leurs maux, il voudrait sincèrement sauver les restes des indigènes et leur assurer la libre possession du territoire que lui-même leur a garantie (2); mais quand il cherche à exécuter ce dessein, les États particuliers lui opposent une résistance formidable, et alors il se résout sans peine à laisser périr quelques tribus sauvages déjà à moitié détruites, pour ne pas mettre l'Union américaine en danger.

Impuissant à protéger les Indiens, le gouvernement fédéral voudrait au moins adoucir leur sort; dans ce but, il a entrepris de les transporter à ses frais dans d'autres lieux.

Entre les 33° et 37° degrés de latitude nord, s'étend

(1) Les Géorgiens, qui se trouvent si incommodés du voisinage des Indiens, occupent un territoire qui ne compte pas encore plus de sept habitants par mille carré. En France, il y a cent soixante-deux individus dans le même espace.

(2) En 1818, le congrès ordonna que le territoire d'Arkansas serait visité par des commissaires américains, accompagnés d'une députation de Creeks, de Choctaws et de Chickasas. Cette expédition était commandée par MM. Kennerly, Mc Coy, Wash Hood et John Bell. Voyez les différents rapports des commissaires et leur journal, dans les papiers du congrès, n° 87, *Houses of Representatives*.

une vaste contrée qui a pris le nom d'Arkansas, du fleuve principal qui l'arrose. Elle borde d'un côté les frontières du Mexique, de l'autre les rives du Mississipi. Une multitude de ruisseaux et de rivières la sillonnent de tous côtés, le climat en est doux et le sol fertile. On n'y rencontre que quelques hordes errantes de sauvages. C'est dans la portion de ce pays, qui avoisine le plus le Mexique, et à une grande distance des établissements américains, que le gouvernement de l'Union veut transporter les débris des populations indigènes du sud.

A la fin de l'année 1831, on nous a assuré que 10,000 Indiens avaient déjà été descendus sur les rivages de l'Arkansas; d'autres arrivaient chaque jour. Mais le congrès n'a pu créer encore une volonté unanime parmi ceux dont il veut régler le sort : les uns consentent avec joie à s'éloigner du foyer de la tyrannie; les plus éclairés refusent d'abandonner leurs moissons naissantes et leurs nouvelles demeures; ils pensent que si l'œuvre de la civilisation vient à s'interrompre, on ne la reprendra plus; ils craignent que les habitudes sédentaires, à peine contractées, ne se perdent sans retour au milieu de pays encore sauvages, et où rien n'est préparé pour la subsistance d'un peuple cultivateur; ils savent qu'ils trouveront dans ces nouveaux déserts des hordes ennemies, et pour leur résister, ils n'ont plus l'énergie de la barbarie, sans avoir encore acquis les forces de la civilisation. Les Indiens découvrent d'ailleurs sans peine tout ce qu'il y a de provisoire dans l'établissement qu'on leur propose. Qui leur assurera qu'ils pourront enfin reposer en paix dans leur nouvel asile? Les États-Unis s'engagent à les y maintenir ; mais le territoire qu'ils occupent maintenant leur avait été garanti jadis par les serments les plus solennels (1). Aujourd'hui le gouvernement américain ne leur ôte pas, il est vrai, leurs terres, mais il les laisse envahir. Dans peu d'années, sans doute, la même population blanche qui se presse maintenant autour d'eux sera de nouveau sur leurs pas dans les solitudes d'Arkansas; ils retrouveront alors les mêmes maux sans les mêmes remèdes; et la terre venant tôt ou tard à leur manquer, il leur faudra toujours se résigner à mourir.

Il y a moins de cupidité et de violence dans la manière d'agir de l'Union envers les Indiens que dans la politique suivie par les États; mais les deux gouvernements manquent également de bonne foi.

Les États, en étendant ce qu'ils appellent le bienfait de leurs lois sur les Indiens, comptent que ces derniers aimeront mieux s'éloigner que de s'y soumettre; et le gouvernement central, en promettant à ces infortunés un asile permanent dans l'Ouest, n'ignore pas qu'il ne peut le leur garantir (2).

(1) On trouve, dans le traité fait avec les Creeks en 1790, cette clause : « Les États-Unis garantissent solennellement à la nation des Creeks » toutes les terres qu'elle possède dans le territoire de l'Union. »

Le traité conclu en juillet 1791 avec les Cherokées contient ce qui suit : « Les États-Unis garantissent solennellement à la nation des Che- » rokées toutes les terres qu'elle n'a point précédemment cédées. S'il ar- » rivait qu'un citoyen des États-Unis, ou tout individu autre qu'un » Indien, vînt s'établir sur le territoire des Cherokées, les États-Unis » déclarent qu'ils retirent à ce citoyen leur protection, et qu'ils le livrent » à la nation des Cherokées pour le punir comme bon lui semblera. » Art. 8.

(2) Ce qui ne l'empêche pas de le leur promettre de la manière la plus formelle. Voyez la lettre du président adressée aux Creeks le

Ainsi, les États, par leur tyrannie, forcent les sauvages à fuir; l'Union, par ses promesses et à l'aide de ses ressources, rend cette fuite aisée. Ce sont des mesures différentes qui tendent au même but (1).

« Par la volonté de notre Père céleste qui gouverne
» l'univers, disaient les Cherokées dans leur pétition
» au congrès (2), la race des hommes rouges d'Amé-
» rique est devenue petite; la race blanche est devenue
» grande et renommée.

» Lorsque vos ancêtres arrivèrent sur nos rivages,
» l'homme rouge était fort, et quoiqu'il fût ignorant
» et sauvage, il les reçut avec bonté et leur permit de
» reposer leurs pieds engourdis sur la terre sèche. Nos

23 mars 1829 : (*Proceedings of the Indian Board in the city of New-York*, p. 5) « Au-delà du grand fleuve (le Mississipi), votre père, dit-
» il, a préparé, pour vous y recevoir, un vaste pays. Là, vos frères les
» blancs ne viendront pas vous troubler; ils n'auront aucuns droits sur
» vos terres; vous pourrez y vivre vous et vos enfants, au milieu de la
» paix et de l'abondance, aussi long-temps que l'herbe croîtra et que les
» ruisseaux couleront; elles vous *appartiendront à toujours.* »
Dans une lettre écrite aux Cherokées par le secrétaire du département de la guerre, le 18 avril 1829, ce fonctionnaire leur déclare qu'ils ne doivent pas se flatter de conserver la jouissance du territoire qu'ils occupent en ce moment, mais il leur donne cette même assurance positive pour le temps où ils seront de l'autre côté du Mississipi (même ouvrage, p. 6): comme si le pouvoir qui lui manque maintenant ne devait pas lui manquer de même alors !

(1) Pour se faire une idée exacte de la politique suivie par les États particuliers et par l'Union vis-à-vis des Indiens, il faut consulter : 1° les lois des États particuliers relatives aux Indiens (ce recueil se trouve dans les documents législatifs, 21e congrès, n° 319); 2° les lois de l'Union relatives au même objet, et en particulier celle du 30 mars 1802 (ces lois se trouvent dans l'ouvrage de M. Story intitulé : *Laws of the United-States*); 3° enfin, pour connaître quel est l'état actuel des relations de l'Union avec toutes les tribus indiennes, voyez le rapport fait par M. Cass, secrétaire d'État de la guerre, le 29 novembre 1823.

(2) Le 19 novembre 1829. Ce morceau est traduit textuellement.

» pères et les vôtres se donnèrent la main en signe
» d'amitié, et vécurent en paix.

» Tout ce que demanda l'homme blanc pour satis-
» faire ses besoins, l'Indien s'empressa de le lui accor-
» der. L'Indien était alors le maître, et l'homme blanc
» le suppliant. Aujourd'hui, la scène est changée : la
» force de l'homme rouge est devenue faiblesse. A
» mesure que ses voisins croissaient en nombre, son
» pouvoir diminuait de plus en plus; et maintenant,
» de tant de tribus puissantes qui couvraient la sur-
» face de ce que vous nommez les États-Unis, à peine
» en reste-t-il quelques unes que le désastre universel
» ait épargnées. Les tribus du Nord, si renommées
» jadis parmi nous pour leur puissance, ont déjà à peu
» près disparu. Telle a été la destinée de l'homme
» rouge d'Amérique.

» Nous voici les derniers de notre race, nous faut-il
» aussi mourir?

» Depuis un temps immémorial, notre Père com-
» mun, qui est au ciel, a donné à nos ancêtres la
» terre que nous occupons; nos ancêtres nous l'ont
» transmise comme leur héritage. Nous l'avons con-
» servée avec respect, car elle contient leur cendre.
» Cet héritage, l'avons-nous jamais cédé ou perdu?
» Permettez-nous de vous demander humblement
» quel meilleur droit un peuple peut avoir à un pays
» que le droit d'héritage et la possession immémo-
» riale? Nous savons que l'État de Géorgie et le Pré-
» sident des États-Unis prétendent aujourd'hui que
» nous avons perdu ce droit. Mais ceci nous semble
» une allégation gratuite. A quelle époque l'aurions-
» nous perdu? Quel crime avons-nous commis qui

» puisse nous priver de notre patrie? Nous repro-
» che-t-on d'avoir combattu sous les drapeaux du roi
» de la Grande-Bretagne lors de la guerre de l'indé-
» pendance? Si c'est là le crime dont on parle, pour-
» quoi, dans le premier traité qui a suivi cette guerre,
» n'y déclarâtes-vous pas que nous avions perdu la
» propriété de nos terres? pourquoi n'insérâtes-vous
» pas alors dans ce traité un article ainsi conçu : Les
» Etats-Unis veulent bien accorder la paix à la na-
» tion des Cherokées; mais pour les punir d'avoir
» pris part à la guerre, il est déclaré qu'on ne les con-
» sidérera plus que comme fermiers du sol, et qu'ils
» seront assujettis à s'éloigner quand les États qui
» les avoisinent demanderont qu'ils le fassent? C'était
» le moment de parler ainsi ; mais nul ne s'avisa
» alors d'y penser, et jamais nos pères n'eussent con-
» senti à un traité dont le résultat eût été de les priver
» de leurs droits les plus sacrés et de leur ravir leur
» pays. »

Tel est le langage des Indiens : ce qu'ils disent est vrai; ce qu'ils prévoient me semble inévitable.

De quelque côté qu'on envisage la destinée des indigènes de l'Amérique du Nord, on ne voit que maux irrémédiables: s'ils restent sauvages, on les pousse devant soi en marchant; s'ils veulent se civiliser, le contact d'hommes plus civilisés qu'eux les livre à l'oppression et à la misère. S'ils continuent à errer de déserts en déserts, ils périssent; s'ils entreprennent de se fixer, ils périssent encore. Ils ne peuvent s'éclairer qu'à l'aide des Européens, et l'approche des Européens les déprave et les repousse vers la barbarie. Tant qu'on les laisse dans leurs solitudes, ils refusent de changer leurs mœurs, et il n'est plus temps de le faire quand ils sont enfin contraints de le vouloir.

Les Espagnols lâchent leurs chiens sur les Indiens comme sur des bêtes farouches; ils pillent le Nouveau-Monde ainsi qu'une ville prise d'assaut, sans discernement et sans pitié; mais on ne peut tout détruire; la fureur a un terme; le reste des populations indiennes échappées au massacre finit par se mêler à ses vainqueurs et par adopter leur religion et leurs mœurs (1).

La conduite des Américains des États-Unis envers les indigènes respire au contraire le plus pur amour des formes et de la légalité. Pourvu que les Indiens demeurent dans l'état sauvage, les Américains ne se mêlent nullement de leurs affaires et les traitent en peuples indépendants; ils ne se permettent point d'occuper leurs terres sans les avoir dûment acquises au moyen d'un contrat; et si par hasard une nation indienne ne peut plus vivre sur son territoire, ils la prennent fraternellement par la main, et la conduisent eux-mêmes mourir hors du pays de ses pères.

Les Espagnols, à l'aide de monstruosités sans exemples, en se couvrant d'une honte ineffaçable, n'ont pu parvenir à exterminer la race indienne, ni même à l'empêcher de partager leurs droits; les Amé-

(1) Il ne faut pas du reste faire honneur de ce résultat aux Espagnols. Si les tribus indiennes n'avaient pas déjà été fixées au sol par l'agriculture au moment de l'arrivée des Européens, elles auraient sans doute été détruites dans l'Amérique du Sud comme dans l'Amérique du Nord.

ricains des États-Unis ont atteint ce double résultat avec une merveilleuse facilité, tranquillement, légalement, philanthropiquement, sans répandre de sang, sans violer un seul des grands principes de la morale (1) aux yeux du monde. On ne saurait détruire les hommes en respectant mieux les lois de l'humanité.

(1) Voyez entre autres le rapport fait par M. Bell au nom du comité des affaires indiennes, le 24 février 1830, dans lequel on établit, p. 5, par des raisons très logiques, et où l'on prouve fort doctement que : « The fundamental principle, that the Indians had no right by virtue of » their ancient possession either of soil, or sovereignty, has never been » abandoned either expressly or by implication. » C'est-à-dire que *les Indiens, en vertu de leur ancienne possession, n'ont acquis aucun droit de propriété ni de souveraineté, principe fondamental qui n'a jamais été abandonné, ni expressément ni tacitement.*

En lisant ce rapport, rédigé d'ailleurs par une main habile, on est étonné de la facilité et de l'aisance avec lesquelles, dès les premiers mots, l'auteur se débarrasse des arguments fondés sur le droit naturel et sur la raison, qu'il nomme des principes abstraits et théoriques. Plus j'y songe et plus je pense que la seule différence qui existe entre l'homme civilisé et celui qui ne l'est pas, par rapport à la justice, est celle-ci : l'un conteste à la justice des droits que l'autre se contente de violer.

POSITION QU'OCCUPE LA RACE NOIRE AUX ÉTATS-UNIS (1) : DANGERS QUE SA PRÉSENCE FAIT COURIR AUX BLANCS.

Pourquoi il est plus difficile d'abolir l'esclavage et d'en faire disparaître la trace chez les modernes que chez les anciens. — Aux États-Unis, le préjugé des blancs contre les noirs semble devenir plus fort à mesure qu'on détruit l'esclavage. — Situation des nègres dans les États du Nord et du Sud. — Pourquoi les Américains abolissent l'esclavage. — La servitude, qui abrutit l'esclave, appauvrit le maître. — Différences qu'on remarque entre la rive droite et la rive gauche de l'Ohio. — A quoi il faut les attribuer. — La race noire rétrograde vers le Sud, comme le fait l'esclave. — Comment ceci s'explique. — Difficultés que rencontrent les États du Sud à abolir l'esclavage. — Dangers de l'avenir. — Préoccupation des esprits. — Fondation d'une colonie noire en Afrique. — Pourquoi les Américains du Sud, en même temps qu'ils se dégoûtent de l'esclavage, accroissent ses rigueurs.

Les Indiens mourront dans l'isolement comme ils ont vécu ; mais la destinée des nègres est en quelque sorte enlacée dans celle des Européens. Les deux races sont liées l'une à l'autre, sans pour cela se confondre ; il leur est aussi difficile de se séparer complétement que de s'unir.

Le plus redoutable de tous les maux qui menacent l'avenir des États-Unis naît de la présence des noirs

(1) Avant de traiter cette matière, je dois un avertissement au lecteur. Dans un livre dont j'ai déjà parlé au commencement de cet ouvrage, et qui est sur le point de paraître, M. Gustave de Beaumont, mon compagnon de voyage, a eu pour principal objet de faire connaître en France quelle est la position des nègres au milieu de la population blanche des États-Unis. M. de Beaumont a traité à fond une question que mon sujet m'a seulement permis d'effleurer.

Son livre, dont les notes contiennent un très grand nombre de documents législatifs et historiques, fort précieux et entièrement inconnus, présente en outre des tableaux dont l'énergie ne saurait être égalée que par la vérité. C'est l'ouvrage de M. de Beaumont que devront lire ceux qui voudront comprendre à quels excès de tyrannie sont peu à peu poussés les hommes quand une fois ils ont commencé à sortir de la nature et de l'humanité.

sur leur sol. Lorsqu'on cherche la cause des embarras présents et des dangers futurs de l'Union, on arrive presque toujours à ce premier fait de quelque point qu'on parte.

Les hommes ont en général besoin de grands et constants efforts pour créer des maux durables ; mais il est un mal qui pénètre dans le monde furtivement : d'abord on l'aperçoit à peine au milieu des abus ordinaires du pouvoir ; il commence avec un individu dont l'histoire ne conserve pas le nom ; on le dépose comme un germe maudit sur quelque point du sol ; il se nourrit ensuite de lui-même, s'étend sans effort, et croît naturellement avec la société qui l'a reçu : ce mal est l'esclavage.

Le christianisme avait détruit la servitude ; les chrétiens du XVIe siècle l'ont rétablie ; ils ne l'ont jamais admise cependant que comme une exception dans leur système social, et ils ont pris soin de la restreindre à une seule des races humaines. Ils ont ainsi fait à l'humanité une blessure moins large, mais infiniment plus difficile à guérir.

Il faut discerner deux choses avec soin : l'esclavage en lui-même et ses suites.

Les maux immédiats produits par l'esclavage étaient à peu près les mêmes chez les anciens qu'ils le sont chez les modernes, mais les suites de ces maux étaient différentes. Chez les anciens, l'esclave appartenait à la même race que son maître, et souvent il lui était supérieur en éducation et en lumières (1). La liberté seule les séparait ; la liberté étant donnée, ils se confondaient aisément.

(1) On sait que plusieurs des auteurs les plus célèbres de l'antiquité

Les anciens avaient donc un moyen bien simple de se délivrer de l'esclavage et de ses suites; ce moyen était l'affranchissement, et dès qu'ils l'ont employé d'une manière générale, ils ont réussi.

Ce n'est pas que, dans l'antiquité, les traces de la servitude ne subsistassent encore quelque temps après que la servitude était détruite.

Il y a un préjugé naturel qui porte l'homme à mépriser celui qui a été son inférieur, long-temps encore après qu'il est devenu son égal; à l'inégalité réelle que produit la fortune ou la loi, succède toujours une inégalité imaginaire qui a ses racines dans les mœurs; mais chez les anciens, cet effet secondaire de l'esclavage avait un terme. L'affranchi ressemblait si fort aux hommes d'origine libre, qu'il devenait bientôt impossible de le distinguer au milieu d'eux.

Ce qu'il y avait de plus difficile chez les anciens, était de modifier la loi; chez les modernes, c'est de changer les mœurs, et, pour nous, la difficulté réelle commence où l'antiquité la voyait finir.

Ceci vient de ce que chez les modernes le fait immatériel et fugitif de l'esclavage se combine de la manière la plus funeste avec le fait matériel et permanent de la différence de race. Le souvenir de l'esclavage déshonore la race, et la race perpétue le souvenir de l'esclavage.

Il n'y a pas d'Africain qui soit venu librement sur les rivages du Nouveau-Monde; d'où il suit que tous ceux qui s'y trouvent de nos jours sont esclaves ou

---

étaient ou avaient été des esclaves : Ésope et Térence sont de ce nombre. Les esclaves n'étaient pas toujours pris parmi les nations barbares : la guerre mettait des hommes très civilisés dans la servitude.

affranchis. Ainsi, le nègre, avec l'existence, transmet à tous ses descendants le signe extérieur de son ignominie. La loi peut détruire la servitude; mais il n'y a que Dieu seul qui puisse en faire disparaître la trace.

L'esclave moderne ne diffère pas seulement du maître par la liberté, mais encore par l'origine. Vous pouvez rendre le nègre libre, mais vous ne sauriez faire qu'il ne soit pas vis-à-vis de l'Européen dans la position d'un étranger.

Ce n'est pas tout encore : cet homme qui est né dans la bassesse; cet étranger que la servitude a introduit parmi nous, à peine lui reconnaissons-nous les traits généraux de l'humanité. Son visage nous paraît hideux, son intelligence nous semble bornée, ses goûts sont bas; peu s'en faut que nous ne le prenions pour un être intermédiaire entre la brute et l'homme (1).

Les modernes, après avoir aboli l'esclavage, ont donc encore à détruire trois préjugés bien plus insaisissables et plus tenaces que lui : le préjugé du maître, le préjugé de race, et enfin le préjugé du blanc.

Il nous est fort difficile, à nous qui avons eu le bonheur de naître au milieu d'hommes que la nature avait faits nos semblables et la loi nos égaux; il nous est fort difficile, dis-je, de comprendre quel espace infranchissable sépare le nègre d'Amérique de l'Européen. Mais nous pouvons en avoir une idée éloignée en raisonnant par analogie.

(1) Pour que les blancs quittassent l'opinion qu'ils ont conçue de l'infériorité intellectuelle et morale de leurs anciens esclaves, il faudrait que les nègres changeassent, et ils ne peuvent changer tant que subsiste cette opinion.

Nous avons vu jadis parmi nous de grandes inégalités qui n'avaient leurs racines que dans la législation. Quoi de plus fictif qu'une infériorité purement légale! Quoi de plus contraire à l'instinct de l'homme que des différences permanentes établies entre des gens évidemment semblables! Ces différences ont cependant subsisté pendant des siècles; elles subsistent encore en mille endroits; partout elles ont laissé des traces imaginaires, mais que le temps peut à peine effacer. Si l'inégalité créée seulement par la loi est si difficile à déraciner, comment détruire celle qui semble, en outre, avoir ses fondements immuables dans la nature elle-même?

Pour moi, quand je considère avec quelle peine les corps aristocratiques, de quelque nature qu'ils soient, arrivent à se fondre dans la masse du peuple, et le soin extrême qu'ils prennent de conserver pendant des siècles les barrières idéales qui les en séparent, je désespère de voir disparaître une aristocratie fondée sur des signes visibles et impérissables.

Ceux qui espèrent que les Européens se confondront un jour avec les nègres me paraissent donc caresser une chimère. Ma raison ne me porte point à le croire, et je ne vois rien qui me l'indique dans les faits.

Jusqu'ici, partout où les blancs ont été les plus puissants, ils ont tenu les nègres dans l'avilissement ou dans l'esclavage. Partout où les nègres ont été les plus forts, ils ont détruit les blancs; c'est le seul compte qui se soit jamais ouvert entre les deux races.

Si je considère les États-Unis de nos jours, je vois bien que, dans certaine partie du pays, la barrière légale qui sépare les deux races tend à s'abaisser, non celle des mœurs : j'aperçois l'esclavage qui recule; le préjugé qu'il a fait naître est immobile.

Dans la portion de l'Union où les nègres ne sont plus esclaves, se sont-ils rapprochés des blancs? Tout homme qui a habité les États-Unis aura remarqué qu'un effet contraire s'était produit.

Le préjugé de race me paraît plus fort dans les États qui ont aboli l'esclavage que dans ceux où l'esclavage existe encore, et nulle part il ne se montre aussi intolérant que dans les États où la servitude a toujours été inconnue.

Il est vrai qu'au nord de l'Union la loi permet aux nègres et aux blancs de contracter des alliances légitimes; mais l'opinion déclare infâme le blanc qui s'unirait à une négresse, et il serait très difficile de citer l'exemple d'un pareil fait.

Dans presque tous les États où l'esclavage est aboli, on a donné au nègre des droits électoraux; mais s'il se présente pour voter, il court risque de la vie. Opprimé, il peut se plaindre, mais il ne trouve que des blancs parmi ses juges. La loi cependant lui ouvre le banc des jurés, mais le préjugé l'en repousse. Son fils est exclu de l'école où vient s'instruire le descendant des Européens. Dans les théâtres, il ne saurait, au prix de l'or, acheter le droit de se placer à côté de celui qui fut son maître; dans les hôpitaux, il gît à part. On permet au noir d'implorer le même Dieu que les blancs, mais non de le prier au même autel. Il a ses prêtres et ses temples. On ne lui ferme point les portes du ciel : à peine cependant si l'inégalité s'arrête au bord de l'autre monde. Quand le nègre n'est plus, on jette ses os à l'écart, et la différence des conditions se retrouve jusque dans l'égalité de la mort.

Ainsi le nègre est libre, mais il ne peut partager ni les droits, ni les plaisirs, ni les travaux, ni les douleurs, ni même le tombeau de celui dont il a été déclaré l'égal; il ne saurait se rencontrer nulle part avec lui, ni dans la vie ni dans la mort.

Au Sud, où l'esclavage existe encore, on tient moins soigneusement les nègres à l'écart; ils partagent quelquefois les travaux des blancs et leurs plaisirs; on consent jusqu'à un certain point à se mêler avec eux; la législation est plus dure à leur égard; les habitudes sont plus tolérantes et plus douces.

Au Sud, le maître ne craint pas d'élever jusqu'à lui son esclave, parce qu'il sait qu'il pourra toujours, s'il le veut, le rejeter dans la poussière. Au Nord, le blanc n'aperçoit plus distinctement la barrière qui doit le séparer d'une race avilie, et il s'éloigne du nègre avec d'autant plus de soin qu'il craint d'arriver un jour à se confondre avec lui.

Chez l'Américain du Sud, la nature rentrant quelquefois dans ses droits, vient pour un moment rétablir entre les blancs et les noirs l'égalité. Au Nord, l'orgueil fait taire jusqu'à la passion la plus impérieuse de l'homme. L'Américain du Nord consentirait peut-être à faire de la négresse la compagne passagère de ses plaisirs, si les législateurs avaient déclaré qu'elle ne doit pas aspirer à partager sa couche; mais elle peut devenir son épouse, et il s'éloigne d'elle avec une sorte d'horreur.

C'est ainsi qu'aux États-Unis le préjugé qui repousse les nègres semble croître à proportion que les nègres cessent d'être esclaves, et que l'inégalité se grave dans les mœurs à mesure qu'elle s'efface dans les lois.

Mais, si la position relative des deux races qui habitent les États-Unis est telle que je viens de la montrer, pourquoi les Américains ont-ils aboli l'esclavage au Nord de l'Union, pourquoi le conservent-ils au Midi, et d'où vient qu'ils aggravent ses rigueurs?

Il est facile de répondre. Ce n'est pas dans l'intérêt des nègres, mais dans celui des blancs, qu'on détruit l'esclavage aux États-Unis.

Les premiers nègres ont été importés dans la Virginie vers l'année 1621 (1). En Amérique, comme dans tout le reste de la terre, la servitude est donc née au Sud. De là elle a gagné de proche en proche; mais à mesure que l'esclavage remontait vers le Nord, le nombre des esclaves allait décroissant (2); on a toujours vu très peu de nègres dans la Nouvelle-Angleterre.

---

(1) Voyez l'*Histoire de la Virginie*, par Beverley. Voyez aussi, dans les *Mémoires de Jefferson*, de curieux détails sur l'introduction des nègres en Virginie, et sur le premier acte qui en a prohibé l'importation en 1778.

(2) Le nombre des esclaves était moins grand dans le Nord, mais les avantages résultant de l'esclavage n'y étaient pas plus contestés qu'au Sud. En 1740, la législature de l'État de New-York déclare qu'on doit encourager le plus possible l'importation directe des esclaves, et que la contrebande doit être sévèrement punie, comme tendant à décourager le commerçant honnête. (*Kent's commentaries*, vol. 2, p. 206.)

On trouve dans la Collection historique du Massachusetts, vol. 4, p. 193, des recherches curieuses de Belknap sur l'esclavage dans la Nou-

Les colonies étaient fondées; un siècle s'était déjà écoulé, et un fait extraordinaire commençait à frapper tous les regards. Les provinces qui ne possédaient pour ainsi dire point d'esclaves croissaient en population, en richesses et en bien-être, plus rapidement que celles qui en avaient.

Dans les premières cependant, l'habitant était obligé de cultiver lui-même le sol, ou de louer les services d'un autre; dans les secondes, il trouvait à sa disposition des ouvriers dont il ne rétribuait pas les efforts. Il y avait donc travail et frais d'un côté, loisirs et économie de l'autre : cependant l'avantage restait aux premiers.

Ce résultat paraissait d'autant plus difficile à expliquer que les émigrants, appartenant tous à la même race européenne, avaient les mêmes habitudes, la même civilisation, les mêmes lois, et ne différaient que par des nuances peu sensibles.

Le temps continuait à marcher : quittant les bords de l'océan Atlantique, les Anglo-Américains s'enfonçaient tous les jours davantage dans les solitudes de l'Ouest; ils y rencontraient des terrains et des climats nouveaux; ils avaient à y vaincre des obstacles de diverse nature; leurs races se mêlaient, des hommes du Sud montaient au Nord, des hommes du Nord descendaient au Sud. Au milieu de toutes ces causes, le même fait se reproduisait à chaque pas; et en gé-

---

velle-Angleterre. Il en résulte que, dès 1630, les nègres furent introduits, mais que dès lors la législation et les mœurs se montrèrent opposées à l'esclavage.

Voyez également dans cet endroit la manière dont l'opinion publique, et ensuite la loi, parvinrent à détruire la servitude.

néral, la colonie où ne se trouvaient point d'esclaves devenait plus peuplée et plus prospère que celle où l'esclavage était en vigueur.

A mesure qu'on avançait, on commençait donc à entrevoir que la servitude, si cruelle à l'esclave, était funeste au maître.

Mais cette vérité reçut sa dernière démonstration lorsqu'on fut parvenu sur les bords de l'Ohio.

Le fleuve que les Indiens avaient nommé par excellence l'Ohio, ou la Belle-Rivière, arrose de ses eaux l'une des plus magnifiques vallées dont l'homme ait jamais fait son séjour. Sur les deux rives de l'Ohio s'étendent les terrains ondulés, où le sol offre chaque jour au laboureur d'inépuisables trésors : sur les deux rives, l'air est également sain et le climat tempéré; chacune d'elles forme l'extrême frontière d'un vaste État : celui qui suit à gauche les mille sinuosités que décrit l'Ohio dans son cours, se nomme le Kentucky; l'autre a emprunté son nom au fleuve lui-même. Les deux Etats ne diffèrent que dans un seul point : le Kentucky a admis des esclaves, l'État de l'Ohio les a tous rejetés de son sein (1).

Le voyageur qui, placé au milieu de l'Ohio, se laisse entraîner par le courant jusqu'à l'embouchure du fleuve dans le Mississipi, navigue donc pour ainsi dire entre la liberté et la servitude ; et il n'a qu'à jeter autour de lui ses regards pour juger en un instant laquelle est la plus favorable à l'humanité.

Sur la rive gauche du fleuve, la population est

(1) Non seulement l'Ohio n'admet pas l'esclavage, mais il prohibe l'entrée de son territoire aux nègres libres, et leur défend d'y rien acquérir. Voyez les statuts de l'Ohio.

clair-semée; de temps en temps on aperçoit une troupe d'esclaves parcourant d'un air insouciant des champs à moitié déserts; la forêt primitive reparaît sans cesse; on dirait que la société est endormie; l'homme semble oisif, la nature seule offre l'image de l'activité et de la vie.

De la rive droite s'élève au contraire une rumeur confuse qui proclame au loin la présence de l'industrie; de riches moissons couvrent les champs; d'élégantes demeures annoncent le goût et les soins du laboureur; de toutes parts l'aisance se révèle; l'homme paraît riche et content : il travaille (1).

L'État du Kentucky a été fondé en 1775, l'État de l'Ohio ne l'a été que douze ans plus tard : douze ans en Amérique, c'est plus d'un demi-siècle en Europe. Aujourd'hui la population de l'Ohio excède déjà de 250,000 habitants celle du Kentucky (2).

Ces effets divers de l'esclavage et de la liberté se comprennent aisément; ils suffisent pour expliquer bien des différences qui se rencontrent entre la civilisation antique et celle de nos jours.

Sur la rive gauche de l'Ohio le travail se confond avec l'idée de l'esclavage; sur la rive droite, avec celle

---

(1) Ce n'est pas seulement l'homme individu qui est actif dans l'Ohio; l'État fait lui-même d'immenses entreprises : l'État d'Ohio a établi, entre le lac Érié et l'Ohio, un canal au moyen duquel la vallée du Mississipi communique avec la rivière du Nord. Grâce à ce canal, les marchandises d'Europe qui arrivent à New-York peuvent descendre par eau jusqu'à la Nouvelle-Orléans, à travers plus de cinq cents lieues de continent.

(2) Chiffre exact d'après le recensement de 1830.
    Kentucky,   688,844.
    Ohio,   937,669.

du bien-être et des progrès; là il est dégradé, ici on l'honore; sur la rive gauche du fleuve, on ne peut trouver d'ouvriers appartenant à la race blanche, ils craindraient de ressembler à des esclaves; il faut s'en rapporter aux soins des nègres; sur la rive droite on chercherait en vain un oisif; le blanc étend à tous les travaux son activité et son intelligence.

Ainsi donc les hommes qui, dans le Kentucky, sont chargés d'exploiter les richesses naturelles du sol, n'ont ni zèle, ni lumière; tandis que ceux qui pourraient avoir ces deux choses ne font rien, ou passent dans l'Ohio, afin d'utiliser leur industrie et de pouvoir l'exercer sans honte.

Il est vrai que dans le Kentucky les maîtres font travailler les esclaves sans être obligés de les payer, mais ils tirent peu de fruits de leurs efforts, tandis que l'argent qu'ils donneraient aux ouvriers libres se retrouverait avec usure dans le prix de leurs travaux.

L'ouvrier libre est payé, mais il fait plus vite que l'esclave, et la rapidité de l'exécution est un des grands éléments de l'économie. Le blanc vend ses secours, mais on ne les achète que quand ils sont utiles; le noir n'a rien à réclamer pour prix de ses services, mais on est obligé de le nourrir en tout temps; il faut le soutenir dans sa vieillesse comme dans son âge mûr, dans sa stérile enfance comme durant les années fécondes de sa jeunesse, pendant la maladie comme en santé. Ainsi ce n'est qu'en payant qu'on obtient le travail de ces deux hommes: l'ouvrier libre reçoit un salaire; l'esclave, une éducation, des aliments, des soins, des vêtements; l'argent que dépense le maître pour l'entretien de l'esclave s'écoule peu à peu et en détail; on l'aperçoit à peine : le salaire que l'on donne à l'ouvrier se livre d'un seul coup, et il semble n'enrichir que celui qui le reçoit; mais en réalité l'esclave a plus coûté que l'homme libre, et ses travaux ont été moins productifs (1).

L'influence de l'esclavage s'étend encore plus loin; elle pénètre jusque dans l'âme même du maître, et imprime une direction particulière à ses idées et à ses goûts.

Sur les deux rives de l'Ohio, la nature a donné à l'homme un caractère entreprenant et énergique; mais de chaque côté du fleuve il fait de cette qualité commune un emploi différent.

Le blanc de la rive droite, obligé de vivre par ses propres efforts, a placé dans le bien-être matériel le but principal de son existence; et comme le pays qu'il habite présente à son industrie d'inépuisables

---

(1) Indépendamment de ces causes, qui, partout où les ouvriers libres abondent, rend leur travail plus productif et plus économique que celui des esclaves, il en faut signaler une autre qui est particulière aux États-Unis : sur toute la surface de l'Union on n'a encore trouvé le moyen de cultiver avec succès la canne à sucre que sur les bords du Mississipi, près de l'embouchure de ce fleuve, dans le golfe du Mexique. A la Louisiane, la culture de la canne est extrêmement avantageuse : nulle part le laboureur ne retire un aussi grand prix de ses travaux; et, comme il s'établit toujours un certain rapport entre les frais de production et les produits, le prix des esclaves est fort élevé à la Louisiane. Or, la Louisiane étant du nombre des États confédérés, on peut y transporter des esclaves de toutes les parties de l'Union; le prix qu'on donne d'un esclave à la Nouvelle-Orléans élève donc le prix des esclaves sur tous les autres marchés. Il en résulte que, dans les pays où la terre rapporte peu, les frais de la culture par les esclaves continuent à être très considérables, ce qui donne un grand avantage à la concurrence des ouvriers libres.

ressources, et offre à son activité des appâts toujours renaissants, son ardeur d'acquérir a dépassé les bornes ordinaires de la cupidité humaine : tourmenté du désir des richesses, on le voit entrer avec audace dans toutes les voies que la fortune lui ouvre; il devient indifféremment marin, pionnier, manufacturier, cultivateur, supportant avec une égale constance les travaux ou les dangers attachés à ces différentes professions; il y a quelque chose de merveilleux dans les ressources de son génie, et une sorte d'héroïsme dans son avidité pour le gain.

L'Américain de la rive gauche ne méprise pas seulement le travail, mais toutes les entreprises que le travail fait réussir; vivant dans une oisive aisance, il a les goûts des hommes oisifs; l'argent a perdu une partie de sa valeur à ses yeux; il poursuit moins la fortune que l'agitation et le plaisir, et il porte de ce côté l'énergie que son voisin déploie ailleurs; il aime passionnément la chasse et la guerre; il se plaît dans les exercices les plus violents du corps; l'usage des armes lui est familier, et dès son enfance il a appris à jouer sa vie dans des combats singuliers. L'esclavage n'empêche donc pas seulement les blancs de faire fortune, il les détourne de le vouloir.

Les mêmes causes opérant continuellement depuis deux siècles en sens contraires dans les colonies anglaises de l'Amérique Septentrionale, ont fini par mettre une différence prodigieuse entre la capacité commerciale de l'homme du Sud et celle de l'homme du Nord. Aujourd'hui, il n'y a que le Nord qui ait des vaisseaux, des manufactures, des routes de fer et des canaux.

Cette différence se remarque non seulement en comparant le Nord et le Sud, mais en comparant entre eux les habitants du Sud. Presque tous les hommes qui dans les États les plus méridionaux de l'Union se livrent à des entreprises commerciales et cherchent à utiliser l'esclavage, sont venus du Nord; chaque jour, les gens du Nord se répandent dans cette partie du territoire américain où la concurrence est moins à craindre pour eux; ils y découvrent des ressources que n'y apercevraient point les habitants, et se pliant à un système qu'ils désapprouvent, ils parviennent à en tirer un meilleur parti que ceux qui le soutiennent encore après l'avoir fondé.

Si je voulais pousser plus loin le parallèle, je prouverais aisément que presque toutes les différences qui se remarquent entre le caractère des Américains au Sud et au Nord ont pris naissance dans l'esclavage; mais ce serait sortir de mon sujet: je cherche en ce moment, non pas quels sont tous les effets de la servitude, mais quels effets elle produit sur la prospérité matérielle de ceux qui l'ont admise.

Cette influence de l'esclavage sur la production des richesses ne pouvait être que très imparfaitement connue de l'antiquité. La servitude existait alors dans tout l'univers policé, et les peuples qui ne la connaissaient point étaient des barbares.

Aussi le christianisme n'a-t-il détruit l'esclavage qu'en faisant valoir les droits de l'esclave; de nos jours on peut l'attaquer au nom du maître: sur ce point l'intérêt et la morale sont d'accord.

A mesure que ces vérités se manifestaient aux

États-Unis, on voyait l'esclavage reculer peu à peu devant les lumières de l'expérience.

La servitude avait commencé au Sud et s'était ensuite étendue vers le Nord, aujourd'hui elle se retire. La liberté, partie du Nord, descend sans s'arrêter vers le Sud. Parmi les grands États, la Pensylvanie forme aujourd'hui l'extrême limite de l'esclavage vers le Nord, mais dans ces limites mêmes il est ébranlé; le Maryland, qui est immédiatement au-dessous de la Pensylvanie, se prépare chaque jour à s'en passer, et déjà la Virginie, qui suit le Maryland, discute son utilité et ses dangers (1).

Il ne se fait pas un grand changement dans les institutions humaines sans qu'au milieu des causes de ce changement on ne découvre la loi des successions.

Lorsque l'inégalité des partages régnait au Sud, chaque famille était représentée par un homme riche qui ne sentait pas plus le besoin que le goût du travail; autour de lui vivaient de la même manière, comme autant de plantes parasites, les membres de sa famille que la loi avait exclus de l'héritage commun; on voyait alors dans toutes les familles du Sud ce qu'on voit encore de nos jours dans les familles

(1) Il y a une raison particulière qui achève de détacher de la cause de l'esclavage les deux derniers États que je viens de nommer.

L'ancienne richesse de cette partie de l'Union était principalement fondée sur la culture du tabac. Les esclaves sont particulièrement appropriés à cette culture : or, il arrive que depuis bien des années le tabac perd de sa valeur vénale; cependant la valeur des esclaves reste toujours la même. Ainsi le rapport entre les frais de production et les produits est changé. Les habitants du Maryland et de la Virginie se sentent donc plus disposés qu'ils ne l'étaient il y a trente ans, soit à se passer d'esclaves dans la culture du tabac, soit à abandonner en même temps la culture du tabac et l'esclavage.

nobles de certains pays de l'Europe, où les cadets, sans avoir la même richesse que l'aîné, restent aussi oisifs que lui. Cet effet semblable était produit en Amérique et en Europe par des causes entièrement analogues. Dans le Sud des États-Unis, la race entière des blancs formait un corps aristocratique à la tête duquel se tenaient un certain nombre d'individus privilégiés dont la richesse était permanente et les loisirs héréditaires. Ces chefs de la noblesse américaine perpétuaient dans le corps dont ils étaient les représentants les préjugés traditionnels de la race blanche, et maintenaient l'oisiveté en honneur. Dans le sein de cette aristocratie, on pouvait rencontrer des pauvres, mais non des travailleurs; la misère y paraissait préférable à l'industrie; les ouvriers nègres et esclaves ne trouvaient donc point de concurrents, et, quelque opinion qu'on pût avoir sur l'utilité de leurs efforts, il fallait bien les employer, puisqu'ils étaient seuls.

Du moment où la loi des successions a été abolie, toutes les fortunes ont commencé à diminuer simultanément, toutes les familles se sont rapprochées par un même mouvement de l'état où le travail devient nécessaire à l'existence; beaucoup d'entre elles ont entièrement disparu; toutes ont entrevu le moment où il faudrait que chacun pourvût soi-même à ses besoins. Aujourd'hui on voit encore des riches, mais ils ne forment plus un corps compact et héréditaire; ils n'ont pu adopter un esprit, y persévérer et le faire pénétrer dans tous les rangs. On a donc commencé à abandonner d'un commun accord le préjugé qui flétrissait le travail; il y a eu plus de pauvres, et les pauvres ont pu sans rougir s'occuper des moyens de gagner leur vie. Ainsi l'un des effets les plus prochains de l'égalité des partages a été de créer une classe d'ouvriers libres. Du moment où l'ouvrier libre est entré en concurrence avec l'esclave, l'infériorité de ce dernier s'est fait sentir, et l'esclavage a été attaqué dans son principe même, qui est l'intérêt du maître.

A mesure que l'esclavage recule, la race noire le suit dans sa marche rétrograde, et retourne avec lui vers les tropiques, d'où elle est originairement venue.

Ceci peut paraître extraordinaire au premier abord, on va bientôt le concevoir.

En abolissant le principe de servitude, les Américains ne mettent point les esclaves en liberté.

Peut-être comprendrait-on avec peine ce qui va suivre, si je ne citais un exemple; je choisirai celui de l'État de New-York. En 1788, l'État de New-York prohibe dans son sein la vente des esclaves. C'était d'une manière détournée en prohiber l'importation. Dès lors le nombre des nègres ne s'accroît plus que suivant l'accroissement naturel de la population noire. Huit ans après, on prend une mesure plus décisive, et l'on déclare qu'à partir du 4 juillet 1799 tous les enfants qui naîtront de parents esclaves seront libres. Toute voie d'accroissement est alors fermée; il y a encore des esclaves, mais on peut dire que la servitude n'existe plus.

A partir de l'époque où un État du Nord prohibe ainsi l'importation des esclaves, on ne retire plus de noirs du Sud pour les transporter dans son sein.

Du moment où un État du Nord défend la vente des nègres, l'esclave ne pouvant plus sortir des mains de celui qui le possède, devient une propriété incommode, et on a intérêt à le transporter au Sud.

Le jour où un État du Nord déclare que le fils de l'esclave naîtra libre, ce dernier perd une grande partie de sa valeur vénale; car sa postérité ne peut plus entrer dans le marché, et on a encore un grand intérêt à le transporter au Sud.

Ainsi la même loi empêche que les esclaves du Sud ne viennent au Nord, et pousse ceux du Nord vers le Sud.

Mais voici une autre cause plus puissante que toutes celles dont je viens de parler.

A mesure que le nombre des esclaves diminue dans un État, le besoin des travailleurs libres s'y fait sentir. A mesure que les travailleurs libres s'emparent de l'industrie, le travail de l'esclave étant moins productif, celui-ci devient une propriété médiocre ou inutile, et on a encore grand intérêt à l'exporter au Sud, où la concurrence n'est pas à craindre.

L'abolition de l'esclavage ne fait donc pas arriver l'esclave à la liberté; elle le fait seulement changer de maître : du septentrion, il passe au midi.

Quant aux nègres affranchis et à ceux qui naissent après que l'esclavage a été aboli, ils ne quittent point le Nord pour passer au Sud, mais ils se trouvent vis-à-vis des Européens dans une position analogue à celle des indigènes; ils restent à moitié civilisés et privés de droits au milieu d'une population qui leur est infiniment supérieure en richesses et en lumières;

ils sont en butte à la tyrannie des lois (1) et à l'intolérance des mœurs. Plus malheureux sous un certain rapport que les Indiens, ils ont contre eux les souvenirs de l'esclavage, et ils ne peuvent réclamer la possession d'un seul endroit du sol; beaucoup succombent à leur misère (2); les autres se concentrent dans les villes, où, se chargeant des plus grossiers travaux, ils mènent une existence précaire et misérable.

Quand, d'ailleurs, le nombre des nègres continuerait à croître de la même manière qu'à l'époque où ils ne possédaient pas encore la liberté, le nombre des blancs augmentant avec une double vitesse après l'abolition de l'esclavage, les noirs seraient bientôt comme engloutis au milieu des flots d'une population étrangère.

Un pays cultivé par des esclaves est en général moins peuplé qu'un pays cultivé par des hommes libres; de plus, l'Amérique est une contrée nouvelle; au moment donc où un État abolit l'esclavage, il n'est encore qu'à moitié plein. A peine la servitude y est-elle détruite, et le besoin des travailleurs libres s'y fait-il sentir, qu'on voit accourir dans son sein, de

(1) Les États où l'esclavage est aboli s'appliquent ordinairement à rendre fâcheux aux nègres libres le séjour de leur territoire; et comme il s'établit sur ce point une sorte d'émulation entre les différents États, les malheureux nègres ne peuvent que choisir entre des maux.

(2) Il existe une grande différence entre la mortalité des blancs et celle des noirs dans les États où l'esclavage est aboli : de 1820 à 1831, il n'est mort à Philadelphie qu'un blanc sur quarante-deux individus appartenant à la race blanche, tandis qu'il y est mort un nègre sur vingt et un individus appartenant à la race noire. La mortalité n'est pas si grande à beaucoup près parmi les nègres esclaves. (Voyez *Emmerson's medical Statistics*, p. 28.)

toutes les parties du pays, une foule de hardis aventuriers; ils viennent pour profiter des ressources nouvelles qui vont s'ouvrir à l'industrie. Le sol se divise entre eux; sur chaque portion s'établit une famille de blancs qui s'en empare. C'est aussi vers les États libres que l'émigration européenne se dirige. Que ferait le pauvre d'Europe qui vient chercher l'aisance et le bonheur dans le Nouveau-Monde, s'il allait habiter un pays où le travail est entaché d'ignominie?

Ainsi la population blanche croît par son mouvement naturel et en même temps par une immense émigration, tandis que la population noire ne reçoit point d'émigrants et s'affaiblit. Bientôt la proportion qui existait entre les deux races est renversée. Les nègres ne forment plus qu'un malheureux débris, une petite tribu pauvre et nomade, perdue au milieu d'un peuple immense et maître du sol; et l'on ne s'aperçoit plus de leur présence que par les injustices et les rigueurs dont ils sont l'objet.

Dans beaucoup d'États de l'Ouest, la race nègre n'a jamais paru; dans tous les États du Nord elle disparaît. La grande question de l'avenir se resserre donc dans un cercle étroit; elle devient ainsi moins redoutable, mais non plus facile à résoudre.

A mesure qu'on descend vers le Midi, il est plus difficile d'abolir utilement l'esclavage. Ceci résulte de plusieurs causes matérielles qu'il est nécessaire de développer.

La première est le climat : il est certain qu'à proportion que les Européens s'approchent des tropiques, le travail leur devient plus difficile; beaucoup d'Américains prétendent même que sous une certaine latitude il finit par leur être mortel, tandis que le nègre s'y soumet sans dangers (1); mais je ne pense pas que cette idée, si favorable à la paresse de l'homme du Midi, soit fondée sur l'expérience. Il ne fait pas plus chaud dans le sud de l'Union que dans le sud de l'Espagne et de l'Italie (2). Pourquoi l'Européen n'y pourrait-il exécuter les mêmes travaux? Et si l'esclavage a été aboli en Italie et en Espagne sans que les maîtres périssent, pourquoi n'en arriverait-il pas de même dans l'Union? Je ne crois donc pas que la nature ait interdit, sous peine de mort, aux Européens de la Géorgie ou des Florides de tirer eux-mêmes leur subsistance du sol; mais ce travail leur serait assurément plus pénible et moins productif (3) qu'aux habitants de la Nouvelle-Angleterre. Le travailleur libre perdant ainsi au Sud une partie de sa supériorité sur l'esclave, il est moins utile d'abolir l'esclavage.

Toutes les plantes de l'Europe croissent dans le Nord de l'Union; le Sud a des produits spéciaux.

(1) Ceci est vrai dans les endroits où l'on cultive le riz. Les rizières, qui sont malsaines en tous pays, sont particulièrement dangereuses dans ceux que le soleil brûlant des tropiques vient frapper. Les Européens auraient bien de la peine à cultiver la terre dans cette partie du Nouveau-Monde, s'ils voulaient s'obstiner à lui faire produire du riz. Mais ne peut-on pas se passer de rizières?

(2) Ces États sont plus près de l'équateur que l'Italie et l'Espagne, mais le continent de l'Amérique est infiniment plus froid que celui de l'Europe.

(3) L'Espagne fit jadis transporter dans un district de la Louisiane appelé Attakapas, un certain nombre de paysans des Açores. L'esclavage ne fut point introduit parmi eux; c'était un essai. Aujourd'hui ces hommes cultivent encore la terre sans esclaves; mais leur industrie est si languissante, qu'elle fournit à peine à leurs besoins.

On a remarqué que l'esclavage est un moyen dispendieux de cultiver les céréales. Celui qui récolte le blé dans un pays où la servitude est inconnue, ne retient habituellement à son service qu'un petit nombre d'ouvriers; à l'époque de la moisson, et pendant les semailles, il en réunit, il est vrai, beaucoup d'autres; mais ceux-là n'habitent que momentanément sa demeure.

Pour remplir ses greniers ou ensemencer ses champs, l'agriculteur qui vit dans un État à esclaves est obligé d'entretenir durant toute l'année un grand nombre de serviteurs, qui pendant quelques jours seulement lui sont nécessaires; car, différents des ouvriers libres, les esclaves ne sauraient attendre, en travaillant pour eux-mêmes, le moment où l'on doit venir louer leur industrie. Il faut les acheter pour s'en servir.

L'esclavage, indépendamment de ses inconvénients généraux, est donc naturellement moins applicable aux pays où les céréales sont cultivées qu'à ceux où on récolte d'autres produits.

La culture du tabac, du coton et surtout de la canne à sucre, exige, au contraire, des soins continuels. On peut y employer des femmes et des enfants qu'on ne pourrait point utiliser dans la culture du blé. Ainsi, l'esclavage est naturellement plus approprié au pays d'où l'on tire les produits que je viens de nommer.

Le tabac, le coton, la canne, ne croissent qu'au Sud; ils y forment les sources principales de la richesse du pays. En détruisant l'esclavage, les hommes du Sud se trouveraient dans l'une de ces deux alternatives : ou ils seraient obligés de changer leur système de culture, et alors ils entreraient en concurrence avec les hommes du Nord, plus actifs et plus expérimentés qu'eux; ou ils cultiveraient les mêmes produits sans esclaves, et alors ils auraient à supporter la concurrence de autres États du Sud qui les auraient conservés.

Ainsi le Sud a des raisons particulières de garder l'esclavage, que n'a point le Nord.

Mais voici un autre motif plus puissant que tous les autres. Le Sud pourrait bien, à la rigueur, abolir la servitude; mais comment se délivrerait-il des noirs? Au Nord, on chasse en même temps l'esclavage et les esclaves. Au Sud, on ne peut espérer d'atteindre en même temps ce double résultat.

En prouvant que la servitude était plus naturelle et plus avantageuse au Sud qu'au Nord, j'ai suffisamment indiqué que le nombre des esclaves devait y être beaucoup plus grand. C'est dans le Sud qu'ont été amenés les premiers Africains; c'est là qu'ils sont toujours arrivés en plus grand nombre. A mesure qu'on s'avance vers le Sud, le préjugé qui maintient l'oisiveté en honneur prend de la puissance. Dans les États qui avoisinent le plus les tropiques, il n'y a pas un blanc qui travaille. Les nègres sont donc naturellement plus nombreux au Sud qu'au Nord. Chaque jour, comme je l'ai dit plus haut, ils le deviennent davantage; car, à proportion qu'on détruit l'esclavage à l'une des extrémités de l'Union, les nègres s'accumulent à l'autre. Ainsi, le nombre des noirs augmente au Sud, non seulement par le mouvement naturel de la population, mais encore par l'émigration forcée des nègres du Nord. La race africaine a, pour croître dans cette partie de l'Union, des causes analogues à celles qui font grandir si vite la race européenne au Nord.

Dans l'État du Maine, on compte un nègre sur 300 habitants; dans le Massachusetts, un sur 100; dans l'État de New-York, deux sur 100; en Pensylvanie, trois; au Maryland, trente-quatre; quarante-deux dans la Virginie, et cinquante-cinq enfin dans la Caroline du Sud (1). Telle était la proportion des noirs par rapport à celle des blancs dans l'année 1830. Mais cette proportion change sans cesse: chaque jour elle devient plus petite au Nord et plus grande au Sud.

Il est évident que dans les États les plus méridionaux de l'Union, on ne saurait abolir l'esclavage comme on l'a fait dans les États du Nord, sans courir de très grands dangers, que ceux-ci n'ont point eu à redouter.

Nous avons vu comment les États du Nord ménageaient la transition entre l'esclavage et la liberté. Ils gardent la génération présente dans les fers et

---

(1) On lit dans l'ouvrage américain intitulé *Letters on the colonisation Society*, par Carey, 1833, ce qui suit : « Dans la Caroline du Sud, » depuis quarante ans, la race noire croît plus vite que celle des blancs. » En faisant un ensemble de la population des cinq États du Sud qui » ont d'abord eu des esclaves, dit encore M. Carey, le Maryland, la Vir- » ginie, la Caroline du Nord, la Caroline du Sud et la Géorgie, on dé- » couvre que de 1790 à 1830 les blancs ont augmenté dans le rapport » de 80 par 100. »

Aux États-Unis, en 1830, les hommes appartenant aux deux races étaient distribués de la manière suivante : États où l'esclavage est aboli, 6,565,434 blancs, 120,520 nègres. États où l'esclavage existe encore, 3,960,814 blancs, 2,208,102 nègres.

émancipent les races futures ; de cette manière, on n'introduit les nègres que peu à peu dans la société, et tandis qu'on retient dans la servitude l'homme qui pourrait faire un mauvais usage de son indépendance, on affranchit celui qui, avant de devenir maître de lui-même, peut encore apprendre l'art d'être libre.

Il serait difficile de faire l'application de cette méthode au Sud. Lorsqu'on déclare qu'à partir de certaine époque, le fils du nègre sera libre, on introduit le principe et l'idée de la liberté dans le sein même de la servitude : les noirs que le législateur garde dans l'esclavage, et qui voient leurs fils en sortir, s'étonnent de ce partage inégal que fait entre eux la destinée ; ils s'inquiètent et s'irritent. Dès lors, l'esclavage a perdu à leurs yeux l'espèce de puissance morale que lui donnaient le temps et la coutume ; il en est réduit à n'être plus qu'un abus visible de la force. Le Nord n'avait rien à craindre de ce contraste, parce qu'au Nord les noirs étaient en petit nombre, et les blancs très nombreux. Mais si cette première aurore de la liberté venait à éclairer en même temps deux millions d'hommes, les oppresseurs devraient trembler.

Après avoir affranchi les fils de leurs esclaves, les Européens du Sud seraient bientôt contraints d'étendre à toute la race noire le même bienfait.

Dans le Nord, comme je l'ai dit plus haut, du moment où l'esclavage est aboli, et même du moment où il devient probable que le temps de son abolition approche, il se fait un double mouvement : les esclaves quittent le pays pour être transportés plus au Sud ; les blancs des États du Nord et les émigrants d'Europe affluent à leur place.

Ces deux causes ne peuvent opérer de la même manière dans les derniers États du Sud. D'une part, la masse des esclaves y est trop grande pour qu'on puisse espérer de leur faire quitter le pays; d'autre part, les Européens et les Anglo-Américains du Nord redoutent de venir habiter une contrée où l'on n'a point encore réhabilité le travail. D'ailleurs, ils regardent avec raison des États où la proportion des nègres surpasse ou égale celle des blancs, comme menacés de grands malheurs, et ils s'abstiennent de porter leur industrie de ce côté.

Ainsi, en abolissant l'esclavage, les hommes du Sud ne parviendraient pas, comme leurs frères du Nord, à faire arriver graduellement les nègres à la liberté; ils ne diminueraient pas sensiblement le nombre des noirs, et ils resteraient seuls pour les contenir. Dans le cours de peu d'années, on verrait donc un grand peuple de nègres libres placé au milieu d'une nation à peu près égale de blancs.

Les mêmes abus du pouvoir qui maintiennent aujourd'hui l'esclavage deviendraient alors dans le Sud la source des plus grands dangers qu'auraient à redouter les blancs. Aujourd'hui le descendant des Européens possède seul la terre; il est maître absolu de l'industrie; seul il est riche, éclairé, armé. Le noir ne possède aucun de ces avantages; mais il peut s'en passer, il est esclave. Devenu libre, chargé de veiller lui-même sur son sort, peut-il rester privé de toutes ces choses sans mourir? Ce qui faisait la force du blanc, quand l'esclavage existait, l'expose donc à mille périls après que l'esclavage est aboli.

Laissant le nègre en servitude, on peut le tenir dans un état voisin de la brute; libre, on ne peut l'empêcher de s'instruire assez pour apprécier l'étendue de ses maux et en entrevoir le remède. Il y a d'ailleurs un singulier principe de justice relative qu'on trouve très profondément enfoncé dans le cœur humain. Les hommes sont beaucoup plus frappés de l'inégalité qui existe dans l'intérieur d'une même classe, que des inégalités qu'on remarque entre les différentes classes. On comprend l'esclavage; mais comment concevoir l'existence de plusieurs millions de citoyens éternellement pliés sous l'infamie et livrés à des misères héréditaires? Dans le Nord, une population de nègres affranchis éprouve ces maux et ressent ces injustices; mais elle est faible et réduite; dans le Sud elle serait nombreuse et forte.

Du moment où l'on admet que les blancs et les nègres émancipés sont placés sur le même sol comme des peuples étrangers l'un et l'autre, on comprendra sans peine qu'il n'y a plus que deux chances dans l'avenir : il faut que les nègres et les blancs se confondent entièrement ou se séparent.

J'ai déjà exprimé plus haut quelle était ma conviction sur le premier moyen (1). Je ne pense pas que la

---

(1) Cette opinion, du reste, est appuyée sur des autorités bien autrement graves que la mienne. On lit entre autres dans les *Mémoires de Jefferson* : « Rien n'est plus clairement écrit dans le livre des destinées
» que l'affranchissement des noirs, et il est tout aussi certain que les
» deux races également libres ne pourront vivre sous le même gouver-
» nement. La nature, l'habitude et l'opinion ont établi entre elles des
» barrières insurmontables. » (Voyez *Extrait des Mémoires de Jefferson*, par M. Conseil.)

race blanche et la race noire en viennent nulle part à vivre sur un pied d'égalité.

Mais je crois que la difficulté sera bien plus grande encore aux États-Unis que partout ailleurs. Il arrive qu'un homme se place en dehors des préjugés de religion, de pays, de race, et si cet homme est roi, il peut opérer de surprenantes révolutions dans la société : un peuple tout entier ne saurait se mettre ainsi en quelque sorte au-dessus de lui-même.

Un despote venant à confondre les Américains et leurs anciens esclaves sous le même joug, parviendrait peut-être à les mêler : tant que la démocratie américaine restera à la tête des affaires, nul n'osera tenter une pareille entreprise, et l'on peut prévoir que, plus les blancs des États-Unis seront libres, plus ils chercheront à s'isoler (1).

J'ai dit ailleurs que le véritable lien entre l'Européen et l'Indien était le métis; de même la véritable transition entre le blanc et le nègre, c'est le mulâtre : partout où il se trouve un très grand nombre de mulâtres, la fusion entre les deux races n'est pas impossible.

Il y a des parties de l'Amérique où l'Européen et le nègre se sont tellement croisés, qu'il est difficile de rencontrer un homme qui soit tout-à-fait blanc ou tout-à-fait noir : arrivées à ce point, on peut réellement dire que les races se sont mêlées; ou plutôt, à leur place, il en est survenu une troisième qui tient des deux sans être précisément ni l'une ni l'autre.

(1) Si les Anglais des Antilles s'étaient gouvernés eux-mêmes, on peut compter qu'ils n'eussent pas accordé l'acte d'émancipation que la mère-patrie vient d'imposer.

De tous les Européens, les Anglais sont ceux qui ont le moins mêlé leur sang à celui des nègres. On voit au Sud de l'Union plus de mulâtres qu'au Nord, mais infiniment moins que dans aucune autre colonie européenne; les mulâtres sont très peu nombreux aux États-Unis; ils n'ont aucune force par eux-mêmes, et dans les querelles de races, ils font d'ordinaire cause commune avec les blancs. C'est ainsi qu'en Europe on voit souvent les laquais des grands seigneurs trancher du noble avec le peuple.

Cet orgueil d'origine, naturel à l'Anglais, est encore singulièrement accru chez l'Américain par l'orgueil individuel que la liberté démocratique fait naître. L'homme blanc des États-Unis est fier de sa race et fier de lui-même.

D'ailleurs, les blancs et les nègres ne venant pas à se mêler dans le Nord de l'Union, comment se mêleraient-ils dans le Sud? Peut-on supposer un instant que l'Américain du Sud, placé, comme il le sera toujours, entre l'homme blanc, dans toute sa supériorité physique et morale, et le nègre, puisse jamais songer à se confondre avec ce dernier? L'Américain du Sud a deux passions énergiques qui le porteront toujours à s'isoler : il craindra de ressembler au nègre son ancien esclave, et de descendre au-dessous du blanc son voisin.

S'il fallait absolument prévoir l'avenir, je dirais que, suivant le cours probable des choses, l'abolition de l'esclavage au Sud fera croître la répugnance que la population blanche y éprouve pour les noirs. Je fonde cette opinion sur ce que j'ai déjà remarqué d'analogue au Nord. J'ai dit que les hommes blancs du Nord s'éloignent des nègres avec d'autant plus de soin que le législateur marque moins la séparation légale qui doit exister entre eux : pourquoi n'en serait-il pas de même au Sud? Dans le Nord, quand les blancs craignent d'arriver à se confondre avec les noirs, ils redoutent un danger imaginaire. Au Sud, où le danger serait réel, je ne puis croire que la crainte fût moindre.

Si, d'une part, on reconnaît (et le fait n'est pas douteux) que dans l'extrémité sud, les noirs s'accumulent sans cesse et croissent plus vite que les blancs; si, d'une autre, on concède qu'il est impossible de prévoir l'époque où les noirs et les blancs arriveront à se mêler et à retirer de l'état de société les mêmes avantages, ne doit-on pas en conclure que, dans les États du Sud, les noirs et les blancs finiront tôt ou tard par entrer en lutte?

Quel sera le résultat final de cette lutte?

On comprendra sans peine que sur ce point il faut se renfermer dans le vague des conjectures. L'esprit humain parvient avec peine à tracer en quelque sorte un grand cercle autour de l'avenir; mais en dedans de ce cercle, s'agite le hasard qui échappe à tous les efforts. Dans le tableau de l'avenir, le hasard forme toujours comme le point obscur où l'œil de l'intelligence ne saurait pénétrer. Ce qu'on peut dire est ceci : dans les Antilles, c'est la race blanche qui semble destinée à succomber; sur le continent, la race noire.

Dans les Antilles, les blancs sont isolés au milieu d'une immense population de noirs; sur le continent, les noirs sont placés entre la mer et un peuple innombrable, qui déjà s'étend au-dessus d'eux comme une masse compacte, depuis les glaces du Canada jusqu'aux frontières de la Virginie, depuis les rivages du Missouri jusqu'aux bords de l'océan Atlantique. Si les blancs de l'Amérique du Nord restent unis, il est difficile de croire que les nègres puissent échapper à la destruction qui les menace; ils succomberont sous le fer ou la misère. Mais les populations noires, accumulées le long du golfe du Mexique, ont des chances de salut, si la lutte entre les deux races vient à s'établir, alors que la confédération américaine sera dissoute. Une fois l'anneau fédéral brisé, les hommes du Sud auraient tort de compter sur un appui durable de la part de leurs frères du Nord. Ceux-ci savent que le danger ne peut jamais les atteindre; si un devoir positif ne les contraint de marcher au secours du Sud, on peut prévoir que les sympathies de race seront impuissantes.

Quelle que soit, du reste, l'époque de la lutte, les blancs du Sud, fussent-ils abandonnés à eux-mêmes, se présenteront dans la lice avec une immense supériorité de lumières et de moyens; mais les noirs auront pour eux le nombre et l'énergie du désespoir. Ce sont là de grandes ressources quand on a les armes à la main. Peut-être arrivera-t-il alors à la race blanche du Sud ce qui est arrivé aux Maures d'Espagne. Après avoir occupé le pays pendant des siècles, elle se retirera enfin peu à peu vers la contrée d'où ses aïeux sont autrefois venus, abandonnant aux nègres la possession d'un pays que la Providence semble destiner à ceux-ci, puisqu'ils y vivent sans peine et y travaillent plus facilement que les blancs.

Le danger, plus ou moins éloigné, mais inévitable, d'une lutte entre les noirs et les blancs qui peuplent le sud de l'Union, se présente sans cesse comme un rêve pénible à l'imagination des Américains. Les habitants du Nord s'entretiennent chaque jour de ces périls, quoique directement ils n'aient rien à en craindre. Ils cherchent vainement à trouver un moyen de conjurer les malheurs qu'ils prévoient.

Dans les États du Sud, on se tait; on ne parle point de l'avenir aux étrangers; on évite de s'en expliquer avec ses amis; chacun se le cache pour ainsi dire à soi-même. Le silence du Sud a quelque chose de plus effrayant que les craintes bruyantes du Nord.

Cette préoccupation générale des esprits a donné naissance à une entreprise presque ignorée qui peut changer le sort d'une partie de la race humaine.

Redoutant les dangers que je viens de décrire, un certain nombre de citoyens américains se réunirent en société dans le but d'importer à leurs frais sur les côtes de la Guinée les nègres libres qui voudraient échapper à la tyrannie qui pèse sur eux (1).

En 1820, la société dont je parle parvint à fonder en Afrique, par le 7ᵉ degré de latitude nord, un établissement auquel elle donna le nom de *Liberia*. Les dernières nouvelles annonçaient que deux mille cinq cents nègres se trouvaient déjà réunis sur ce point. Transportés dans leur ancienne patrie, les noirs y ont introduit des institutions américaines. Liberia a un sys-

---

(1) Cette société prit le nom de Société de la Colonisation des noirs. Voyez ses rapports annuels, et notamment le quinzième. Voyez aussi la brochure déjà indiquée intitulée : *Letters on the colonisation Society and on its probable results*, par M. Carey. Philadelphie, avril 1833.

tème représentatif, des jurés nègres, des magistrats nègres, des prêtres nègres; on y voit des temples et des journaux, et par un retour singulier des vicissitudes de ce monde, il est défendu aux blancs de se fixer dans ses murs (1).

Voilà à coup sûr un étrange jeu de la fortune! Deux siècles se sont écoulés depuis le jour où l'habitant de l'Europe entreprit d'enlever les nègres à leur famille et à leur pays pour les transporter sur les rivages de l'Amérique du Nord. Aujourd'hui on rencontre l'Européen occupé à charrier de nouveau à travers l'océan Atlantique les descendants de ces mêmes nègres, afin de les reporter sur le sol d'où il avait jadis arraché leurs pères. Des barbares ont été puiser les lumières de la civilisation au sein de la servitude, et apprendre dans l'esclavage l'art d'être libres.

Jusqu'à nos jours, l'Afrique était fermée aux arts et aux sciences des blancs. Les lumières de l'Europe, importées par des Africains, y pénétreront peut-être. Il y a donc une belle et grande idée dans la fondation de Liberia; mais cette idée, qui peut devenir si féconde pour l'Ancien-Monde, est stérile pour le Nouveau.

En douze ans, la société de colonisation des noirs a transporté en Afrique deux mille cinq cents nègres. Pendant le même espace de temps, il en naissait environ sept cent mille dans les États-Unis.

---

(1) Cette dernière règle a été tracée par les fondateurs eux-mêmes de l'établissement. Ils ont craint qu'il n'arrivât en Afrique quelque chose d'analogue à ce qui se passe sur les frontières des États-Unis, et que les nègres, comme les Indiens, entrant en contact avec une race plus éclairée que la leur, ne fussent détruits avant de pouvoir se civiliser.

La colonie de Libéria fût-elle en position de recevoir chaque année des milliers de nouveaux habitants, et ceux-ci en état d'y être conduits utilement; l'Union se mît-elle à la place de la société et employât-elle annuellement ses trésors (1) et ses vaisseaux à exporter des nègres en Afrique, elle ne pourrait point encore balancer le seul progrès naturel de la population parmi les noirs; et n'enlevant pas chaque année autant d'hommes qu'il en vient au monde, elle ne parviendrait pas même à suspendre les développements du mal qui grandit chaque jour dans son sein (2).

La race nègre ne quittera plus les rivages du continent américain, où les passions et les vices de l'Europe l'ont fait descendre; elle ne disparaîtra du Nouveau-Monde qu'en cessant d'exister. Les habitants des États-Unis peuvent éloigner les malheurs qu'ils redoutent, mais ils ne sauraient aujourd'hui en détruire la cause.

Je suis obligé d'avouer que je ne considère pas l'abolition de la servitude comme un moyen de retarder, dans les États du Sud, la lutte des deux races.

(1) Il se rencontrerait bien d'autres difficultés encore dans une pareille entreprise. Si l'Union, pour transporter les nègres d'Amérique en Afrique, entreprenait d'acheter les noirs à ceux dont ils sont les esclaves; le prix des nègres, croissant en proportion de leur rareté, s'élèverait bientôt à des sommes énormes, et il n'est pas croyable que les États du Nord consentissent à faire une semblable dépense, dont ils ne devraient point recueillir les fruits. Si l'Union s'emparait de force ou acquérait à un bas prix fixé par elle les esclaves du Sud, elle créerait une résistance insurmontable parmi les États situés dans cette partie de l'Union. Des deux côtés on aboutit à l'impossible.

(2) Il y avait en 1830 dans les États-Unis 2,010,327 esclaves, et 319,439 affranchis; en tout 2,329,766 nègres; ce qui formait un peu plus du cinquième de la population totale des États-Unis à la même époque.

Les nègres peuvent rester long-temps esclaves sans se plaindre; mais entrés au nombre des hommes libres, ils s'indigneront bientôt d'être privés de presque tous les droits de citoyens; et ne pouvant devenir les égaux des blancs, ils ne tarderont pas à se montrer leurs ennemis.

Au Nord, on avait tout profit à affranchir les esclaves; on se délivrait ainsi de l'esclavage, sans avoir rien à redouter des nègres libres. Ceux-ci étaient trop peu nombreux pour réclamer jamais leurs droits. Il n'en est pas de même au Sud.

La question de l'esclavage était pour les maîtres, au Nord, une question commerciale et manufacturière; au Sud, c'est une question de vie ou de mort. Il ne faut donc pas confondre l'esclavage au Nord et au Sud.

Dieu me garde de chercher, comme certains auteurs américains, à justifier le principe de la servitude des nègres; je dis seulement que tous ceux qui ont admis cet affreux principe autrefois ne sont pas également libres aujourd'hui de s'en départir.

Je confesse que quand je considère l'état du Sud, je ne découvre, pour la race blanche qui habite ces contrées, que deux manières d'agir : affranchir les nègres et les fondre avec elle; rester isolés d'eux et les tenir le plus long-temps possible dans l'esclavage. Les moyens termes me paraissent aboutir prochainement à la plus horrible de toutes les guerres civiles, et peut-être à la ruine de l'une des deux races.

Les Américains du Sud envisagent la question sous ce point de vue, et ils agissent en conséquence. Ne voulant pas se fondre avec les nègres, ils ne veulent point les mettre en liberté.

Ce n'est pas que tous les habitants du Sud regardent l'esclavage comme nécessaire à la richesse du maître; sur ce point, beaucoup d'entre eux sont d'accord avec les hommes du Nord, et admettent volontiers avec ceux-ci que la servitude est un mal; mais ils pensent qu'il faut conserver ce mal pour vivre.

Les lumières, en s'accroissant au Sud, ont fait apercevoir aux habitants de cette partie du territoire que l'esclavage est nuisible au maître, et ces mêmes lumières leur montrent, plus clairement qu'ils ne l'avaient vu jusqu'alors, la presque impossibilité de le détruire. De là un singulier contraste : l'esclavage s'établit de plus en plus dans les lois, à mesure que son utilité est plus contestée; et tandis que son principe est graduellement aboli dans le Nord, on tire au Midi, de ce même principe, des conséquences de plus en plus rigoureuses.

La législation des États du Sud relative aux esclaves présente de nos jours une sorte d'atrocité inouïe, et qui seule vient révéler quelque perturbation profonde dans les lois de l'humanité. Il suffit de lire la législation des États du Sud pour juger la position désespérée des deux races qui les habitent.

Ce n'est pas que les Américains de cette partie de l'Union aient précisément accru les rigueurs de la servitude; ils ont, au contraire, adouci le sort matériel des esclaves. Les anciens ne connaissaient que les fers et la mort pour maintenir l'esclavage; les Américains du Sud de l'Union ont trouvé des garanties plus intellectuelles pour la durée de leur pouvoir. Ils ont, si je puis m'exprimer ainsi, spiritualisé le despotisme et la violence. Dans l'antiquité, on cherchait à empêcher l'esclave de briser ses fers; de nos jours, on a entrepris de lui en ôter le désir.

Les anciens enchaînaient le corps de l'esclave, mais ils laissaient son esprit libre et lui permettaient de s'éclairer. En cela ils étaient conséquents avec eux-mêmes; il y avait alors une issue naturelle à la servitude : d'un jour à l'autre l'esclave pouvait devenir libre et égal à son maître.

Les Américains du Sud, qui ne pensent point qu'à aucune époque les nègres puissent se confondre avec eux, ont défendu, sous des peines sévères, de leur apprendre à lire et à écrire. Ne voulant pas les élever à leur niveau, ils les tiennent aussi près que possible de la brute.

De tout temps, l'espérance de la liberté avait été placée au sein de l'esclavage pour en adoucir les rigueurs.

Les Américains du Sud ont compris que l'affranchissement offrait toujours des dangers, quand l'affranchi ne pouvait arriver un jour à s'assimiler au maître. Donner à un homme la liberté et le laisser dans la misère et l'ignominie, qu'est-ce faire, sinon fournir un chef futur à la révolte des esclaves? On avait d'ailleurs remarqué depuis long-temps que la présence du nègre libre jetait une inquiétude vague au fond de l'âme de ceux qui ne l'étaient pas, et y faisait pénétrer, comme une lueur douteuse, l'idée de leurs droits. Les Américains du Sud ont enlevé aux maîtres, dans la plupart des cas, la faculté d'affranchir (1).

J'ai rencontré au Sud de l'Union un vieillard qui jadis avait vécu dans un commerce illégitime avec une de ses négresses. Il en avait eu plusieurs enfants qui, en venant au monde, étaient devenus esclaves de leur père. Plusieurs fois celui-ci avait songé à leur léguer au moins la liberté, mais des années s'étaient écoulées avant qu'il pût lever les obstacles mis à l'affranchissement par le législateur. Pendant ce temps, la vieillesse était venue, et il allait mourir. Il se représentait alors ses fils traînés de marchés en marchés, et passant de l'autorité paternelle sous la verge d'un étranger. Ces horribles images jetaient dans le délire son imagination expirante. Je le vis en proie aux angoisses du désespoir, et je compris alors comment la nature savait se venger des blessures que lui faisaient les lois.

Ces maux sont affreux, sans doute; mais ne sont-ils pas la conséquence prévue et nécessaire du principe même de la servitude parmi les modernes?

Du moment où les Européens ont pris leurs esclaves dans le sein d'une race d'hommes différente de la leur, que beaucoup d'entre eux considéraient comme inférieure aux autres races humaines, et à laquelle tous envisagent avec horreur l'idée de s'assimiler jamais, ils ont supposé l'esclavage éternel; car, entre l'extrême inégalité que crée la servitude, et la complète égalité que produit naturellement parmi les

---

(1) L'affranchissement n'est point interdit, mais soumis à des formalités qui le rendent difficile.

hommes l'indépendance, il n'y a point d'état intermédiaire qui soit durable. Les Européens ont senti vaguement cette vérité, mais sans se l'avouer. Toutes les fois qu'il s'est agi des nègres, on les a vus obéir tantôt à leur intérêt ou à leur orgueil, tantôt à leur pitié. Ils ont violé envers le noir tous les droits de l'humanité, et puis ils l'ont instruit de la valeur et de l'inviolabilité de ces droits. Ils ont ouvert leurs rangs à leurs esclaves, et quand ces derniers tentaient d'y pénétrer, ils les ont chassés avec ignominie. Voulant la servitude, ils se sont laissé entraîner, malgré eux ou à leur insu, vers la liberté, sans avoir le courage d'être ni complétement iniques, ni entièrement justes.

S'il est impossible de prévoir une époque où les Américains du Sud mêleront leur sang à celui des nègres, peuvent-ils, sans s'exposer eux-mêmes à périr, permettre que ces derniers arrivent à la liberté? Et s'ils sont obligés, pour sauver leur propre race, de vouloir les maintenir dans les fers, ne doit-on pas les excuser de prendre les moyens les plus efficaces pour y parvenir?

Ce qui se passe dans le Sud de l'Union me semble tout à la fois la conséquence la plus horrible et la plus naturelle de l'esclavage. Lorsque je vois l'ordre de la nature renversé, quand j'entends l'humanité qui crie et se débat en vain sous les lois, j'avoue que je ne trouve point d'indignation pour flétrir les hommes de nos jours, auteurs de ces outrages; mais je rassemble toute ma haine contre ceux qui, après plus de mille ans d'égalité, ont introduit de nouveau la servitude dans le monde.

Quels que soient, du reste, les efforts des Américains du Sud pour conserver l'esclavage, ils n'y réussiront pas toujours. L'esclavage, resserré sur un seul point du globe, attaqué par le christianisme comme injuste, par l'économie politique comme funeste; l'esclavage, au milieu de la liberté démocratique et des lumières de notre âge, n'est point une institution qui puisse durer. Il cessera par le fait de l'esclave ou par celui du maître. Dans les deux cas, il faut s'attendre à de grands malheurs.

Si on refuse la liberté aux nègres du Sud, ils finiront par la saisir violemment eux-mêmes; si on la leur accorde, ils ne tarderont pas à en abuser.

QUELLES SONT LES CHANCES DE DURÉE DE L'UNION AMÉRICAINE, QUELS DANGERS LA MENACE.

Ce qui fait la force prépondérante réside dans les États plutôt que dans l'Union. — La confédération ne durera qu'autant que tous les États qui la composent voudront en faire partie. — Causes qui doivent les porter à rester unis. — Utilité d'être unis pour résister aux étrangers et pour n'avoir pas d'étrangers en Amérique. — La Providence n'a pas élevé de barrières naturelles entre les différents États. — Il n'existe pas d'intérêts matériels qui les divisent. — Intérêt qu'a le Nord à la prospérité et à l'union du Sud et de l'Ouest; le Sud à celles du Nord et de l'Ouest; l'Ouest à celles des deux autres. — Intérêts immatériels qui unissent les Américains. — Uniformité des opinions. — Les dangers de la confédération naissent de la différence des caractères, dans les hommes qui la composent, et de leurs passions. — Caractères des hommes du Sud et du Nord. — La croissance rapide de l'Union est un de ses plus grands périls. — Marche de la population vers le Nord-Ouest. — Gravitation de la puissance de ce côté. — Passions que ces mouvements rapides de la fortune font naître. — L'Union subsistant, son gouvernement tend-il à prendre de la force ou à s'affaiblir? — Divers signes d'affaiblissement. — *Internal improvements.* — Terres désertes. — Indiens. — Affaire de la banque. — Affaire du tarif. — Le général Jackson.

De l'existence de l'Union dépend en partie le maintien de ce qui existe dans chacun des États qui la composent. Il faut donc examiner d'abord quel est le sort probable de l'Union. Mais, avant tout, il est bon de se fixer sur un point : si la confédération actuelle venait à se briser, il me paraît incontestable que les États qui en font partie ne retourneraient pas à leur individualité première. A la place d'une Union, il s'en formerait plusieurs. Je n'entends point rechercher sur quelles bases ces nouvelles Unions viendraient à s'établir ; ce que je veux montrer, ce sont les causes qui peuvent amener le démembrement de la confédération actuelle.

Pour y parvenir, je vais être obligé de parcourir

de nouveau quelques unes des routes dans lesquelles j'étais précédemment entré. Je devrai exposer aux regards plusieurs objets qui sont déjà connus. Je sais qu'en agissant ainsi je m'expose aux reproches du lecteur; mais l'importance de la matière qui me reste à traiter est mon excuse. Je préfère me répéter quelquefois que de n'être pas compris, et j'aime mieux nuire à l'auteur qu'au sujet.

Les législateurs qui ont formé la constitution de 1789 se sont efforcés de donner au pouvoir fédéral une existence à part et une force prépondérante.

Mais ils étaient bornés par les conditions mêmes du problème qu'ils avaient à résoudre. On ne les avait point chargés de constituer le gouvernement d'un peuple unique, mais de régler l'association de plusieurs peuples; et quels que fussent leurs désirs, il fallait toujours qu'ils en arrivassent à partager l'exercice de la souveraineté.

Pour bien comprendre quelles furent les conséquences de ce partage, il est nécessaire de faire une courte distinction entre les actes de la souveraineté.

Il y a des objets qui sont nationaux par leur nature, c'est-à-dire qui ne se rapportent qu'à la nation prise en corps, et ne peuvent être confiés qu'à l'homme ou à l'assemblée qui représente le plus complétement la nation entière. Je mettrai de ce nombre la guerre et la diplomatie.

Il en est d'autres qui sont provinciaux de leur nature, c'est-à-dire qui ne se rapportent qu'à certaines localités, et ne peuvent être convenablement traités que dans la localité même. Tel est le budget des communes.

On rencontre enfin des objets qui ont une nature mixte : ils sont nationaux, en ce qu'ils intéressent tous les individus qui composent la nation ; ils sont provinciaux, en ce qu'il n'y a pas nécessité que la nation elle-même y pourvoie. Ce sont, par exemple, les droits qui règlent l'état civil et politique des citoyens. Il n'existe pas d'état social sans droits civils et politiques. Ces droits intéressent donc également tous les citoyens ; mais il n'est pas toujours nécessaire à l'existence et à la prospérité de la nation que ces droits soient uniformes, et par conséquent qu'ils soient réglés par le pouvoir central.

Parmi les objets dont s'occupe la souveraineté, il y a donc deux catégories nécessaires ; on les retrouve dans toutes les sociétés bien constituées, quelle que soit du reste la base sur laquelle le pacte social ait été établi.

Entre ces deux points extrêmes, sont placés, comme une masse flottante, les objets généraux, mais non nationaux, que j'ai appelés mixtes. Ces objets n'étant ni exclusivement nationaux, ni entièrement provinciaux, le soin d'y pourvoir peut être attribué au gouvernement national ou au gouvernement provincial, suivant les conventions de ceux qui s'associent, sans que le but de l'association cesse d'être atteint.

Le plus souvent, de simples individus s'unissent pour former le souverain, et leur réunion compose un peuple. Au-dessous du gouvernement général qu'ils se sont donné, on ne rencontre alors que des forces individuelles ou des pouvoirs collectifs dont chacun représente une fraction très minime du souverain. Alors aussi c'est le gouvernement général qui est le plus naturellement appelé à régler, non seulement les objets nationaux par leur essence, mais la plus grande partie des objets mixtes dont j'ai déjà parlé. Les localités en sont réduites à la portion de souveraineté qui est indispensable à leur bien-être.

Quelquefois, par un fait antérieur à l'association, le souverain se trouve composé de corps politiques déjà organisés; il arrive alors que le gouvernement provincial se charge de pourvoir, non seulement aux objets exclusivement provinciaux de leur nature, mais encore à tout ou partie des objets mixtes dont il vient d'être question. Car les nations confédérées, qui formaient elles-mêmes des souverains avant leur union, et qui continuent à représenter une fraction très considérable du souverain, quoiqu'elles se soient unies, n'ont entendu céder au gouvernement général que l'exercice des droits indispensables à l'Union.

Quand le gouvernement national, indépendamment des prérogatives inhérentes à sa nature, se trouve revêtu du droit de régler les objets mixtes de la souveraineté, il possède une force prépondérante. Non seulement il a beaucoup de droits, mais tous les droits qu'il n'a pas sont à sa merci, et il est à craindre qu'il n'en vienne jusqu'à enlever aux gouvernements provinciaux leurs prérogatives naturelles et nécessaires.

Lorsque c'est, au contraire, le gouvernement provincial qui se trouve revêtu du droit de régler les objets mixtes, il règne dans la société une tendance opposée. La force prépondérante réside alors dans la province, non dans la nation; et on doit redouter que le gouvernement national ne finisse par être dépouillé des priviléges nécessaires à son existence.

Les peuples uniques sont donc naturellement portés vers la centralisation, et les confédérations vers le démembrement.

Il ne reste plus qu'à appliquer ces idées générales à l'Union américaine.

Aux États particuliers revenait forcément le droit de régler les objets purement provinciaux.

De plus, ces mêmes États retinrent celui de fixer la capacité civile et politique des citoyens, de régler les rapports des hommes entre eux, et de leur rendre la justice; droits qui sont généraux de leur nature, mais qui n'appartiennent pas nécessairement au gouvernement national.

Nous avons vu qu'au gouvernement de l'Union fut délégué le pouvoir d'ordonner au nom de toute la nation, dans les cas où la nation aurait à agir comme un seul et même individu. Il la représenta vis-à-vis des étrangers; il dirigea contre l'ennemi commun les forces communes. En un mot, il s'occupa des objets que j'ai appelés exclusivement nationaux.

Dans ce partage des droits de la souveraineté, la part de l'Union semble encore au premier abord plus grande que celle des États; un examen un peu approfondi démontre que, par le fait, elle est moindre.

Le gouvernement de l'Union exécute des entreprises plus vastes, mais on le sent rarement agir. Le gouvernement provincial fait de plus petites choses, mais il ne se repose jamais et révèle son existence à chaque instant.

Le gouvernement de l'Union veille sur les intérêts généraux du pays; mais les intérêts généraux d'un peuple n'ont qu'une influence contestable sur le bonheur individuel.

Les affaires de la province influent au contraire visiblement sur le bien-être de ceux qui l'habitent.

L'Union assure l'indépendance et la grandeur de la nation, choses qui ne touchent pas immédiatement les particuliers. L'État maintient la liberté, règle les droits, garantit la fortune, assure la vie, l'avenir tout entier de chaque citoyen.

Le gouvernement fédéral est placé à une grande distance de ses sujets; le gouvernement provincial est à la portée de tous. Il suffit d'élever la voix pour être entendu de lui. Le gouvernement central a pour lui les passions de quelques hommes supérieurs qui aspirent à le diriger : du côté du gouvernement provincial se trouve l'intérêt des hommes de second ordre qui n'espèrent obtenir de puissance que dans leur État; et ce sont ceux-là qui, placés près du peuple, exercent sur lui le plus de pouvoir.

Les Américains ont donc bien plus à attendre et à craindre de l'État que de l'Union; et, suivant la marche naturelle du cœur humain, ils doivent s'attacher bien plus vivement au premier qu'à la seconde.

En ceci les habitudes et les sentiments sont d'accord avec les intérêts.

Quand une nation compacte fractionne sa souveraineté et arrive à l'état de confédération, les souvenirs, les usages, les habitudes, luttent long-temps contre les lois et donnent au gouvernement central une force que celles-ci lui refusent. Lorsque des peuples confédérés se réunissent dans une seule souveraineté, les mêmes causes agissent en sens contraire. Je ne doute point que si la France devenait une république confédérée comme celle des États-Unis, le gouvernement ne s'y montrât d'abord plus énergique que celui de l'Union; et si l'Union se constituait en monarchie comme la France, je pense que le gouvernement américain resterait pendant quelque temps plus débile que le nôtre. Au moment où la vie nationale a été créée chez les Anglo-Américains, l'existence provinciale était déjà ancienne, des rapports nécessaires s'étaient établis entre les communes et les individus des mêmes États; on s'y était habitué à considérer certains objets sous un point de vue commun, et à s'occuper exclusivement de certaines entreprises comme représentant un intérêt spécial.

L'Union est un corps immense qui offre au patriotisme un objet vague à embrasser. L'État a des formes arrêtées et des bornes circonscrites; il représente un certain nombre de choses connues et chères à ceux qui l'habitent. Il se confond avec l'image même du sol, s'identifie à la propriété, à la famille, aux souvenirs du passé, aux travaux du présent, aux rêves de l'avenir. Le patriotisme, qui le plus souvent n'est qu'une extension de l'égoïsme individuel, est donc resté dans l'État, et n'a pour ainsi dire point passé à l'Union.

Ainsi les intérêts, les habitudes, les sentiments, se réunissent pour concentrer la véritable vie politique dans l'État, et non dans l'Union.

On peut facilement juger de la différence des forces

des deux gouvernements, en voyant se mouvoir chacun d'eux dans le cercle de sa puissance.

Toutes les fois qu'un gouvernement d'État s'adresse à un homme ou à une association d'hommes, son langage est clair et impératif; il en est de même du gouvernement fédéral, quand il parle à des individus; mais dès qu'il se trouve en face d'un État, il commence à parlementer : il explique ses motifs, et justifie sa conduite ; il argumente, il conseille, il n'ordonne guère. S'élève-t-il des doutes sur les limites des pouvoirs constitutionnels de chaque gouvernement, le gouvernement provincial réclame son droit avec hardiesse, et prend des mesures promptes et énergiques pour le soutenir. Pendant ce temps le gouvernement de l'Union raisonne; il en appelle au bon sens de la nation, à ses intérêts, à sa gloire; il temporise, il négocie ; ce n'est que réduit à la dernière extrémité qu'il se détermine enfin à agir. Au premier abord, on pourrait croire que c'est le gouvernement provincial qui est armé des forces de toute la nation, et que le congrès représente un État.

Le gouvernement fédéral, en dépit des efforts de ceux qui l'ont constitué, est donc, comme je l'ai déjà dit ailleurs, par sa nature même, un gouvernement faible qui, plus que tout autre, a besoin du libre concours des gouvernés pour subsister.

Il est aisé de voir que son objet est de réaliser avec facilité la volonté qu'ont les États de rester unis. Cette première condition remplie, il est sage, fort et agile. On l'a organisé de manière à ne rencontrer habituellement devant lui que des individus, et à vaincre aisément les résistances qu'on voudrait opposer à la volonté commune ; mais le gouvernement fédéral n'a pas été établi dans la prévision que les États ou plusieurs d'entre eux cesseraient de vouloir être unis.

Si la souveraineté de l'Union entrait aujourd'hui en lutte avec celle des États, on peut aisément prévoir qu'elle succomberait ; je doute même que le combat s'engageât jamais d'une manière sérieuse. Toutes les fois qu'on opposera une résistance opiniâtre au gouvernement fédéral, on le verra céder. L'expérience a prouvé jusqu'à présent que quand un État voulait obstinément une chose et la demandait résolument, il ne manquait jamais de l'obtenir ; et que quand il refusait nettement d'agir (1), on le laissait libre de faire.

Le gouvernement de l'Union eût-il une force qui lui fût propre, la situation matérielle du pays lui en rendrait l'usage fort difficile (2).

Les États-Unis couvrent un immense territoire ; de longues distances les séparent ; la population y est éparpillée au milieu de pays encore à moitié déserts. Si l'Union entreprenait de maintenir par les armes les confédérés dans le devoir, sa position se trouverait analogue à celle qu'occupait l'Angleterre lors de la guerre de l'indépendance.

---

(1) Voyez la conduite des États du Nord dans la guerre de 1812. « Durant cette guerre, dit Jefferson dans une lettre du 17 mars 1817 » au général Lafayette, quatre des États de l'Est n'étaient plus liés au » reste de l'Union que comme des cadavres à des hommes vivants. » — (*Correspondance de Jefferson*, publiée par M. Conseil.)

(2) L'état de paix où se trouve l'Union ne lui donne aucun prétexte pour avoir une armée permanente. Sans armée permanente, un gouvernement n'a rien de préparé d'avance pour profiter du moment favorable, vaincre la résistance, et enlever par surprise le souverain pouvoir.

D'ailleurs, un gouvernement, fût-il fort, ne saurait échapper qu'avec peine aux conséquences d'un principe, quand une fois il a admis ce principe lui-même comme fondement du droit public qui doit le régir. La confédération a été formée par la libre volonté des États; ceux-ci, en s'unissant, n'ont point perdu leur nationalité, et ne se sont point fondus dans un seul et même peuple. Si aujourd'hui un de ces mêmes États voulait retirer son nom du contrat, il serait assez difficile de lui prouver qu'il ne peut le faire. Le gouvernement fédéral, pour le combattre, ne s'appuierait d'une manière évidente ni sur la force, ni sur le droit.

Pour que le gouvernement fédéral triomphât aisément de la résistance que lui opposeraient quelques uns de ses sujets, il faudrait que l'intérêt particulier d'un ou de plusieurs d'entre eux fût intimement lié à l'existence de l'Union, comme cela s'est vu souvent dans l'histoire des confédérations.

Je suppose que parmi les États que le lien fédéral rassemble, il en soit quelques uns qui jouissent à eux seuls des principaux avantages de l'union, ou dont la prospérité dépende entièrement du fait de l'union; il est clair que le pouvoir central trouvera dans ceux-là un très grand appui pour maintenir les autres dans l'obéissance. Mais alors il ne tirera plus sa force de lui-même, il la puisera dans un principe qui est contraire à sa nature. Les peuples ne se confédèrent que pour retirer des avantages égaux de l'union, et, dans le cas cité plus haut, c'est parce que l'inégalité règne entre les nations unies que le gouvernement fédéral est puissant.

Je suppose encore que l'un des États confédérés ait acquis une assez grande prépondérance pour s'emparer à lui seul du pouvoir central ; il considérera les autres États comme ses sujets, et fera respecter, dans la prétendue souveraineté de l'Union, sa propre souveraineté. On fera alors de grandes choses au nom du gouvernement fédéral, mais, à vrai dire, ce gouvernement n'existera plus (1).

Dans ces deux cas, le pouvoir qui agit au nom de la confédération, devient d'autant plus fort qu'on s'écarte davantage de l'état naturel et du principe reconnu des confédérations.

En Amérique, l'union actuelle est utile à tous les États, mais elle n'est essentielle à aucun d'eux. Plusieurs États briseraient le lien fédéral que le sort des autres ne serait pas compromis, bien que la somme de leur bonheur fût moindre. Comme il n'y a point d'État dont l'existence ou la prospérité soit entièrement liée à la confédération actuelle, il n'y en a pas non plus qui soit disposé à faire de très grands sacrifices personnels pour la conserver.

D'un autre côté, on n'aperçoit pas d'État qui ait, quant à présent, un grand intérêt d'ambition à maintenir la confédération telle que nous la voyons de nos jours. Tous n'exercent point sans doute la même influence dans les conseils fédéraux, mais on n'en voit aucun qui doive se flatter d'y dominer, et qui puisse traiter ses confédérés en inférieurs ou en sujets.

(1) C'est ainsi que la province de la Hollande, dans la république des Pays-Bas, et l'empereur, dans la Confédération Germanique, se sont quelquefois mis à la place de l'Union, et ont exploité dans leur intérêt particulier la puissance fédérale.

Il me paraît donc certain que si une portion de l'Union voulait sérieusement se séparer de l'autre, non seulement on ne pourrait pas l'en empêcher, mais on ne tenterait même pas de le faire. L'Union actuelle ne durera donc qu'autant que tous les États qui la composent continueront à vouloir en faire partie.

Ce point fixé, nous voici plus à l'aise : il ne s'agit plus de rechercher si les États actuellement confédérés pourront se séparer, mais s'ils voudront rester unis.

Parmi toutes les raisons qui rendent l'union actuelle utile aux Américains, on en rencontre deux principales dont l'évidence frappe aisément tous les yeux.

Quoique les Américains soient pour ainsi dire seuls sur le continent, le commerce leur donne pour voisins tous les peuples avec lesquels ils trafiquent. Malgré leur isolement apparent, les Américains ont donc besoin d'être forts, et ils ne peuvent être forts qu'en restant tous unis.

Les États, en se désunissant, ne diminueraient pas seulement leur force vis-à-vis des étrangers, ils créeraient des étrangers sur leur propre sol. Dès lors ils entreraient dans un système de douanes intérieures: ils diviseraient les vallées par des lignes imaginaires ; ils emprisonneraient le cours des fleuves, et gêneraient de toutes les manières l'exploitation de l'immense continent que Dieu leur a accordé pour domaine.

Aujourd'hui ils n'ont pas d'invasion à redouter, conséquemment pas d'armées à entretenir, pas d'impôts à lever; si l'Union venait à se briser, le besoin de toutes ces choses ne tarderait peut-être pas à se faire sentir.

Les Américains ont donc un immense intérêt à rester unis.

D'un autre côté, il est presque impossible de découvrir quelle espèce d'intérêt matériel une portion de l'Union aurait, quant à présent, à se séparer des autres.

Lorsqu'on jette les yeux sur une carte des États-Unis et qu'on aperçoit la chaîne des monts Alléghanys, courant du nord-est au sud-ouest, et parcourant le pays sur une étendue de 400 lieues, on est tenté de croire que le but de la Providence a été d'élever entre le bassin du Mississipi et les côtes de l'océan Atlantique une de ces barrières naturelles qui, s'opposant aux rapports permanents des hommes entre eux, forment comme les limites nécessaires des différents peuples.

Mais la hauteur moyenne des Alléghanys ne dépasse pas 800 mètres (1). Leurs sommets arrondis et les spacieuses vallées qu'ils renferment dans leurs contours, présentent en mille endroits un accès facile. Il y a plus, les principaux fleuves qui viennent verser leurs eaux dans l'océan Atlantique, l'Hudson, la Susquehanna, le Potomac (2), ont leurs sources au-delà des Alléghanys, sur un plateau ouvert qui borde le bassin du Mississipi. Partis de cette région (3), ils

---

(1) Hauteur moyenne des Alléghanys, suivant Volney (*Tableau des États-Unis*, p. 33), 700 à 800 mètres; 5,000 à 6,000 pieds, suivant Darby : la plus grande hauteur des Vosges est de 1,400 mètres au-dessus du niveau de la mer.

(2) Voyez la carte à la fin du premier volume.

(3) Voyez *View of the United States*, par Darby, p. 64 et 79.

se font jour à travers le rempart qui semblait devoir les rejeter à l'occident, et tracent, au sein des montagnes, des routes naturelles toujours ouvertes à l'homme.

Aucune barrière ne s'élève donc entre les différentes parties du pays occupé de nos jours par les Anglo-Américains. Loin que les Alléghanys servent de limites à des peuples, ils ne bordent même point des États. Le New-York, la Pensylvanie et la Virginie les renferment dans leur enceinte, et s'étendent autant à l'occident qu'à l'orient de ces montagnes (1).

Le territoire occupé de nos jours par les vingt-quatre États de l'Union et les trois grands districts qui ne sont pas encore placés au nombre des États, quoiqu'ils aient déjà des habitants, couvre une superficie de 131,144 lieues carrées (2), c'est-à-dire qu'il présente déjà une surface presque égale à cinq fois celle de la France. Dans ces limites se rencontrent un sol varié, des températures différentes et des produits très divers.

Cette grande étendue de territoire occupé par les républiques anglo-américaines a fait naître des doutes sur le maintien de leur union. Ici il faut distinguer: des intérêts contraires se créent quelquefois dans les différentes provinces d'un vaste empire, et finissent

---

(1) La chaîne des Alléghanys n'est pas plus haute que celle des Vosges, et n'offre pas autant d'obstacles que cette dernière aux efforts de l'industrie humaine. Les pays situés sur le versant oriental des Alléghanys sont donc aussi naturellement liés à la vallée du Mississipi que la Franche-Comté, la haute Bourgogne et l'Alsace, le sont à la France.

(2) 1,002,600 milles carrés. Voyez *View of the United States*, by Darby, p. 435.

par entrer en lutte : il arrive alors que la grandeur de l'État est ce qui compromet le plus sa durée. Mais si les hommes qui couvrent ce vaste territoire n'ont pas entre eux d'intérêts contraires, son étendue même doit servir à leur prospérité; car l'unité du gouvernement favorise singulièrement l'échange qui peut se faire des différents produits du sol, et en rendant leur écoulement plus facile, il en augmente la valeur.

Or, je vois bien dans les différentes parties de l'Union des intérêts différents, mais je n'en découvre pas qui soient contraires les uns aux autres.

Les États du Sud sont presque exclusivement cultivateurs; les États du Nord sont particulièrement manufacturiers et commerçants; les États de l'Ouest sont en même temps manufacturiers et cultivateurs. Au Sud, on récolte du tabac, du riz, du coton et du sucre; au Nord et à l'Ouest, du maïs et du blé. Voilà des sources diverses de richesses; mais pour puiser dans ces sources, il y a un moyen commun et également favorable pour tous, c'est l'union.

Le Nord, qui charrie les richesses des Anglo-Américains dans toutes les parties du monde, et les richesses de l'univers dans le sein de l'Union, a un intérêt évident à ce que la confédération subsiste telle qu'elle est de nos jours, afin que le nombre des producteurs et des consommateurs américains qu'il est appelé à servir, reste le plus grand possible. Le Nord est l'entremetteur le plus naturel entre le Sud et l'Ouest de l'Union, d'une part, et de l'autre le reste du monde; le Nord doit donc désirer que le Sud et l'Ouest restent unis et prospèrent, afin qu'ils fournissent à ses manufactures des matières premières et du fret à ses vaisseaux.

Le Sud et l'Ouest ont, de leur côté, un intérêt plus direct encore à la conservation de l'Union et à la prospérité du Nord. Les produits du Sud s'exportent, en grande partie, au-delà des mers; le Sud et l'Ouest ont donc besoin des ressources commerciales du Nord. Ils doivent vouloir que l'Union ait une grande puissance maritime pour pouvoir les protéger efficacement. Le Sud et l'Ouest doivent contribuer volontiers aux frais d'une marine, quoiqu'ils n'aient pas de vaisseaux; car si les flottes de l'Europe venaient bloquer les ports du Sud et le delta du Mississipi, que deviendraient le riz des Carolines, le tabac de la Virginie, le sucre et le coton qui croissent dans les vallées du Mississipi? Il n'y a donc pas une portion du budget fédéral qui ne s'applique à la conservation d'un intérêt matériel commun à tous les confédérés.

Indépendamment de cette utilité commerciale, le Sud et l'Ouest de l'Union trouvent un grand avantage politique à rester unis entre eux et avec le Nord.

Le Sud renferme dans son sein une immense population d'esclaves, population menaçante dans le présent, plus menaçante encore dans l'avenir.

Les États de l'Ouest occupent le fond d'une seule vallée. Les fleuves qui arrosent le territoire de ces États, partant des montagnes Rocheuses ou des Alléghanys, viennent tous mêler leurs eaux à celles du Mississipi, et roulent avec lui vers le golfe du Mexique. Les États de l'Ouest sont entièrement isolés, par leur position, des traditions de l'Europe et de la civilisation de l'Ancien-Monde.

Les habitants du Sud doivent donc désirer de conserver l'Union, pour ne pas demeurer seuls en face des noirs, et les habitants de l'Ouest, afin de ne pas se trouver enfermés au sein de l'Amérique centrale sans communication libre avec l'univers.

Le Nord, de son côté, doit vouloir que l'Union ne se divise point, afin de rester comme l'anneau qui joint ce grand corps au reste du monde.

Il existe donc un lien étroit entre les intérêts matériels de toutes les parties de l'Union.

J'en dirai autant pour les opinions et les sentiments qu'on pourrait appeler les intérêts immatériels de l'homme.

Les habitants des États-Unis parlent beaucoup de leur amour pour la patrie; j'avoue que je ne me fie point à ce patriotisme réfléchi qui se fonde sur l'intérêt, et que l'intérêt, en changeant d'objet, peut détruire.

Je n'attache pas non plus une très grande importance au langage des Américains, lorsqu'ils manifestent chaque jour l'intention de conserver le système fédéral qu'ont adopté leurs pères.

Ce qui maintient un grand nombre de citoyens sous le même gouvernement, c'est bien moins la volonté raisonnée de demeurer unis, que l'accord instinctif et en quelque sorte involontaire qui résulte de la similitude des sentiments et de la ressemblance des opinions.

Je ne conviendrai jamais que des hommes forment

une société par cela seul qu'ils reconnaissent le même chef et obéissent aux mêmes lois; il n'y a société que quand les hommes considèrent un grand nombre d'objets sous le même aspect; lorsque, sur un grand nombre de sujets, ils ont les mêmes opinions; quand enfin les mêmes faits font naître en eux les mêmes impressions et les mêmes pensées.

Celui qui, envisageant la question sous ce point de vue, étudierait ce qui se passe aux États-Unis, découvrirait sans peine que leurs habitants, divisés comme ils le sont en vingt-quatre souverainetés distinctes, constituent cependant un peuple unique; et peut-être même arriverait-il à penser que l'état de société existe plus réellement au sein de l'Union anglo-américaine, que parmi certaines nations de l'Europe qui n'ont pourtant qu'une seule législation, et se soumettent à un seul homme.

Quoique les Anglo-Américains aient plusieurs religions, ils ont tous la même manière d'envisager la religion.

Ils ne s'entendent pas toujours sur les moyens à prendre pour bien gouverner, et varient sur quelques unes des formes qu'il convient de donner au gouvernement; mais ils sont d'accord sur les principes généraux qui doivent régir les sociétés humaines. Du Maine aux Florides, du Missouri jusqu'à l'océan Atlantique, on croit que l'origine de tous les pouvoirs légitimes est dans le peuple. On conçoit les mêmes idées sur la liberté et l'égalité; on professe les mêmes opinions sur la presse, le droit d'association, le jury, la responsabilité des agents du pouvoir.

Si nous passons des idées politiques et religieuses

aux opinions philosophiques et morales qui règlent les actions journalières de la vie et dirigent l'ensemble de la conduite, nous remarquerons le même accord.

Les Anglo-Américains (1) placent dans la raison universelle l'autorité morale, comme le pouvoir politique dans l'universalité des citoyens, et ils estiment que c'est au sens de tous qu'il faut s'en rapporter pour discerner ce qui est permis ou défendu, ce qui est vrai ou faux. La plupart d'entre eux pensent que la connaissance de son intérêt bien entendu suffit pour conduire l'homme vers le juste et l'honnête. Ils croient que chacun en naissant a reçu la faculté de se gouverner lui-même, et que nul n'a le droit de forcer son semblable à être heureux. Tous ont une foi vive dans la perfectibilité humaine; ils jugent que la diffusion des lumières doit nécessairement produire des résultats utiles, l'ignorance amener des effets funestes; tous considèrent la société comme un corps en progrès; l'humanité comme un tableau changeant, où rien n'est et ne doit être fixe à toujours, et ils admettent que ce qui leur semble bien aujourd'hui peut demain être remplacé par le mieux qui se cache encore.

Je ne dis point que toutes ces opinions soient justes, mais elles sont américaines.

En même temps que les Anglo-Américains sont ainsi unis entre eux par des idées communes, ils sont

(1) Je n'ai pas besoin, je pense, de dire que par ces expressions : *les Anglo-Américains*, j'entends seulement parler de la grande majorité d'entre eux. En dehors de cette majorité se tiennent toujours quelques individus isolés.

séparés de tous les autres peuples par un sentiment d'orgueil.

Depuis cinquante ans on ne cesse de répéter aux habitants des États-Unis qu'ils forment le seul peuple religieux, éclairé et libre. Ils voient que chez eux jusqu'à présent les institutions démocratiques prospèrent, tandis qu'elles échouent dans le reste du monde; ils ont donc une opinion immense d'eux-mêmes, et ils ne sont pas éloignés de croire qu'ils forment une espèce à part dans le genre humain.

Ainsi donc les dangers dont l'Union américaine est menacée ne naissent pas plus de la diversité des opinions que de celle des intérêts. Il faut les chercher dans la variété des caractères et dans les passions des Américains.

Les hommes qui habitent l'immense territoire des États-Unis sont presque tous issus d'une souche commune; mais à la longue le climat et surtout l'esclavage ont introduit des différences marquées entre le caractère des Anglais du Sud des États-Unis et le caractère des Anglais du Nord.

On croit généralement parmi nous que l'esclavage donne à une portion de l'Union des intérêts contraires à ceux de l'autre. Je n'ai point remarqué qu'il en fût ainsi. L'esclavage n'a pas créé au Sud des intérêts contraires à ceux du Nord; mais il a modifié le caractère des habitants du Sud, et leur a donné des habitudes différentes.

J'ai fait connaître ailleurs quelle influence avait exercée la servitude sur la capacité commerciale des Américains du Sud; cette même influence s'étend également à leurs mœurs.

L'esclave est un serviteur qui ne discute point et se soumet à tout sans murmurer. Quelquefois il assassine son maître, mais il ne lui résiste jamais. Dans le Sud il n'y a pas de familles si pauvres qui n'aient des esclaves. L'Américain du Sud, dès sa naissance, se trouve investi d'une sorte de dictature domestique ; les premières notions qu'il reçoit de la vie lui font connaître qu'il est né pour commander, et la première habitude qu'il contracte est celle de dominer sans peine. L'éducation tend donc puissamment à faire de l'Américain du Sud un homme altier, prompt, irascible, violent, ardent dans ses désirs, impatient des obstacles ; mais facile à décourager s'il ne peut triompher du premier coup.

L'Américain du Nord ne voit pas d'esclaves accourir autour de son berceau. Il n'y rencontre même pas de serviteurs libres, car le plus souvent il en est réduit à pourvoir lui-même à ses besoins. A peine est-il au monde que l'idée de la nécessité vient de toutes parts se présenter à son esprit ; il apprend donc de bonne heure à connaître exactement par lui-même la limite naturelle de son pouvoir ; il ne s'attend point à plier par la force les volontés qui s'opposeront à la sienne, et il sait que, pour obtenir l'appui de ses semblables, il faut avant tout gagner leurs faveurs. Il est donc patient, réfléchi, tolérant, lent à agir, et persévérant dans ses desseins.

Dans les États méridionaux, les plus pressants besoins de l'homme sont toujours satisfaits. Ainsi l'Américain du Sud n'est point préoccupé par les soins matériels de la vie ; un autre se charge d'y songer pour lui. Libre sur ce point, son imagination se dirige vers d'autres objets plus grands et moins exactement définis. L'Américain du Sud aime la grandeur, le luxe, la gloire, le bruit, les plaisirs, l'oisiveté surtout; rien ne le contraint à faire des efforts pour vivre, et comme il n'a pas de travaux nécessaires, il s'endort et n'en entreprend même pas d'utiles.

L'égalité des fortunes régnant au Nord, et l'esclavage n'y existant plus, l'homme s'y trouve comme absorbé par ces mêmes soins matériels que le blanc dédaigne au sud. Depuis son enfance il s'occupe à combattre la misère, et il apprend à placer l'aisance au-dessus de toutes les jouissances de l'esprit et du cœur. Concentrée dans les petits détails de la vie, son imagination s'éteint, ses idées sont moins nombreuses et moins générales, mais elles deviennent plus pratiques, plus claires et plus précises. Comme il dirige vers l'unique étude du bien-être tous les efforts de son intelligence, il ne tarde pas à y exceller; il sait admirablement tirer parti de la nature et des hommes pour produire la richesse; il comprend merveilleusement l'art de faire concourir la société à la prospérité de chacun de ses membres, et à extraire de l'égoïsme individuel le bonheur de tous.

L'homme du Nord n'a pas seulement de l'expérience, mais du savoir; cependant il ne prise point la science comme un plaisir, il l'estime comme un moyen, et il n'en saisit avec avidité que les applications utiles.

L'Américain du Sud est plus spontané, plus spirituel, plus ouvert, plus généreux, plus intellectuel et plus brillant.

L'Américain du Nord est plus actif, plus raisonnable, plus éclairé et plus habile.

L'un a les goûts, les préjugés, les faiblesses et la grandeur de toutes les aristocraties.

L'autre les qualités et les défauts qui caractérisent la classe moyenne.

Réunissez deux hommes en société, donnez à ces deux hommes les mêmes intérêts et en partie les mêmes opinions; si leur caractère, leurs lumières et leur civilisation diffèrent, il y a beaucoup de chances pour qu'ils ne s'accordent pas. La même remarque est applicable à une société de nations.

L'esclavage n'attaque donc pas directement la confédération américaine par les intérêts, mais indirectement par les mœurs.

Les États qui adhérèrent au pacte fédéral en 1790 étaient au nombre de treize; la confédération en compte vingt-quatre aujourd'hui. La population qui se montait à près de quatre millions en 1790, avait quadruplé dans l'espace de quarante ans; elle s'élevait en 1830 à près de treize millions (1).

De pareils changements ne peuvent s'opérer sans danger.

Pour une société de nations comme pour une société d'individus, il y a trois chances principales de durée : la sagesse des sociétaires, leur faiblesse individuelle, et leur petit nombre.

Les Américains qui s'éloignent des bords de l'océan Atlantique pour s'enfoncer dans l'Ouest, sont des

---

(1) Recensement de 1790,   3,929,328.
—   de 1830, 12,856,165.

aventuriers impatients de toute espèce de joug, avides de richesses, souvent rejetés par les États qui les ont vus naître. Ils arrivent au milieu du désert sans se connaître les uns les autres. Ils n'y trouvent pour les contenir ni traditions, ni esprit de famille, ni exemples. Parmi eux, l'empire des lois est faible, et celui des mœurs plus faible encore. Les hommes qui peuplent chaque jour les vallées du Mississipi sont donc inférieurs, à tous égards, aux Américains qui habitent dans les anciennes limites de l'Union. Cependant ils exercent déjà une grande influence dans ses conseils, et ils arrivent au gouvernement des affaires communes avant d'avoir appris à se diriger eux-mêmes (1).

Plus les sociétaires sont individuellement faibles et plus la société a de chances de durée, car ils n'ont alors de sécurité qu'en restant unis. Quand, en 1790, la plus peuplée des républiques américaines n'avait pas 500,000 habitants (2), chacune d'elles sentait son insignifiance comme peuple indépendant, et cette pensée lui rendait plus aisée l'obéissance à l'autorité fédérale. Mais lorsque l'un des États confédérés compte 2,000,000 d'habitants comme l'État de New-York, et couvre un territoire dont la superficie est égale au quart de celle de la France (3), il se sent fort par lui-même, et s'il continue à désirer l'union comme utile à son bien-être, il ne la regarde plus comme nécessaire à son existence; il peut se passer

---

(1) Ceci n'est, il est vrai, qu'un péril passager. Je ne doute pas qu'avec le temps la société ne vienne à s'asseoir et à se régler dans l'Ouest comme elle l'a déjà fait sur les bords de l'océan Atlantique.

(2) La Pensylvanie avait 431,373 habitants en 1790.

(3) Superficie de l'État de New-York, 6,213 lieues carrées (500 milles carrés.) Voyez *View of the United States, by Darby*, p. 435.

d'elle ; et, consentant à y rester, il ne tarde pas à vouloir y être prépondérant.

La multiplication seule des membres de l'Union tendrait déjà puissamment à briser le lien fédéral. Tous les hommes placés dans le même point de vue n'envisagent pas de la même manière les mêmes objets. Il en est ainsi à plus forte raison quand le point de vue est différent. A mesure donc que le nombre des républiques américaines augmente, on voit diminuer la chance de réunir l'assentiment de toutes sur les mêmes lois.

Aujourd'hui les intérêts des différentes parties de l'Union ne sont pas contraires entre eux ; mais qui pourrait prévoir les changements divers qu'un avenir prochain fera naître dans un pays où chaque jour crée des villes et chaque lustre des nations ?

Depuis que les colonies anglaises sont fondées, le nombre des habitants y double tous les vingt-deux ans à peu près ; je n'aperçois pas de causes qui doivent d'ici à un siècle arrêter ce mouvement progressif de la population anglo-américaine. Avant que cent ans se soient écoulés, je pense que le territoire occupé ou réclamé par les États-Unis sera couvert par plus de cent millions d'habitants et divisé en quarante États (1).

(1) Si la population continue à doubler en vingt-deux ans, pendant un siècle encore, comme elle a fait depuis deux cents ans, en 1852 on comptera dans les États-Unis vingt-quatre millions d'habitants, quarante-huit en 1874, et quatre-vingt-seize en 1896. Il en serait ainsi quand même on rencontrerait sur le versant oriental des montagnes Rocheuses des terrains qui se refuseraient à la culture. Les terres déjà occupées peuvent très facilement contenir ce nombre d'habitants. Cent millions d'hommes répandus sur le sol occupé en ce moment par les vingt-quatre États et les trois territoires dont se compose l'Union, ne donneraient

J'admets que ces cent millions d'hommes n'ont point d'intérêts différents; je leur donne à tous, au contraire, un avantage égal à rester unis, et je dis que par cela même qu'ils sont cent millions formant quarante nations distinctes et inégalement puissantes, le maintien du gouvernement fédéral n'est plus qu'un accident heureux.

Je veux bien ajouter foi à la perfectibilité humaine; mais jusqu'à ce que les hommes aient changé de nature et se soient complétement transformés, je refuserai de croire à la durée d'un gouvernement dont la tâche est de tenir ensemble quarante peuples divers répandus sur une surface égale à la moitié de l'Europe (1), d'éviter entre eux les rivalités, l'ambition et les luttes, et de réunir l'action de leurs volontés indépendantes vers l'accomplissement des mêmes desseins.

Mais le plus grand péril que court l'Union en grandissant, vient du déplacement continuel de forces qui s'opère dans son sein.

Des bords du lac Supérieur au golfe du Mexique, on compte, à vol d'oiseau, environ quatre cents lieues de France. Le long de cette ligne immense serpente la frontière des États-Unis; tantôt elle rentre en dedans de ces limites, le plus souvent elle pénètre bien

que 762 individus par lieue carrée, ce qui serait encore bien éloigné de la population moyenne de la France, qui est de 1,006; de celle de l'Angleterre, qui est de 1,457; et ce qui resterait même au-dessous de la population de la Suisse. La Suisse, malgré ses lacs et ses montagnes, compte 783 habitants par lieue carrée. Voyez Malte-Brun, vol. 6, p. 92.

(1) Le territoire des États-Unis a une superficie de 295,000 lieues carrées; celui de l'Europe, suivant Malte-Brun, vol. 6, p. 4, est de 500,000.

au-delà parmi les déserts. On a calculé que sur tout ce vaste front les blancs s'avançaient chaque année, terme moyen, de sept lieues (1). De temps en temps il se présente un obstacle : c'est un district improductif, un lac, une nation indienne qu'on rencontre inopinément sur son chemin. La colonne s'arrête alors un instant; ses deux extrémités se courbent sur elles-mêmes, et, après qu'elles se sont rejointes, on recommence à s'avancer. Il y a dans cette marche graduelle et continue de la race européenne vers les montagnes Rocheuses quelque chose de providentiel : c'est comme un déluge d'hommes qui monte sans cesse, et que soulève chaque jour la main de Dieu.

Au dedans de cette première ligne de conquérants, on bâtit des villes et on fonde de vastes États. En 1790, il se trouvait à peine quelques milliers de pionniers répandus dans les vallées du Mississipi; aujourd'hui ces mêmes vallées contiennent autant d'hommes qu'en renfermait l'Union tout entière en 1790. La population s'y élève à près de quatre millions d'habitants (2). La ville de Washington a été fondée en 1800, au centre même de la confédération américaine; maintenant, elle se trouve placée à l'une de ses extrémités. Les députés des derniers États de l'Ouest (3), pour venir occuper leur siége au congrès, sont déjà obligés de faire un trajet aussi long que le voyageur qui se rendrait de Vienne à Paris.

---

(1) Voyez *Documents législatifs*, 20e congrès, n° 117, p. 105.
(2) 3,672,317, dénombrement de 1830.
(3) De Jefferson, capitale de l'État de Missouri, à Washington, on compte 1,019 milles, ou 420 lieues de poste. (*American almanac*, 1831, p. 48.)

Tous les États de l'Union sont entraînés en même temps vers la fortune; mais tous ne sauraient croître et prospérer dans la même proportion.

Au nord de l'Union, des rameaux détachés de la chaîne des Alléghanys s'avançant jusque dans l'océan Atlantique, y forment des rades spacieuses et des ports toujours ouverts aux plus grands vaisseaux. A partir de la Potomac, au contraire, et en suivant les côtes de l'Amérique jusqu'à l'embouchure du Mississipi, on ne rencontre plus qu'un terrain plat et sablonneux. Dans cette partie de l'Union, la sortie de presque tous les fleuves est obstruée, et les ports qui s'ouvrent de loin en loin au milieu de ces lagunes ne présentent point aux vaisseaux la même profondeur, et offrent au commerce des facilités beaucoup moins grandes que ceux du Nord.

A cette première infériorité qui naît de la nature, s'en joint une autre qui vient des lois.

Nous avons vu que l'esclavage, qui est aboli au Nord, existe encore au Midi, et j'ai montré l'influence funeste qu'il exerce sur le bien-être du maître lui-même.

Le Nord doit donc être plus commerçant (1) et plus

(1) Pour juger de la différence qui existe entre le mouvement commercial du Sud et celui du Nord, il suffit de jeter les yeux sur le tableau suivant :

En 1829, les vaisseaux du grand et du petit commerce appartenant à la Virginie, aux deux Carolines et à la Géorgie (les quatre grands États du Sud), ne jaugeaient que 5,243 tonn.

Dans la même année, les navires du seul État de Massachusetts jaugeaient 17,322 tonn. (*).

Ainsi le seul État du Massachusetts avait trois fois plus de vaisseaux que les quatre États sus-nommés.

Cependant l'État du Massachusetts n'a que 959 lieues carrées de su-

(*) *Documents législatifs*, 21e congrès, 2e session, n° 140, p. 244.

industrieux que le Sud. Il est naturel que la population et la richesse s'y portent plus rapidement.

Les États situés sur le bord de l'océan Atlantique sont déjà à moitié peuplés. La plupart des terres y ont un maître; ils ne sauraient donc recevoir le même nombre d'émigrants que les États de l'Ouest qui livrent encore un champ sans borne à l'industrie. Le bassin du Mississipi est infiniment plus fertile que les côtes de l'océan Atlantique. Cette raison, ajoutée à toutes les autres, pousse énergiquement les Européens vers l'Ouest. Ceci se démontre rigoureusement par des chiffres.

Si l'on opère sur l'ensemble des États-Unis, on trouve que, depuis quarante ans, le nombre des habitants y est à peu près triplé. Mais si on n'envisage que le bassin du Mississipi, on découvre que, dans le même espace de temps, la population (1) y est devenue trente et une fois plus grande (2).

Chaque jour, le centre de la puissance fédérale se

perficie (7,335 milles carrés) et 610,014 habitants, tandis que les quatre États dont je parle ont 27,204 lieues carrées (210,000 milles) et 3,047,767 habitants. Ainsi la superficie de l'État de Massachusetts ne forme que la trentième partie de la superficie des quatre États, et sa population est cinq fois moins grande que la leur (*). L'esclavage nuit de plusieurs manières à la prospérité commerciale du Sud : il diminue l'esprit d'entreprise chez les blancs, et il empêche qu'ils ne trouvent à leur disposition les matelots dont ils auraient besoin. La marine ne se recrute en général que dans la dernière classe de la population. Or, ce sont les esclaves qui, au Sud, forment cette classe, et il est difficile de les utiliser à la mer : leur service serait inférieur à celui des blancs, et on aurait toujours à craindre qu'ils ne se révoltassent au milieu de l'Océan, ou ne prissent la fuite en abordant les rivages étrangers.

(1) *View of the United States*, by *Darby*, p. 444.
(2) Remarquez que, quand je parle du bassin du Mississipi, je n'y

(*) *View of the United States*, par Darby.

déplace. Il y a quarante ans, la majorité des citoyens de l'Union était sur le bord de la mer, aux environs de l'endroit où s'élève aujourd'hui Washington; maintenant elle se trouve plus enfoncée dans les terres et plus au nord; on ne saurait douter qu'avant vingt ans elle ne soit de l'autre côté des Alléghanys. L'Union subsistant, le bassin du Mississipi, par sa fertilité et son étendue, est nécessairement appelé à devenir le centre permanent de la puissance fédérale. Dans trente ou quarante ans, le bassin du Mississipi aura pris son rang naturel. Il est facile de calculer qu'alors sa population, comparée à celle des États placés sur les bords de l'Atlantique, sera dans les proportions de 40 à 11 à peu près. Encore quelques années, la direction de l'Union échappera donc complétement aux États qui l'ont fondée, et la population des vallées du Mississipi dominera dans les conseils fédéraux.

Cette gravitation continuelle des forces et de l'influence fédérale vers le Nord-Ouest se révèle tous les dix ans, lorsqu'après avoir fait un recensement général de la population on fixe de nouveaux le nombre des représentants que chaque État doit envoyer au congrès (1).

---

comprends point la portion des États de New-York, de Pensylvanie et de Virginie, placée à l'ouest des Alléghanys, et qu'on doit cependant considérer comme en faisant aussi partie.

(1) On s'aperçoit alors que, pendant les dix ans qui viennent de s'écouler, tel État a accru sa population dans la proportion de 5 sur 100, comme le Delaware; tel autre dans la proportion de 250 sur 100, comme le territoire du Michigan. La Virginie découvre que, durant la même période, elle a augmenté le nombre de ses habitants dans le rapport de 13 sur 100, tandis que l'État limitrophe de l'Ohio a augmenté le nombre des siens dans le rapport de 61 à 100. Voyez la table générale contenue au *National Calendar*, vous serez frappé de ce qu'il y a d'inégal dans la fortune des différents États.

En 1790, la Virginie avait dix-neuf représentants au congrès. Ce nombre a continué à croître jusqu'en 1813, où on le vit atteindre le chiffre de vingt-trois. Depuis cette époque, il a commencé à diminuer. Il n'était plus en 1833 que de vingt et un (1). Pendant cette même période, l'État de New-York suivait une progression contraire : en 1790, il avait au congrès dix représentants; en 1813, vingt-sept; en 1823, trente-quatre; en 1833, quarante. L'Ohio n'avait qu'un seul représentant en 1803; en 1833 il en comptait dix-neuf.

Il est difficile de concevoir une union durable entre deux peuples dont l'un est pauvre et faible, l'autre riche et fort, alors même qu'il serait prouvé que la

---

(1) On va voir plus loin que, pendant la dernière période, la population de la Virginie a crû dans la proportion de 13 à 100. Il est nécessaire d'expliquer comment le nombre des représentants d'un État peut décroître lorsque la population de l'État, loin de décroître elle-même, est en progrès.

Je prends pour objet de comparaison la Virginie, que j'ai déjà citée. Le nombre des députés de la Virginie, en 1823, était en proportion du nombre total des députés de l'Union ; le nombre des députés de la Virginie en 1833 est de même en proportion du nombre total des députés de l'Union en 1833, et en proportion du rapport de sa population, accrue pendant ces dix années. Le rapport du nouveau nombre de députés de la Virginie à l'ancien sera donc proportionnel, d'une part au rapport du nouveau nombre total des députés à l'ancien, et d'autre part au rapport des proportions d'accroissement de la Virginie et de toute l'Union. Ainsi, pour que le nombre des députés de la Virginie reste stationnaire, il suffit que le rapport de la proportion d'accroissement du petit pays à celle du grand soit l'inverse du rapport du nouveau nombre total des députés à l'ancien ; et pour peu que cette proportion d'accroissement de la population virginienne soit dans un plus faible rapport avec la proportion d'accroissement de toute l'Union, que le nouveau nombre des députés de l'Union avec l'ancien, le nombre des députés de la Virginie sera diminué.

force et la richesse de l'un ne sont point la cause de la faiblesse et de la pauvreté de l'autre. L'union est plus difficile encore à maintenir dans le temps où l'un perd des forces et où l'autre est en train d'en acquérir.

Cet accroissement rapide et disproportionné de certains États menace l'indépendance des autres. Si New-York, avec ses deux millions d'habitants et ses quarante représentants, voulait faire la loi au congrès, il y parviendrait peut-être. Mais alors même que les États les plus puissants ne chercheraient point à opprimer les moindres, le danger existerait encore, car il est dans la possibilité du fait presque autant que dans le fait lui-même.

Les faibles ont rarement confiance dans la justice et la raison des forts. Les États qui croissent moins vite que les autres jettent donc des regards de méfiance et d'envie vers ceux que la fortune favorise. De là ce profond malaise et cette inquiétude vague qu'on remarque dans une partie de l'Union, et qui contrastent avec le bien-être et la confiance qui règnent dans l'autre. Je pense que l'attitude hostile qu'a prise le Sud n'a point d'autres causes.

Les hommes du Sud sont, de tous les Américains, ceux qui devraient tenir le plus à l'Union, car ce sont eux surtout qui souffriraient d'être abandonnés à eux-mêmes ; cependant ils sont les seuls qui menacent de briser le faisceau de la confédération. D'où vient cela ? Il est facile de le dire : le Sud, qui a fourni quatre présidents à la confédération (1), qui sait aujourd'hui que la puissance fédérale lui échappe, qui, chaque année, voit diminuer le nombre de ses représentants

(1) Washington, Jefferson, Madisson et Monroe.

au congrès et croître ceux du Nord et de l'Ouest ; le Sud, peuplé d'hommes ardents et irascibles, s'irrite et s'inquiète. Il tourne avec chagrin ses regards sur lui-même ; interrogeant le passé, il se demande chaque jour s'il n'est point opprimé. Vient-il à découvrir qu'une loi de l'Union ne lui est pas évidemment favorable, il s'écrie qu'on abuse à son égard de la force ; il réclame avec ardeur, et si sa voix n'est point écoutée, il s'indigne, et menace de se retirer d'une société dont il a les charges sans avoir les profits.

« Les lois du tarif, disaient les habitants de la Ca-
» roline en 1832, enrichissent le Nord et ruinent le
» Sud ; car, sans cela, comment pourrait-on conce-
» voir que le Nord, avec son climat inhospitalier et
» son sol aride, augmentât sans cesse ses richesses et
» son pouvoir, tandis que le Sud, qui forme comme
» le jardin de l'Amérique, tombe rapidement en dé-
» cadence (1)? »

Si les changements dont j'ai parlé s'opéraient graduellement, de manière à ce que chaque génération ait au moins le temps de passer avec l'ordre de choses dont elle a été le témoin, le danger serait moindre ; mais il y a quelque chose de précipité, je pourrais presque dire de révolutionnaire, dans les progrès que fait la société en Amérique. Le même citoyen a pu voir son État marcher à la tête de l'Union et devenir ensuite impuissant dans les conseils fédéraux. Il y a telle république anglo-américaine qui a grandi aussi vite qu'un homme, et qui est née, a crû et est arrivée à maturité en trente ans.

(1) Voyez le rapport fait par son comité à la Convention, qui a proclamé la nullification dans la Caroline du Sud.

Il ne faut pas s'imaginer cependant que les États qui perdent la puissance se dépeuplent ou dépérissent ; leur prospérité ne s'arrête point ; ils croissent même plus promptement qu'aucun royaume de l'Europe (1). Mais il leur semble qu'ils s'appauvrissent, parce qu'ils ne s'enrichissent pas si vite que leur voisin, et ils croient perdre leur puissance parce qu'ils entrent tout-à-coup en contact avec une puissance plus grande que la leur (2) : ce sont donc leurs sentiments et leurs passions qui sont blessés plus que leurs intérêts. Mais n'en est-ce point assez pour que la confédération soit en péril ? Si, depuis le commencement du monde, les peuples et les rois n'avaient eu en vue que leur utilité réelle, on saurait à peine ce que c'est que la guerre parmi les hommes.

Ainsi le plus grand danger qui menace les États-Unis naît de leur prospérité même ; elle tend à créer chez plusieurs des confédérés l'enivrement qui accompagne l'augmentation rapide de la fortune, et

---

(1) La population d'un pays forme assurément le premier élément de sa richesse. Durant cette même période de 1820 à 1832, pendant laquelle la Virginie a perdu deux députés au congrès, sa population s'est accrue dans la proportion de 13,7 à 100; celle des Carolines dans le rapport de 15 à 100, et celle de la Géorgie dans la proportion de 51,5 à 100. (Voyez *American Almanac*, 1832, p. 162.) Or, la Russie, qui est le pays d'Europe où la population croît le plus vite, n'augmente en dix ans le nombre de ses habitants que dans la proportion de 9,5 à 100; la France dans celle de 7 à 100, et l'Europe en masse dans celle de 4,7 à 100. (Voyez Malte-Brun, vol. 6, p. 95.)

(2) Il faut avouer cependant que la dépréciation qui s'est opérée dans le prix du tabac, depuis cinquante ans, a notablement diminué l'aisance des cultivateurs du Sud ; mais ce fait est indépendant de la volonté des hommes du Nord comme de la leur.

chez les autres, l'envie, la méfiance et les regrets qui en suivent le plus souvent la perte.

Les Américains se réjouissent en contemplant ce mouvement extraordinaire; ils devraient, ce me semble, l'envisager avec regret et avec crainte. Les Américains des États-Unis, quoi qu'ils fassent, deviendront un des plus grands peuples du monde; ils couvriront de leurs rejetons presque toute l'Amérique du Nord; le continent qu'ils habitent est leur domaine, il ne saurait leur échapper. Qui les presse donc de s'en mettre en possession dès aujourd'hui? la richesse, la puissance et la gloire ne peuvent leur manquer un jour, et ils se précipitent vers cette immense fortune comme s'il ne leur restait qu'un moment pour s'en saisir.

Je crois avoir démontré que l'existence de la confédération actuelle dépendait entièrement de l'accord de tous les confédérés à vouloir rester unis; et, partant de cette donnée, j'ai recherché quelles étaient les causes qui pouvaient porter les différents États à vouloir se séparer. Mais il y a pour l'Union deux manières de périr : l'un des États confédérés peut vouloir se retirer du contrat, et briser violemment ainsi le lien commun; c'est à ce cas que se rapportent la plupart des remarques que j'ai faites ci-devant; le gouvernement fédéral peut perdre progressivement sa puissance par une tendance simultanée des républiques unies à reprendre l'usage de leur indépendance. Le pouvoir central, privé successivement de toutes ses prérogatives, réduit par un accord tacite à l'impuissance, deviendrait inhabile à remplir son objet, et la seconde Union périrait comme la première par une sorte d'imbécillité sénile.

L'affaiblissement graduel du lien fédéral, qui conduit finalement à l'annulation de l'Union, est d'ailleurs en lui-même un fait distinct qui peut amener beaucoup d'autres résultats moins extrêmes avant de produire celui-là. La confédération existerait encore, que déjà la faiblesse de son gouvernement pourrait réduire la nation à l'impuissance, causer l'anarchie au dedans et le ralentissement de la prospérité générale du pays.

Après avoir recherché ce qui porte les Anglo-Américains à se désunir, il est donc important d'examiner si, l'Union subsistant, leur gouvernement agrandit la sphère de son action ou la resserre, s'il devient plus énergique ou plus faible.

Les Américains sont évidemment préoccupés d'une grande crainte. Ils s'aperçoivent que chez la plupart des peuples du monde, l'exercice des droits de la souveraineté tend à se concentrer en peu de mains, et ils s'effraient à l'idée qu'il finira par en être ainsi chez eux. Les hommes d'État eux-mêmes éprouvent ces terreurs, ou du moins feignent de les éprouver; car en Amérique, la centralisation n'est point populaire, et on ne saurait courtiser plus habilement la majorité qu'en s'élevant contre les prétendus empiétements du pouvoir central. Les Américains refusent de voir que dans les pays où se manifeste cette tendance centralisante qui les effraie, on ne rencontre qu'un seul peuple, tandis que l'Union est une confédération de peuples différents; fait qui suffit pour déranger toutes les prévisions fondées sur l'analogie.

J'avoue que je considère ces craintes d'un grand nombre d'Américains comme entièrement imaginaires. Loin de redouter avec eux la consolidation de la souveraineté dans les mains de l'Union, je crois que le gouvernement fédéral s'affaiblit d'une manière visible.

Pour prouver ce que j'avance sur ce point, je n'aurai pas recours à des faits anciens, mais à ceux dont j'ai pu être le témoin, ou qui ont eu lieu de notre temps.

Quand on examine attentivement ce qui se passe aux États-Unis, on découvre sans peine l'existence de deux tendances contraires; ce sont comme deux courants qui parcourent le même lit en sens opposé.

Depuis quarante-cinq ans que l'Union existe, le temps a fait justice d'une foule de préjugés provinciaux qui d'abord militaient contre elle. Le sentiment patriotique qui attachait chacun des Américains à son État, est devenu moins exclusif. En se connaissant mieux, les diverses parties de l'Union se sont rapprochées. La poste, ce grand lien des esprits, pénètre aujourd'hui jusque dans le fond des déserts (1); des bateaux à vapeur font communiquer entre eux chaque jour tous les points de la côte. Le commerce descend et remonte les fleuves de l'intérieur avec une rapidité sans exemple (2). A ces facilités que la nature

---

(1) En 1832, le district du Michigan, qui n'a que 31,639 habitants, et ne forme encore qu'un désert à peine frayé, présentait le développement de 940 milles de routes de poste. Le territoire presque entièrement sauvage d'Arkansas était déjà traversé par 1738 milles de routes de poste. Voyez *the Report of the post general*, 30 novembre 1833. Le port seul des journaux dans toute l'Union rapporte par an 254,796 dollars.

(2) Dans le cours de dix ans, de 1821 à 1831, 271 bateaux à vapeur

et l'art ont créées, se joignent l'instabilité des désirs, l'inquiétude de l'esprit, l'amour des richesses, qui, poussant sans cesse l'Américain hors de sa demeure, le mettent en communication avec un grand nombre de ses concitoyens. Il parcourt son pays en tous sens; il visite toutes les populations qui l'habitent. On ne rencontre pas de province de France dont les habitants se connaissent aussi parfaitement entre eux que les 13,000,000 d'hommes qui couvrent la surface des États-Unis.

En même temps que les Américains se mêlent, ils s'assimilent; les différences que le climat, l'origine et les institutions avaient mises entre eux diminuent. Ils se rapprochent tous de plus en plus d'un type commun. Chaque année, des milliers d'hommes partis du Nord se répandent dans toutes les parties de l'Union : ils apportent avec eux leurs croyances, leurs opinions, leurs mœurs; et comme leurs lumières sont supérieures à celles des hommes parmi lesquels ils vont vivre, ils ne tardent pas à s'emparer des affaires et à modifier la société à leur profit. Cette émigration continuelle du Nord vers le Midi favorise singulièrement la fusion de tous les caractères provinciaux dans un seul caractère national. La civilisation du Nord semble donc destinée à devenir la mesure commune sur laquelle tout le reste doit se régler un jour.

A mesure que l'industrie des Américains fait des progrès, on voit se resserrer les liens commerciaux

---

ont été lancés dans les seules rivières qui arrosent la vallée du Mississipi.
En 1829, il existait aux États-Unis 256 bateaux à vapeur. Voyez *Documents législatifs*, n° 240, p. 274.

qui unissent tous les États confédérés, et l'union entre dans les habitudes après avoir été dans les opinions. Le temps, en marchant, achève de faire disparaître une foule de terreurs fantastiques qui tourmentaient l'imagination des hommes de 1789. Le pouvoir fédéral n'est point devenu oppresseur; il n'a pas détruit l'indépendance des États; il ne conduit pas les confédérés à la monarchie; avec l'Union, les petits États ne sont pas tombés dans la dépendance des grands. La confédération a continué à croître sans cesse en population, en richesse, en pouvoir.

Je suis donc convaincu que de notre temps les Américains ont moins de difficultés naturelles à vivre unis, qu'ils n'en trouvèrent en 1789; l'Union a moins d'ennemis qu'alors.

Et cependant, si l'on veut étudier avec soin l'histoire des États-Unis depuis quarante-cinq ans, on se convaincra sans peine que le pouvoir fédéral décroît.

Il n'est pas difficile d'indiquer les causes de ce phénomène.

Au moment où la constitution de 1789 fut promulguée, tout périssait dans l'anarchie; l'Union qui succéda à ce désordre excitait beaucoup de crainte et de haine; mais elle avait d'ardents amis, parce qu'elle était l'expression d'un grand besoin. Quoique plus attaqué alors qu'il ne l'est aujourd'hui, le pouvoir fédéral atteignit donc rapidement le maximum de son pouvoir, ainsi qu'il arrive d'ordinaire à un gouvernement qui triomphe après avoir exalté ses forces dans la lutte. A cette époque, l'interprétation de la constitution sembla étendre plutôt que resserrer la souveraineté fédérale, et l'Union présenta sous plusieurs rapports le spectacle d'un seul et même peuple, dirigé, au-dedans comme au-dehors, par un seul gouvernement.

Mais pour en arriver à ce point, le peuple s'était mis en quelque sorte au-dessus de lui-même.

La constitution n'avait pas détruit l'individualité des États, et tous les corps, quels qu'ils soient, ont un instinct secret qui les porte vers l'indépendance. Cet instinct est plus prononcé encore dans un pays comme l'Amérique, où chaque village forme une sorte de république habituée à se gouverner elle-même.

Il y eut donc effort de la part des États qui se soumirent à la prépondérance fédérale. Et tout effort, fût-il couronné d'un grand succès, ne peut manquer de s'affaiblir avec la cause qui le fait naître.

A mesure que le gouvernement fédéral affermissait son pouvoir, l'Amérique reprenait son rang parmi les nations, la paix renaissait sur les frontières, le crédit public se relevait; à la confusion succédait un ordre fixe et qui permettait à l'industrie individuelle de suivre sa marche naturelle et de se développer en liberté.

Ce fut cette prospérité même qui commença à faire perdre de vue la cause qui l'avait produite; le péril passé, les Américains ne trouvèrent plus en eux l'énergie et le patriotisme qui avaient aidé à le conjurer. Délivrés des craintes qui les préoccupaient, ils rentrèrent aisément dans le cours de leurs habitudes, et s'abandonnèrent sans résistance à la tendance ordinaire de leurs penchants. Du moment où un gouvernement fort ne parut plus nécessaire, on recommença à penser qu'il était gênant. Tout prospérait avec l'Union, et l'on ne se détacha point de l'Union ; mais on voulut sentir à peine l'action du pouvoir qui la représentait. En général, on désira rester uni, et dans chaque fait particulier on tendit à redevenir indépendant. Le principe de la confédération fut chaque jour plus facilement admis et moins appliqué; ainsi le gouvernement fédéral, en créant l'ordre et la paix, amena lui-même sa décadence.

Dès que cette disposition des esprits commença à se manifester au-dehors, les hommes de parti, qui vivent des passions du peuple, se mirent à l'exploiter à leur profit.

Le gouvernement fédéral se trouva dès lors dans une situation très critique; ses ennemis avaient la faveur populaire, et c'est en promettant de l'affaiblir qu'on obtenait le droit de le diriger.

A partir de cette époque, toutes les fois que le gouvernement de l'Union est entré en lice avec celui des États, il n'a presque jamais cessé de reculer. Quand il y a eu lieu à interpréter les termes de la constitution fédérale, l'interprétation a été le plus souvent contraire à l'Union et favorable aux États.

La constitution donnait au gouvernement fédéral le soin de pourvoir aux intérêts nationaux : on avait pensé que c'était à lui à faire ou à favoriser, dans l'intérieur, les grandes entreprises qui étaient de nature à accroître la prospérité de l'Union tout entière (*internal improvements*), telles, par exemple, que les canaux.

Les États s'effrayèrent à l'idée de voir une autre autorité que la leur disposer ainsi d'une portion de leur territoire. Ils craignirent que le pouvoir central, acquérant de cette manière dans leur propre sein un patronage redoutable, ne vînt à y exercer une influence qu'ils voulaient réserver tout entière à leurs seuls agents.

Le parti démocratique, qui a toujours été opposé à tous les développements de la puissance fédérale, éleva donc la voix ; on accusa le congrès d'usurpation ; le chef de l'État, d'ambition. Le gouvernement central, intimidé par ces clameurs, finit par reconnaître lui-même son erreur, et par se renfermer exactement dans la sphère qu'on lui traçait.

La constitution donne à l'Union le privilége de traiter avec les peuples étrangers. L'Union avait en général considéré sous ce point de vue les tribus indiennes qui bordent les frontières de son territoire. Tant que ces sauvages consentirent à fuir devant la civilisation, le droit fédéral ne fut pas contesté ; mais du jour où une tribu indienne entreprit de se fixer sur un point du sol, les États environnants réclamèrent un droit de possession sur ces terres, et un droit de souveraineté sur les hommes qui en faisaient partie. Le gouvernement central se hâta de reconnaître l'un et l'autre, et, après avoir traité avec les Indiens comme avec des peuples indépendants, il les livra comme des sujets à la tyrannie législative des États (1).

Parmi les États qui s'étaient formés sur le bord de l'Atlantique, plusieurs s'étendaient indéfiniment à l'ouest dans des déserts où les Européens n'avaient

---

(1) Voyez dans les documents législatifs, que j'ai déjà cités au chapitre des Indiens, la lettre du président des États-Unis aux Cherokées, sa correspondance à ce sujet avec ses agents et ses messages au congrès.

point encore pénétré. Ceux dont les limites étaient irrévocablement fixées voyaient d'un œil jaloux l'avenir immense ouvert à leurs voisins. Ces derniers, dans un esprit de conciliation, et afin de faciliter l'acte d'Union, consentirent à se tracer des limites, et abandonnèrent à la confédération tout le territoire qui pouvait se trouver au-delà (1).

Depuis cette époque, le gouvernement fédéral est devenu propriétaire de tout le terrain inculte qui se rencontre en dehors des treize États primitivement confédérés. C'est lui qui se charge de le diviser et de le vendre, et l'argent qui en revient est versé exclusivement dans le trésor de l'Union. A l'aide de ce revenu, le gouvernement fédéral achète aux Indiens leurs terres, ouvre des routes dans les nouveaux districts, et y facilite de tout son pouvoir le développement rapide de la société.

Or, il est arrivé que dans ces mêmes déserts cédés jadis par les habitants des bords de l'Atlantique se sont formés avec le temps de nouveaux États. Le congrès a continué à vendre, au profit de la nation tout entière, les terres incultes que ces États renferment encore dans leur sein. Mais aujourd'hui ceux-ci prétentent qu'une fois constitués, ils doivent avoir le droit exclusif d'appliquer le produit de ces ventes à leur propre usage. Les réclamations étant devenues de plus en plus menaçantes, le congrès crut

---

(1) Le premier acte de cession eut lieu de la part de l'État de New-York en 1780; la Virginie, le Massachusetts, le Connecticut, la Caroline du Sud, la Caroline du Nord, suivirent cet exemple à différentes périodes, la Géorgie fut la dernière; son acte de cession ne remonte qu'à 1802.

devoir enlever à l'Union une partie des priviléges dont elle avait joui jusqu'alors, et à la fin de 1832, il fit une loi par laquelle, sans céder aux nouvelles républiques de l'Ouest la propriété de leurs terres incultes, il appliquait cependant à leur profit seul la plus grande partie du revenu qu'on en tirait (1).

Il suffit de parcourir les États-Unis pour apprécier les avantages que le pays retire de la banque. Ces avantages sont de plusieurs sortes; mais il en est un surtout qui frappe l'étranger : les billets de la Banque des États-Unis sont reçus à la frontière des déserts pour la même valeur qu'à Philadelphie, où est le siége de ses opérations (2).

La Banque des États-Unis est cependant l'objet de grandes haines. Ses directeurs se sont prononcés contre le président, et on les accuse, non sans vraisemblance, d'avoir abusé de leur influence pour entraver son élection. Le président attaque donc l'institution que ces derniers représentent avec toute l'ardeur d'une inimitié personnelle. Ce qui a encouragé le président à poursuivre ainsi sa vengeance, c'est qu'il se sent appuyé sur les instincts secrets de la majorité.

La Banque forme le grand lien monétaire de l'Union comme le congrès en est le grand lien législatif, et les

(1) Le président refusa, il est vrai, de sanctionner cette loi, mais il en admit complétement le principe. Voyez *Message du 8 décembre* 1833.

(2) La Banque actuelle des États-Unis a été créée en 1816, avec un capital de 35,000,000 de dollars (185,500,000 fr.) : son privilége expire en 1836. L'année dernière, le congrès fit une loi pour le renouveler; mais le président refusa sa sanction. La lutte est aujourd'hui engagée de part et d'autre avec une violence extrême, et il est facile de présager la chute prochaine de la Banque.

mêmes passions qui tendent à rendre les États indépendants du pouvoir central tendent à la destruction de la Banque.

La Banque des États-Unis possède toujours en ses mains un grand nombre de billets appartenant aux banques provinciales; elle peut chaque jour obliger ces dernières à rembourser leurs billets en espèces. Pour elle au contraire un pareil danger n'est point à craindre; la grandeur de ses ressources disponibles lui permet de faire face à toutes les exigences. Menacées ainsi dans leur existence, les banques provinciales sont forcées d'user de retenue, et de ne mettre dans la circulation qu'un nombre de billets proportionné à leur capital. Les banques provinciales ne souffrent qu'avec impatience ce contrôle salutaire. Les journaux qui leur sont vendus, et le président que son intérêt a rendu leur organe, attaquent donc la Banque avec une sorte de fureur. Ils soulèvent contre elle les passions locales et l'aveugle instinct démocratique du pays. Suivant eux, les directeurs de la Banque forment un corps aristocratique et permanent dont l'influence ne peut manquer de se faire sentir dans le gouvernement, et doit altérer tôt ou tard les principes d'égalité sur lesquels repose la société américaine.

La lutte de la Banque contre ses ennemis n'est qu'un incident du grand combat que livrent en Amérique les provinces au pouvoir central; l'esprit d'indépendance et de démocratie, à l'esprit de hiérarchie et de subordination. Je ne prétends point que les ennemis de la Banque des États-Unis soient précisément les mêmes individus qui, sur d'autres points, attaquent le gouvernement fédéral; mais je dis que les attaques contre la Banque des États-Unis sont le produit des mêmes instincts qui militent contre le gouvernement fédéral, et que le grand nombre des ennemis de la première est un symptôme fâcheux de l'affaiblissement du second.

Mais jamais l'Union ne se montra plus débile que dans la fameuse affaire du tarif (1).

Les guerres de la révolution française et celle de 1812, en empêchant la libre communication entre l'Amérique et l'Europe, avaient créé des manufactures au Nord de l'Union. Lorsque la paix eut rouvert aux produits de l'Europe le chemin du Nouveau-Monde, les Américains crurent devoir établir un système de douanes qui pût tout à la fois protéger leur industrie naissante, et acquitter le montant des dettes que la guerre leur avait fait contracter.

Les États du Sud, qui n'ont pas de manufactures à encourager, et qui ne sont que cultivateurs, ne tardèrent pas à se plaindre de cette mesure.

Je ne prétends point examiner ici ce qu'il pouvait y avoir d'imaginaire ou de réel dans leurs plaintes, je dis les faits.

Dès l'année 1820, la Caroline du Sud, dans une pétition au congrès, déclarait que la loi du tarif était *inconstitutionnelle*, *oppressive* et *injuste*. Depuis, la Géorgie, la Virginie, la Caroline du Nord, l'État de l'Alabama et celui du Mississipi, firent des réclamations plus ou moins énergiques dans le même sens.

(1) Voyez principalement, pour les détails de cette affaire, les *Documents législatifs*, 22ᵉ congrès, 2ᵉ session, n° 30.

Loin de tenir compte de ces murmures, le congrès, dans les années 1824 et 1828, éleva encore les droits du tarif et en consacra de nouveau le principe.

Alors on produisit, ou plutôt on rappela au Sud une doctrine célèbre qui prit le nom de *nullification*.

J'ai montré en son lieu que le but de la constitution fédérale n'a point été d'établir une ligue, mais de créer un gouvernement national. Les Américains des États-Unis, dans tous les cas prévus par leur constitution, ne forment qu'un seul et même peuple. Sur tous ces points-là, la volonté nationale s'exprime, comme chez tous les peuples constitutionnels, à l'aide d'une majorité. Une fois que la majorité a parlé, le devoir de la minorité est de se soumettre.

Telle est la doctrine légale, la seule qui soit d'accord avec le texte de la constitution et l'intention connue de ceux qui l'établirent.

Les *nullificateurs* du Sud prétendent au contraire que les Américains, en s'unissant, n'ont point entendu se fondre dans un seul et même peuple, mais qu'ils ont seulement voulu former une ligue de peuples indépendants; d'où il suit que chaque État ayant conservé sa souveraineté complète, sinon en action du moins en principe, a le droit d'interpréter les lois du congrès, et de suspendre dans son sein l'exécution de celles qui lui semblent opposées à la constitution ou à la justice.

Toute la doctrine de la nullification se trouve résumée dans une phrase prononcée en 1833 devant le sénat des États-Unis par M. Cahoun, le chef avoué des nullificateurs du Sud.

« La constitution, dit-il, est un contrat dans lequel

» les États ont paru comme souverains. Or, toutes les
» fois qu'il intervient un contrat entre des parties qui
» ne connaissent point de commun arbitre, chacune
» d'elles retient le droit de juger par elle-même l'éten-
» due de son obligation. »

Il est manifeste qu'une pareille doctrine détruit en principe le lien fédéral, et ramène en fait l'anarchie, dont la constitution de 1789 avait délivré les Américains.

Lorsque la Caroline du Sud vit que le congrès se montrait sourd à ses plaintes, elle menaça d'appliquer à la loi fédérale du tarif la doctrine des nullificateurs. Le congrès persista dans son système; enfin l'orage éclata.

Dans le courant de 1832, le peuple de la Caroline du Sud (1) nomma une convention nationale pour aviser aux moyens extraordinaires qui restaient à prendre; et le 24 novembre de la même année, cette convention publia, sous le nom d'ordonnance, une loi qui frappait de nullité la loi fédérale du tarif, défendait de prélever les droits qui y étaient portés, et de recevoir les appels qui pourraient être faits aux tribunaux fédéraux (2). Cette ordonnance ne devait

(1) C'est-à-dire une majorité du peuple; car le parti opposé, nommé *Union Party*, compta toujours une très forte et très active minorité en sa faveur. La Caroline peut avoir environ 47,000 électeurs 30,000 étaient favorables à la nullification, et 17,000 contraires.

(2) Cette ordonnance fut précédée du rapport d'un comité chargé d'en préparer la rédaction : ce rapport renferme l'exposition et le but de la loi. On y lit, p. 34 : « Lorsque les droits réservés aux différents
» États par la constitution sont violés de propos délibéré, le droit et le
» devoir de ces États est d'intervenir, afin d'arrêter les progrès du mal,
» de s'opposer à l'usurpation, et de maintenir dans leurs respectives li-
» mites les pouvoirs et priviléges qui leur appartiennent comme *sou-*

être mise en vigueur qu'au mois de février suivant, et il était indiqué que si le congrès modifiait avant cette époque le tarif, la Caroline du Sud pourrait consentir à ne pas donner d'autres suites à ses menaces. Plus tard, on exprima, mais d'une manière vague et indéterminée, le désir de soumettre la question à une assemblée extraordinaire de tous les États confédérés.

En attendant, la Caroline du Sud armait ses milices et se préparait à la guerre.

Que fit le congrès? Le congrès, qui n'avait pas écouté ses sujets suppliants, prêta l'oreille à leurs plaintes dès qu'il leur vit les armes à la main (1). Il fit une loi (2) suivant laquelle les droits portés au tarif devaient être réduits progressivement pendant dix ans, jusqu'à ce qu'on les eût amenés à ne pas dépasser les besoins du gouvernement. Ainsi le congrès abandonna complètement le principe du tarif. A un droit protecteur de l'industrie, il substitua une mesure pu-

» verains indépendants. Si les États ne possédaient pas ce droit, en vain
» se prétendraient-ils souverains. La Caroline du Sud déclare ne recon-
» naître sur la terre aucun tribunal qui soit placé au-dessus d'elle. Il est
» vrai qu'elle a passé, avec d'autres États souverains comme elle, un
» contrat solennel d'union (*a solemn contract of union*), mais elle
» réclame et exercera le droit d'expliquer quel en est le sens à ses yeux,
» et lorsque ce contrat est violé par ses associés et par le gouvernement
» qu'ils ont créé, elle veut user du droit évident (*unquestionable*), de
» juger quelle est l'étendue de l'infraction, et quelles sont les mesures à
» prendre pour obtenir justice. »

(1) Ce qui acheva de déterminer le congrès à cette mesure, ce fut une démonstration du puissant État de Virginie, dont la législature s'offrit à servir d'arbitre entre l'Union et la Caroline du Sud. Jusque là cette dernière avait paru entièrement abandonnée, même par les États qui avaient réclamé avec elle.

(2) Loi du 2 mars 1833.

rement fiscale (1). Pour dissimuler sa défaite, le gouvernement de l'Union eut recours à un expédient qui est fort à l'usage des gouvernements faibles : en cédant sur les faits, il se montra inflexible sur les principes. En même temps que le congrès changeait la législation du tarif, il passait une autre loi en vertu de laquelle le président était investi d'un pouvoir extraordinaire pour surmonter par la force les résistances qui dès lors n'étaient plus à craindre.

La Caroline du Sud ne consentit même pas à laisser à l'Union ces faibles apparences de la victoire; la même convention nationale qui avait frappé de nullité la loi du tarif s'étant assemblée de nouveau, accepta la concession qui était offerte; mais en même temps, elle déclara n'en persister qu'avec plus de force dans la *doctrine des nullificateurs*, et pour le prouver, elle annula la loi qui conférait des pouvoirs extraordinaires au président, quoiqu'il fût bien certain qu'on n'en ferait point usage.

Presque tous les actes dont je viens de parler ont eu lieu sous la présidence du général Jackson. On ne saurait nier que, dans l'affaire du tarif, ce dernier n'ait soutenu avec habileté et vigueur les droits de l'Union. Je crois cependant qu'il faut mettre au nombre des dangers que court aujourd'hui le pouvoir fédéral la conduite même de celui qui le représente.

Quelques personnes se sont formé en Europe, sur l'influence que peut exercer le général Jackson dans les affaires de son pays, une opinion qui paraît fort extravagante à ceux qui ont vu les choses de près.

(1) Cette loi fut suggérée par M. Clay, et passa en quatre jours, dans les les deux chambres du congrès, à une immense majorité.

On a entendu dire que le général Jackson avait gagné des batailles, que c'était un homme énergique, porté par caractère et par habitude à l'emploi de la force, désireux du pouvoir et despote par goût. Tout cela est peut-être vrai, mais les conséquences qu'on a tirées de ces vérités sont de grandes erreurs.

On s'est imaginé que le général Jackson voulait établir aux États-Unis la dictature, qu'il allait y faire régner l'esprit militaire, et donner au pouvoir central une extension dangereuse pour les libertés provinciales. En Amérique, le temps de semblables entreprises et le siècle de pareils hommes ne sont point encore venus : si le général Jackson eût voulu dominer de cette manière, il eût assurément perdu sa position politique et compromis sa vie : aussi n'a-t-il pas été assez imprudent pour le tenter.

Loin de vouloir étendre le pouvoir fédéral, le président actuel représente, au contraire, le parti qui veut restreindre ce pouvoir aux termes les plus clairs et les plus précis de la constitution, et qui n'admet point que l'interprétation puisse jamais être favorable au gouvernement de l'Union ; loin de se présenter comme le champion de la centralisation, le général Jackson est l'agent des jalousies provinciales ; ce sont les passions *décentralisantes* (si je puis m'exprimer ainsi) qui l'ont porté au souverain pouvoir. C'est en flattant chaque jour ces passions qu'il s'y maintient et y prospère. Le général Jackson est l'esclave de la majorité : il la suit dans ses volontés, dans ses désirs, dans ses instincts à moitié découverts, ou plutôt il la devine et court se placer à sa tête.

Toutes les fois que le gouvernement des États

entre en lutte avec celui de l'Union, il est rare que le président ne soit pas le premier à douter de son droit; il devance presque toujours le pouvoir législatif; quand il y a lieu à interprétation sur l'étendue de la puissance fédérale, il se range en quelque sorte contre lui-même; il s'amoindrit, il se voile, il s'efface. Ce n'est point qu'il soit naturellement faible ou ennemi de l'Union; lorsque la majorité s'est prononcée contre les prétentions des nullificateurs du Sud, on l'a vu se mettre à sa tête, formuler avec netteté et énergie les doctrines qu'elle professait et en appeler le premier à la force. Le général Jackson, pour me servir d'une comparaison empruntée au vocabulaire des partis américains, me semble *fédéral* par goût et *républicain* par calcul.

Après s'être ainsi abaissé devant la majorité pour gagner sa faveur, le général Jackson se relève; il marche alors vers les objets qu'elle poursuit elle-même, ou ceux qu'elle ne voit pas d'un œil jaloux, en renversant devant lui tous les obstacles. Fort d'un appui que n'avaient point ses prédécesseurs, il foule aux pieds ses ennemis personnels partout où il les trouve, avec une facilité qu'aucun président n'a rencontrée; il prend sous sa responsabilité des mesures que nul n'aurait jamais avant lui osé prendre; il lui arrive même de traiter la représentation nationale avec une sorte de dédain presque insultant; il refuse de sanctionner les lois du congrès, et souvent omet de répondre à ce grand corps. C'est un favori qui parfois rudoie son maître. Le pouvoir du général Jackson augmente donc sans cesse; mais celui du président diminue. Dans ses mains, le gouvernement fédéral est fort; il passera énervé à son successeur.

Ou je me trompe étrangement, ou le gouvernement fédéral des États-Unis tend chaque jour à s'affaiblir; il se retire successivement des affaires, il resserre de plus en plus le cercle de son action. Naturellement faible, il abandonne même les apparences de la force. D'une autre part, j'ai cru voir qu'aux États-Unis le sentiment de l'indépendance devenait de plus en plus vif dans les États, l'amour du gouvernement provincial de plus en plus prononcé.

On veut l'Union, mais réduite à une ombre : on la veut forte en certains cas et faible dans tous les autres; on prétend qu'en temps de guerre elle puisse réunir dans ses mains les forces nationales et toutes les ressources du pays, et qu'en temps de paix elle n'existe pour ainsi dire point; comme si cette alternative de débilité et de vigueur était dans la nature.

Je ne vois rien qui puisse, quant à présent, arrêter ce mouvement général des esprits; les causes qui l'ont fait naître ne cessent point d'opérer dans le même sens. Il se continuera donc, et l'on peut prédire que, s'il ne survient pas quelque circonstance extraordinaire, le gouvernement de l'Union ira chaque jour s'affaiblissant.

Je crois cependant que nous sommes encore loin du temps où le pouvoir fédéral, incapable de protéger sa propre existence et de donner la paix au pays, s'éteindra en quelque sorte de lui-même. L'Union est dans les mœurs, on la désire; ses résultats sont évidents, ses bienfaits visibles. Quand on s'apercevra que la faiblesse du gouvernement fédéral compromet l'existence de l'Union, je ne doute point qu'on ne voie naître un mouvement de réaction en faveur de la force.

Le gouvernement des États-Unis est, de tous les gouvernements fédéraux qui ont été établis jusqu'à nos jours, celui qui est le plus naturellement destiné à agir : tant qu'on ne l'attaquera que d'une manière indirecte par l'interprétation de ses lois, tant qu'on n'altérera pas profondément sa substance, un changement d'opinion, une crise intérieure, une guerre, pourraient lui redonner tout-à-coup la vigueur dont il a besoin.

Ce que j'ai voulu constater est seulement ceci : bien des gens, parmi nous, pensent qu'aux États-Unis il y a un mouvement des esprits qui favorise la centralisation du pouvoir dans les mains du président et du congrès. Je prétends qu'on y remarque visiblement un mouvement contraire. Loin que le gouvernement fédéral, en vieillissant, prenne de la force et menace la souveraineté des États, je dis qu'il tend chaque jour à s'affaiblir, et que la souveraineté seule de l'Union est en péril. Voilà ce que le présent révèle. Quel sera le résultat final de cette tendance, quels événements peuvent arrêter, retarder ou hâter le mouvement que j'ai décrit? L'avenir les cache, et je n'ai pas la prétention de pouvoir soulever son voile.

DES INSTITUTIONS RÉPUBLICAINES AUX ÉTATS-UNIS, QUELLES SONT LEURS CHANCES DE DURÉE.

L'Union n'est qu'un accident. — Les institutions républicaines ont plus d'avenir. — La république est, quant à présent, l'état naturel des Anglo-Américains. — Pourquoi. — Afin de la détruire, il faudrait changer en même temps toutes les lois et modifier toutes les mœurs. — Difficultés que trouvent les Américains à créer une aristocratie.

Le démembrement de l'Union, en introduisant la guerre au sein des États aujourd'hui confédérés, et avec elle les armées permanentes, la dictature et les impôts, pourrait à la longue y compromettre le sort des institutions républicaines.

Il ne faut pas confondre cependant l'avenir de la république et celui de l'Union.

L'Union est un accident qui ne durera qu'autant que les circonstances le favoriseront, mais la république me semble l'état naturel des Américains; et il n'y a que l'action continue de causes contraires et agissant toujours dans le même sens, qui pût lui substituer la monarchie.

L'Union existe principalement dans la loi qui l'a créée. Une seule révolution, un changement dans l'opinion publique peut la briser pour jamais. La république a des racines plus profondes.

Ce qu'on entend par république aux États-Unis, c'est l'action lente et tranquille de la société sur elle-même. C'est un état régulier fondé réellement sur la volonté éclairée du peuple. C'est un gouvernement conciliateur, où les résolutions se mûrissent longuement, se discutent avec lenteur et s'exécutent avec maturité.

Les républicains, aux États-Unis, prisent les mœurs, respectent les croyances, reconnaissent les droits. Ils professent cette opinion, qu'un peuple doit être moral, religieux et modéré, en proportion qu'il est libre. Ce qu'on appelle la république aux États-Unis, c'est le règne tranquille de la majorité. La majorité, après qu'elle a eu le temps de se reconnaître et de constater son existence, est la source commune des pouvoirs. Mais la majorité elle-même n'est pas toute-puissante. Au-dessus d'elle, dans le monde moral, se trouvent l'humanité, la justice et la raison; dans le monde politique, les droits acquis. La majorité reconnaît ces deux barrières, et s'il lui arrive de les franchir, c'est qu'elle a des passions, comme chaque homme, et que, semblable à eux, elle peut faire le mal en discernant le bien.

Mais nous avons fait en Europe d'étranges découvertes.

La république, suivant quelques uns d'entre nous, ce n'est pas le règne de la majorité, comme on l'a cru jusqu'ici, c'est le règne de ceux qui se portent forts pour la majorité. Ce n'est pas le peuple qui dirige dans ces sortes de gouvernements, mais ceux qui savent le plus grand bien du peuple : distinction heureuse, qui permet d'agir au nom des nations sans les consulter, et de réclamer leur reconnaissance en les foulant aux pieds. Le gouvernement républicain est, du reste, le seul auquel il faille reconnaître le droit de tout faire, et qui puisse mépriser ce qu'ont jusqu'à présent respecté les hommes, depuis les plus hautes lois de la morale jusqu'aux règles vulgaires du sens commun.

On avait pensé, jusqu'à nous, que le despotisme était odieux, quelles que fussent ses formes. Mais on a découvert de nos jours qu'il y avait dans le monde des tyrannies légitimes et de saintes injustices, pourvu qu'on les exerçât au nom du peuple.

Les idées que les Américains se sont faites de la république leur en facilitent singulièrement l'usage et assurent sa durée. Chez eux, si la pratique du gouvernement républicain est souvent mauvaise, du moins la théorie est bonne, et le peuple finit toujours par y conformer ses actes.

Il était impossible, dans l'origine, et il serait encore très difficile d'établir en Amérique une administration centralisée. Les hommes sont dispersés sur un trop grand espace et séparés par trop d'obstacles naturels, pour qu'un seul puisse entreprendre de diriger les détails de leur existence. L'Amérique est donc par excellence le pays du gouvernement provincial et communal.

A cette cause, dont l'action se faisait également sentir sur tous les Européens du Nouveau-Monde, les Anglo-Américains en ajoutèrent plusieurs autres qui leur étaient particulières.

Lorsque les colonies de l'Amérique du Nord furent établies, la liberté municipale avait déjà pénétré dans les lois ainsi que dans les mœurs anglaises, et les émigrants anglais l'adoptèrent non seulement comme une chose nécessaire, mais comme un bien dont ils connaissaient tout le prix.

Nous avons vu, de plus, de quelle manière les colonies avaient été fondées. Chaque province, et pour ainsi dire chaque district, fut peuplé séparément par des hommes étrangers les uns aux autres, ou associés dans des buts différents.

Les Anglais des États-Unis se sont donc trouvés, dès l'origine, divisés en un grand nombre de petites sociétés distinctes qui ne se rattachaient à aucun centre commun, et il a fallu que chacune de ces petites sociétés s'occupât de ses propres affaires, puisqu'on n'apercevait nulle part une autorité centrale qui dût naturellement et qui pût facilement y pourvoir.

Ainsi la nature du pays, la manière même dont les colonies anglaises ont été fondées, les habitudes des premiers émigrants, tout se réunissait pour y développer à un degré extraordinaire les libertés communales et provinciales.

Aux États-Unis, l'ensemble des institutions du pays est donc essentiellement républicain; pour y détruire d'une façon durable les lois qui fondent la république, il faudrait en quelque sorte abolir à la fois toutes les lois.

Si, de nos jours, un parti entreprenait de fonder la monarchie aux États-Unis, il serait dans une position encore plus difficile que celui qui voudrait proclamer dès à présent la république en France. La royauté ne trouverait point la législation préparée d'avance pour elle, et ce serait bien réellement alors qu'on verrait une monarchie entourée d'institutions républicaines.

Le principe monarchique pénétrerait aussi difficilement dans les mœurs des Américains.

Aux États-Unis, le dogme de la souveraineté du peuple n'est point une doctrine isolée qui ne tienne ni aux habitudes, ni à l'ensemble des idées dominantes; on peut, au contraire, l'envisager comme le dernier anneau d'une chaîne d'opinions qui enveloppe le monde anglo-américain tout entier. La Providence a donné à chaque individu, quel qu'il soit, le degré de raison nécessaire pour qu'il puisse se diriger lui-même dans les choses qui l'intéressent exclusivement. Telle est la grande maxime sur laquelle, aux États-Unis, repose la société civile et politique : le père de famille en fait l'application à ses enfants, le maître à ses serviteurs, la commune à ses administrés, la province aux communes, l'État aux provinces, l'Union aux États. Étendue à l'ensemble de la nation, elle devient le dogme de la souveraineté du peuple.

Ainsi, aux États-Unis, le principe générateur de la république est le même qui règle la plupart des actions humaines. La république pénètre donc, si je puis m'exprimer ainsi, dans les idées, dans les opinions et dans toutes les habitudes des Américains en même temps qu'elle s'établit dans leurs lois; et pour arriver à changer les lois, il faudrait qu'ils en vinssent à se changer en quelque sorte tout entiers. Aux États-Unis, la religion du plus grand nombre elle-même est républicaine; elle soumet les vérités de l'autre monde à la raison individuelle, comme la politique abandonne au bon sens de tous le soin des intérêts de celui-ci, et elle consent que chaque homme prenne librement la voie qui doit le conduire au ciel, de la même manière que la loi reconnaît à chaque citoyen le droit de choisir son gouvernement.

Évidemment, il n'y a qu'une longue série de faits ayant tous la même tendance, qui puisse substituer à cet ensemble de lois, d'opinions et de mœurs, un ensemble de mœurs, d'opinions et de lois contraires.

Si les principes républicains doivent périr en Amérique, ils ne succomberont qu'après un long travail social, fréquemment interrompu, souvent repris; plusieurs fois ils sembleront renaître, et ne disparaîtront sans retour que quand un peuple entièrement nouveau aura pris la place de celui qui existe de nos jours. Or, rien ne saurait faire présager une semblable révolution, aucun signe ne l'annonce.

Ce qui vous frappe le plus à votre arrivée aux États-Unis, c'est l'espèce de mouvement tumultueux au sein duquel se trouve placée la société politique. Les lois changent sans cesse, et au premier abord il semble impossible qu'un peuple si peu sûr de ses volontés n'en arrive pas bientôt à substituer à la forme actuelle de son gouvernement une forme entièrement nouvelle. Ces craintes sont prématurées. Il y a, en fait d'institutions politiques, deux espèces d'instabilités qu'il ne faut pas confondre : l'une s'attache aux lois secondaires; celle-là peut régner long-temps au sein d'une société bien assise; l'autre ébranle sans cesse les bases mêmes de la constitution, et attaque les principes générateurs des lois; celle-ci est toujours suivie de troubles et de révolutions; la nation qui la souffre est dans un état violent et transitoire. L'expérience fait connaître que ces deux espèces d'instabilités législatives n'ont pas entre elles de lien nécessaire, car on les a vues exister conjointement ou séparément suivant les temps et les lieux. La première se rencontre aux États-Unis, mais non la seconde. Les Américains changent fréquemment les lois, mais le fondement de la constitution est respecté.

De nos jours, le principe républicain règne en Amérique comme le principe monarchique dominait en France sous Louis XIV. Les Français d'alors n'étaient pas seulement amis de la monarchie, mais encore ils n'imaginaient pas qu'on pût rien mettre à la place ; ils l'admettaient ainsi qu'on admet le cours du soleil et les vicissitudes des saisons. Chez eux le pouvoir royal n'avait pas plus d'avocats que d'adversaires.

C'est ainsi que la république existe en Amérique, sans combat, sans opposition, sans preuve, par un accord tacite, une sorte de *consensus universalis*.

Toutefois, je pense qu'en changeant aussi souvent qu'ils le font leurs procédés administratifs, les habitants des États-Unis compromettent l'avenir du gouvernement républicain.

Gênés sans cesse dans leurs projets par la versatilité continuelle de la législation, il est à craindre que les hommes ne finissent par considérer la république comme une façon incommode de vivre en société ; le mal résultant de l'instabilité des lois secondaires ferait alors mettre en question l'existence des lois fondamentales, et amènerait indirectement une révolution ; mais cette époque est encore bien loin de nous.

Ce qu'on peut prévoir dès à présent, c'est qu'en sortant de la république, les Américains passeraient rapidement au despotisme, sans s'arrêter très long-temps dans la monarchie. Montesquieu a dit qu'il n'y avait rien de plus absolu que l'autorité d'un prince qui succède à la république, les pouvoirs indéfinis qu'on avait livrés sans crainte à un magistrat électif se trouvant alors remis dans les mains d'un chef héréditaire. Ceci est généralement vrai, mais particulièrement applicable à une république démocratique. Aux États-Unis, les magistrats ne sont pas élus par une classe particulière de citoyens, mais par la majorité de la nation ; ils représentent immédiatement les passions de la multitude, et dépendent entièrement de ses volontés ; ils n'inspirent donc ni haine ni crainte : aussi j'ai fait remarquer le peu de soins qu'on avait pris de limiter leur pouvoir en traçant des bornes à son action, et quelle part immense on avait laissée à leur arbitraire. Cet ordre de choses a créé des habitudes qui lui survivraient. Le magistrat américain garderait sa puissance indéfinie en cessant d'être responsable, et il est impossible de dire où s'arrêterait alors la tyrannie.

Il y a des gens parmi nous qui s'attendent à voir l'aristocratie naître en Amérique, et qui prévoient déjà avec exactitude l'époque où elle doit s'emparer du pouvoir.

J'ai déjà dit, et je répète que le mouvement actuel de la société américaine me semble de plus en plus démocratique.

Cependant je ne prétends point qu'un jour les Américains n'arrivent pas à restreindre chez eux le cercle des droits politiques, ou à confisquer ces mêmes droits au profit d'un homme; mais je ne puis croire qu'ils en confient jamais l'usage exclusif à une classe particulière de citoyens, ou, en d'autres termes, qu'ils fondent une aristocratie.

Un corps aristocratique se compose d'un certain nombre de citoyens qui, sans être placés très loin de la foule, s'élèvent cependant d'une manière permanente au-dessus d'elle; qu'on touche et qu'on ne peut frapper; auxquels on se mêle chaque jour, et avec lesquels on ne saurait se confondre.

Il est impossible de rien imaginer de plus contraire à la nature et aux instincts secrets du cœur humain qu'une sujétion de cette espèce : livrés à eux-mêmes, les hommes préféreront toujours le pouvoir arbitraire d'un roi à l'administration régulière des nobles.

Une aristocratie, pour durer, a besoin de fonder l'inégalité en principe, de la légaliser d'avance, et de l'introduire dans la famille en même temps qu'elle la répand dans la société; toutes choses qui répugnent si fortement à l'équité naturelle, qu'on ne saurait les obtenir des hommes que par la contrainte.

Depuis que les sociétés humaines existent, je ne crois pas qu'on puisse citer l'exemple d'un seul peuple qui, livré à lui-même et par ses propres efforts, ait créé une aristocratie dans son sein : toutes les aristocraties du moyen-âge sont filles de la conquête. Le vainqueur était le noble, le vaincu le serf. La force imposait alors l'inégalité, qui, une fois entrée dans les mœurs, se maintenait d'elle-même et passait naturellement dans les lois.

On a vu des sociétés qui, par suite d'événements antérieurs à leur existence, sont pour ainsi dire nées aristocratiques, et que chaque siècle ramenait ensuite vers la démocratie. Tel fut le sort des Romains, et celui des barbares qui s'établirent après eux. Mais un peuple qui, parti de la civilisation et de la démocratie, se rapprocherait par degrés de l'inégalité des conditions, et finirait par établir dans son sein des priviléges inviolables et des catégories exclusives, voilà ce qui serait nouveau dans le monde.

Rien n'indique que l'Amérique soit destinée à donner la première un pareil spectacle.

QUELQUES CONSIDÉRATIONS SUR LES CAUSES DE LA GRANDEUR COMMERCIALE DES ÉTATS-UNIS.

Les Américains sont appelés par la nature à être un grand peuple maritime. — Étendue de leurs rivages. — Profondeur des ports. — Grandeur des fleuves. — C'est cependant bien moins à des causes physiques qu'à des causes intellectuelles et morales qu'on doit attribuer la supériorité commerciale des Anglo-Américains. — Raison de cette opinion. — Avenir des Anglo-Américains comme peuple commerçant. — La ruine de l'Union n'arrêterait point l'essor maritime des peuples qui la composent. — Pourquoi. — Les Anglo-Américains sont naturellement appelés à servir les besoins des habitants de l'Amérique du Sud. — Ils deviendront, comme les Anglais, les facteurs d'une grande partie du monde.

Depuis la baie de Fondy jusqu'à la rivière Sabine dans le golfe du Mexique, la côte des États-Unis s'étend sur une longueur de 900 lieues à peu près.

Ces rivages forment une seule ligne non interrompue; ils sont tous placés sous la même domination.

Il n'y a pas de peuple au monde qui puisse offrir au commerce des ports plus profonds, plus vastes et plus sûrs que les Américains.

Les habitants des États-Unis composent une grande nation civilisée que la fortune a placée au milieu des déserts, à 1,200 lieues du foyer principal de la civilisation. L'Amérique a donc un besoin journalier de l'Europe. Avec le temps, les Américains parviendront sans doute à produire ou à fabriquer chez eux la plupart des objets qui leur sont nécessaires, mais jamais les deux continents ne pourront vivre entièrement indépendants l'un de l'autre : il existe trop de liens naturels entre leurs besoins, leurs idées, leurs habitudes et leurs mœurs.

L'Union a des productions qui nous sont devenues nécessaires, et que notre sol se refuse entièrement à fournir, ou ne peut donner qu'à grands frais. Les Américains ne consomment qu'une très petite partie de ces produits; ils nous vendent le reste.

L'Europe est donc le marché de l'Amérique, comme l'Amérique est le marché de l'Europe ; et le commerce maritime est aussi nécessaire aux habitants des États-Unis pour amener leurs matières premières dans nos ports que pour transporter chez eux nos objets manufacturés.

Les États-Unis devaient donc fournir un grand aliment à l'industrie des peuples maritimes, s'ils renonçaient eux-mêmes au commerce, comme l'ont fait jusqu'à présent les Espagnols du Mexique; ou devenir une des premières puissances maritimes du globe : cette alternative était inévitable.

Les Anglo-Américains ont de tout temps montré un goût décidé pour la mer. L'indépendance, en brisant les liens commerciaux qui les unissaient à l'Angleterre, donna à leur génie maritime un nouvel et puissant essor. Depuis cette époque, le nombre des vaisseaux de l'Union s'est accru dans une progression presque aussi rapide que le nombre de ses habitants. Aujourd'hui ce sont les Américains eux-mêmes qui transportent chez eux les neuf dixièmes des produits de l'Europe (1). Ce sont encore des Américains qui

---

(1) La valeur totale des importations de l'année finissant au 30 septembre 1832, a été de 101,129,266 dollars. Les importations faites sur

apportent aux consommateurs d'Europe les trois quarts des exportations du Nouveau-Monde (1).

Les vaisseaux des États-Unis remplissent le port du Havre et celui de Liverpool. On ne voit qu'un petit nombre de bâtiments anglais ou français dans le port de New-York (2).

Ainsi non seulement le commerçant américain brave la concurrence sur son propre sol, mais il combat encore avec avantage les étrangers sur le leur.

Ceci s'explique aisément : de tous les vaisseaux du monde, ce sont les navires des États-Unis qui traversent les mers au meilleur marché. Tant que la marine marchande des États-Unis conservera sur les autres cet avantage, non seulement elle gardera ce qu'elle a conquis, mais elle augmentera chaque jour ses conquêtes.

C'est un problème difficile à résoudre que celui de

navires étrangers ne figurent que pour une somme de 10,731,039 dollars, à peu près un dixième.

(1) La valeur totale des exportations, pendant la même année, a été de 87,176,943 dollars ; la valeur exportée sur vaisseaux étrangers a été de 21,036,183 dollars, ou à peu près le quart. (*William's register*, 1833, p. 398.)

(2) Pendant les années 1829, 1830, 1831, il est entré dans les ports de l'Union des navires jaugeant ensemble 3,307,719 tonneaux. Les navires étrangers ne fournissent à ce total que 544,571 tonneaux. Ils étaient donc dans la proportion de 16 à 100 à peu près. (*National Calendar*, 1833, p. 304.)

Durant les années 1820, 1826 et 1831, les vaisseaux anglais entrés dans les ports de Londres, Liverpool et Hull, ont jaugé 443,800 tonneaux. Les vaisseaux étrangers entrés dans les mêmes ports pendant les mêmes années jaugeaient 159,431 tonneaux. Le rapport entre eux était donc comme 36 est à 100 à peu près. (*Companion to the almanac*, 1834, p. 169.)

— Dans l'année 1832, le rapport des bâtiments étrangers et des bâtiments anglais entrés dans les ports de la Grande-Bretagne était comme 29 à 100.

savoir pourquoi les Américains naviguent à plus bas prix que les autres hommes : on est tenté d'abord d'attribuer cette supériorité à quelques avantages matériels que la nature aurait mis à leur seule portée, mais il n'en est point ainsi.

Les vaisseaux américains coûtent presque aussi cher à bâtir que les nôtres (1); ils ne sont pas mieux construits, et durent en général moins long-temps.

Le salaire du matelot américain est plus élevé que celui du matelot d'Europe; ce qui le prouve, c'est le grand nombre d'Européens qu'on rencontre dans la marine marchande des États-Unis.

D'où vient donc que les Américains naviguent à meilleur marché que nous?

Je pense qu'on chercherait vainement les causes de cette supériorité dans des avantages matériels; elle tient à des qualités purement intellectuelles et morales.

Voici une comparaison qui éclaircira ma pensée :

Pendant les guerres de la révolution, les Français introduisirent dans l'art militaire une tactique nouvelle qui troubla les plus vieux généraux et faillit détruire les plus anciennes monarchies de l'Europe. Ils entreprirent pour la première fois de se passer d'une foule de choses qu'on avait jusqu'alors jugées indispensables à la guerre; ils exigèrent de leurs soldats des efforts nouveaux que les nations policées n'avaient jamais demandés aux leurs; on les vit tout faire en courant, et risquer sans hésiter la vie des hommes en vue du résultat à obtenir.

Les Français étaient moins nombreux et moins

---

(1) Les matières premières, en général, coûtent moins cher en Amérique qu'en Europe, mais le prix de la main-d'œuvre y est beaucoup plus élevé.

riches que leurs ennemis; ils possédaient infiniment moins de ressources; cependant ils furent constamment victorieux, jusqu'à ce que ces derniers eussent pris le parti de les imiter.

Les Américains ont introduit quelque chose d'analogue dans le commerce. Ce que les Français faisaient pour la victoire, ils le font pour le bon marché.

Le navigateur européen ne s'aventure qu'avec prudence sur les mers; il ne part que quand le temps l'y convie; s'il lui survient un accident imprévu, il rentre au port; la nuit, il serre une partie de ses voiles, et lorsqu'il voit l'Océan blanchir à l'approche des terres, il ralentit sa course et interroge le soleil.

L'Américain néglige ces précautions et brave ces dangers. Il part tandis que la tempête gronde encore; la nuit comme le jour il abandonne au vent toutes ses voiles; il répare en marchant son navire fatigué par l'orage, et lorsqu'il approche enfin du terme de sa course, il continue à voler vers le rivage, comme si déjà il apercevait le port.

L'Américain fait souvent naufrage; mais il n'y a pas de navigateur qui traverse les mers aussi rapidement que lui. Faisant les mêmes choses qu'un autre en moins de temps, il peut les faire à moins de frais.

Avant de parvenir au terme d'un voyage de long cours, le navigateur d'Europe croit devoir aborder plusieurs fois sur son chemin. Il perd un temps précieux à chercher le port de relâche ou à attendre l'occasion d'en sortir, et il paie chaque jour le droit d'y rester.

Le navigateur américain part de Boston pour aller

acheter du thé à la Chine. Il arrive à Canton, y reste quelques jours et revient. Il a parcouru en moins de deux ans la circonférence entière du globe, et il n'a vu la terre qu'une seule fois. Durant une traversée de huit ou dix mois, il a bu de l'eau saumâtre et a vécu de viande salée; il a lutté sans cesse contre la mer, contre la maladie, contre l'ennui; mais à son retour, il peut vendre la livre de thé un sou de moins que le marchand anglais : le but est atteint.

Je ne saurais mieux exprimer ma pensée qu'en disant que les Américains mettent une sorte d'héroïsme dans leur manière de faire le commerce.

Il sera toujours très difficile au commerçant d'Europe de suivre dans la même carrière son concurrent d'Amérique. L'Américain, en agissant de la manière que j'ai décrite plus haut, ne suit pas seulement un calcul, il obéit surtout à sa nature.

L'habitant des États-Unis éprouve tous les besoins et tous les désirs qu'une civilisation avancée fait naître, et il ne trouve pas autour de lui, comme en Europe, une société savamment organisée pour y satisfaire; il est donc souvent obligé de se procurer par lui-même les objets divers que son éducation et ses habitudes lui ont rendus nécessaires. En Amérique, il arrive quelquefois que le même homme laboure son champ, bâtit sa demeure, fabrique ses outils, fait ses souliers et tisse de ses mains l'étoffe grossière qui doit le couvrir. Ceci nuit au perfectionnement de l'industrie, mais sert puissamment à développer l'intelligence de l'ouvrier. Il n'y a rien qui tende plus que la grande division du travail à matérialiser l'homme et à ôter de ses œuvres jusqu'à la trace de l'âme. Dans un pays comme l'Amérique, où les hommes spéciaux sont si rares, on ne saurait exiger un long apprentissage de chacun de ceux qui embrassent une profession. Les Américains trouvent donc une grande facilité à changer d'état, et ils en profitent, suivant les besoins du moment. On en rencontre qui ont été successivement avocats, agriculteurs, commerçants, ministres évangéliques, médecins. Si l'Américain est moins habile que l'Européen dans chaque industrie, il n'y en a presque point qui lui soit entièrement étrangère. Sa capacité est plus générale, le cercle de son intelligence est plus étendu. L'habitant des États-Unis n'est donc jamais arrêté par aucun axiome d'état ; il échappe à tous les préjugés de profession ; il n'est pas plus attaché à un système d'opération qu'à un autre ; il ne se sent pas plus lié à une méthode ancienne qu'à une nouvelle ; il ne s'est créé aucune habitude, et il se soustrait aisément à l'empire que les habitudes étrangères pourraient exercer sur son esprit, car il sait que son pays ne ressemble à aucun autre, et que sa situation est nouvelle dans le monde.

L'Américain habite une terre de prodiges ; autour de lui tout se remue sans cesse, et chaque mouvement semble un progrès. L'idée du nouveau se lie donc intimement dans son esprit à l'idée du mieux. Nulle part il n'aperçoit la borne que la nature peut avoir mise aux efforts de l'homme ; à ses yeux, ce qui n'est pas est ce qui n'a point encore été tenté.

Ce mouvement universel qui règne aux États-Unis, ces retours fréquents de la fortune, ce déplacement imprévu des richesses publiques et privées, tout se réunit pour entretenir l'âme dans une sorte d'agitation fébrile qui la dispose admirablement à tous les efforts, et la maintient pour ainsi dire au-dessus du niveau commun de l'humanité. Pour un Américain, la vie entière se passe comme une partie de jeu, un temps de révolution, un jour de bataille.

Ces mêmes causes opérant en même temps sur tous les individus, finissent par imprimer une impulsion irrésistible au caractère national. L'Américain pris au hasard doit donc être un homme ardent dans ses désirs, entreprenant, aventureux, surtout novateur. Cet esprit se retrouve, en effet, dans toutes ses œuvres; il l'introduit dans ses lois politiques, dans ses doctrines religieuses, dans ses théories d'économie sociale, dans son industrie privée; il le porte partout avec lui, au fond des bois comme au sein des villes. C'est ce même esprit qui, appliqué au commerce maritime, fait naviguer l'Américain plus vite et à meilleur marché que que tous les commerçants du monde.

Aussi long-temps que les marins des États-Unis garderont ces avantages intellectuels et la supériorité pratique qui en dérive, non seulement ils continueront à pourvoir eux-mêmes aux besoins des producteurs et des consommateurs de leur pays, mais ils tendront de plus en plus à devenir, comme les Anglais (1), les facteurs des autres peuples.

Ceci commence à se réaliser sous nos yeux. Déjà

(1) Il ne faut pas croire que les vaisseaux anglais soient uniquement occupés à transporter en Angleterre les produits étrangers, ou à transporter chez les étrangers les produits anglais; de nos jours la marine marchande d'Angleterre forme comme une grande entreprise de voitures publiques, prêtes à servir tous les producteurs du monde et à faire communiquer tous les peuples entre eux. Le génie maritime des Américains les porte à élever une entreprise rivale de celle des Anglais.

nous voyons les navigateurs américains s'introduire comme agents intermédiaires dans le commerce de plusieurs nations de l'Europe (1); l'Amérique leur offre un avenir plus grand encore.

Les Espagnols et les Portugais ont fondé dans l'Amérique du Sud de grandes colonies qui, depuis, sont devenues des empires. La guerre civile et le despotisme désolent aujourd'hui ces vastes contrées. Le mouvement de la population s'y arrête, et le petit nombre d'hommes qui les habite, absorbé dans le soin de se défendre, éprouve à peine le besoin d'améliorer son sort.

Mais il ne saurait en être toujours ainsi. L'Europe, livrée à elle-même, est parvenue par ses propres efforts à percer les ténèbres du moyen-âge; l'Amérique du Sud est chrétienne comme nous; elle a nos lois, nos usages; elle renferme tous les germes de civilisation qui se sont développés au sein des nations européennes et de leurs rejetons; l'Amérique du Sud a de plus que nous notre exemple : pourquoi resterait-elle toujours barbare?

Il ne s'agit évidemment ici que d'une question de temps : une époque plus ou moins éloignée viendra sans doute où les Américains du Sud formeront des nations florissantes et éclairées.

Mais lorsque les Espagnols et les Portugais de l'Amérique méridionale commenceront à éprouver les besoins des peuples policés, ils seront encore loin de pouvoir y satisfaire eux-mêmes; derniers nés de la civilisation, ils subiront la supériorité déjà acquise

---

(1) Une partie du commerce de la Méditerranée se fait déjà sur des vaisseaux américains.

par leurs aînés. Ils seront agriculteurs long-temps avant d'être manufacturiers et commerçants, et ils auront besoin de l'entremise des étrangers pour aller vendre leurs produits au-delà des mers, et se procurer en échange les objets dont la nécessité nouvelle se fera sentir.

On ne saurait douter que les Américains du nord de l'Amérique ne soient appelés à pourvoir un jour aux besoins des Américains du Sud. La nature les a placés près d'eux. Elle leur a ainsi fourni de grandes facilités pour connaître et apprécier les besoins des premiers, pour lier avec ces peuples des relations permanentes et s'emparer graduellement de leur marché. Le commerçant des États-Unis ne pourrait perdre ces avantages naturels, que s'il était fort inférieur au commerçant d'Europe, et il lui est au contraire supérieur en plusieurs points. Les Américains des États-Unis exercent déjà une grande influence morale sur tous les peuples du Nouveau-Monde. C'est d'eux que part la lumière. Toutes les nations qui habitent sur le même continent sont déjà habituées à les considérer comme les rejetons les plus éclairés, les plus puissants et les plus riches de la grande famille américaine. Ils tournent donc sans cesse vers l'Union leurs regards, et ils s'assimilent, autant que cela est en leur pouvoir, aux peuples qui la composent. Chaque jour ils viennent puiser aux États-Unis des doctrines politiques et y emprunter des lois.

Les Américains des États-Unis se trouvent vis-à-vis des peuples de l'Amérique du Sud précisément dans la même situation que leurs pères les Anglais vis-à-vis des Italiens, des Espagnols, des Portugais et de tous ceux des peuples de l'Europe qui, étant moins avancés en civilisation et en industrie, reçoivent de leurs mains la plupart des objets de consommation.

L'Angleterre est aujourd'hui le foyer naturel du commerce de presque toutes les nations qui l'approchent; l'Union américaine est appelée à remplir le même rôle dans l'autre hémisphère. Chaque peuple qui naît ou qui grandit dans le Nouveau-Monde y naît donc et y grandit en quelque sorte au profit des Anglo-Américains.

Si l'Union venait à se dissoudre, le commerce des États qui l'ont formée serait sans doute retardé quelque temps dans son essor, moins toutefois qu'on ne le pense. Il est évident que, quoi qu'il arrive, les États commerçants resteront unis. Ils se touchent tous; il y a entre eux identité parfaite d'opinions, d'intérêts et de mœurs, et seuls ils peuvent composer une très grande puissance maritime. Alors même que le Sud de l'Union deviendrait indépendant du Nord, il n'en résulterait pas qu'il pût se passer de lui. J'ai dit que le Sud n'est pas commerçant; rien n'indique encore qu'il doive le devenir. Les Américains du Sud des États-Unis seront donc obligés pendant long-temps d'avoir recours aux étrangers pour exporter leurs produits et apporter chez eux les objets qui sont nécessaires à leurs besoins. Or, de tous les intermédiaires qu'ils peuvent prendre, leurs voisins du Nord sont à coup sûr ceux qui peuvent les servir à meilleur marché. Ils les serviront donc, car le bon marché est la loi suprême du commerce. Il n'y a pas de volonté souveraine ni de préjugés nationaux qui puissent lutter long-temps contre le bon marché. On ne saurait voir de haine plus envenimée que celle qui existe entre les Américains des États-Unis et les Anglais. En dépit de ces sentiments hostiles, les Anglais fournissent cependant aux Américains la plupart des objets manufacturés, par la seule raison qu'il les font payer moins cher que les autres peuples. La prospérité croissante de l'Amérique tourne ainsi, malgré le désir des Américains, au profit de l'industrie manufacturière de l'Angleterre.

La raison indique et l'expérience prouve qu'il n'y a pas de grandeur commerciale qui soit durable, si elle ne peut s'unir, au besoin, à une puissance militaire.

Cette vérité est aussi bien comprise aux États-Unis que partout ailleurs. Les Américains sont déjà en état de faire respecter leur pavillon; bientôt ils pourront le faire craindre.

Je suis convaincu que le démembrement de l'Union, loin de diminuer les forces navales des Américains, tendrait fortement à les augmenter. Aujourd'hui les États commerçants sont liés à ceux qui ne le sont pas, et ces derniers ne se prêtent souvent qu'à regret à accroître une puissance maritime dont ils ne profitent qu'indirectement.

Si au contraire tous les États commerçants de l'Union ne formaient qu'un seul et même peuple, le commerce deviendrait pour eux un intérêt national du premier ordre; ils seraient donc disposés à faire de très grands sacrifices pour protéger leurs vaisseaux, et rien ne les empêcherait de suivre sur ce point leurs désirs.

Je pense que les nations, comme les hommes, indiquent presque toujours, dès leur jeune âge, les principaux traits de leur destinée. Quand je vois de quel esprit les Anglo-Américains mènent le commerce, les facilités qu'ils trouvent à le faire, les succès qu'ils y obtiennent, je ne puis m'empêcher de croire qu'ils deviendront un jour la première puissance maritime du globe. Ils sont poussés à s'emparer des mers, comme les Romains à conquérir le monde.

CONCLUSION.

Voici que j'approche du terme. Jusqu'à présent, en parlant de la destinée future des États-Unis, je me suis efforcé de diviser mon sujet en diverses parties, afin d'étudier avec plus de soin chacune d'elles.

Je voudrais maintenant les réunir toutes dans un seul point de vue. Ce que je dirai sera moins détaillé, mais plus sûr. J'apercevrai moins distinctement chaque objet; j'embrasserai avec plus de certitude les faits généraux. Je serai comme le voyageur qui, en sortant des murs d'une vaste cité, gravit la colline prochaine. A mesure qu'il s'éloigne, les hommes qu'il vient de quitter disparaissent à ses yeux; leurs demeures se confondent; il ne voit plus les places publiques; il discerne avec peine la trace des rues; mais son œil suit plus aisément les contours de la ville, et pour la première fois, il en saisit la forme. Il me semble que je découvre de même devant moi l'avenir entier de la race anglaise dans le Nouveau-Monde. Les détails de cet immense tableau sont restés dans l'ombre; mais mon regard en comprend l'ensemble, et je conçois une idée claire du tout.

Le territoire occupé ou possédé de nos jours par les États-Unis d'Amérique, forme à peu près la vingtième partie des terres habitées.

Quelque étendues que soient ces limites, on aurait tort de croire que la race anglo-américaine s'y renfermera toujours; elle s'étend déjà bien au-delà.

Il fut un temps où nous aussi nous pouvions créer dans les déserts américains une grande nation française et balancer avec les Anglais les destinées du Nouveau-Monde. La France a possédé autrefois dans l'Amérique du Nord un territoire presque aussi vaste que l'Europe entière. Les trois plus grands fleuves du continent coulaient alors tout entiers sous nos lois. Les nations indiennes qui habitent depuis l'embouchure du Saint-Laurent jusqu'au delta du Mississipi n'entendaient parler que notre langue; tous les établissements européens répandus sur cet immense espace rappelaient le souvenir de la patrie : c'étaient Louisbourg, Montmorency, Duquesne, Saint-Louis, Vincennes, la Nouvelle-Orléans, tous noms chers à la France et familiers à nos oreilles.

Mais un concours de circonstances qu'il serait trop long d'énumérer (1) nous a privés de ce magnifique héritage. Partout où les Français étaient peu nombreux et mal établis, ils ont disparu. Le reste s'est aggloméré sur un petit espace et a passé sous d'autres lois. Les quatre cent mille Français du Canada for-

---

(1) En première ligne celle-ci : les peuples livrés et habitués au régime municipal parviennent bien plus aisément que les autres à créer de florissantes colonies. L'habitude de penser par soi-même et de se gouverner est indispensable dans un pays nouveau, où le succès dépend nécessairement en grande partie des efforts individuels des colons.

ment aujourd'hui comme les débris d'un peuple ancien perdu au milieu des flots d'une nation nouvelle. Autour d'eux la population étrangère grandit sans cesse; elle s'étend de tous côtés; elle pénètre jusque dans les rangs des anciens maîtres du sol, domine dans leurs villes, et dénature leur langue. Cette population est identique à celle des États-Unis. J'ai donc raison de dire que la race anglaise ne s'arrête point aux limites de l'Union, mais s'avance bien au-delà vers le Nord-Est.

Au Nord-Ouest, on ne rencontre que quelques établissements russes sans importance ; mais au Sud-Ouest, le Mexique se présente devant les pas des Anglo-Américains comme une barrière.

Ainsi donc, il n'y a plus, à vrai dire, que deux races rivales qui se partagent aujoud'hui le Nouveau-Monde, les Espagnols et les Anglais.

Les limites qui doivent séparer ces deux races ont été fixées par un traité. Mais quelque favorable que soit ce traité aux Anglo-Américains, je ne doute point qu'ils ne viennent bientôt à l'enfreindre.

Au-delà des frontières de l'Union s'étendent, du côté du Mexique, de vastes provinces qui manquent encore d'habitants. Les hommes des États-Unis pénétreront dans ces solitudes avant ceux mêmes qui ont droit à les occuper. Ils s'en approprieront le sol, ils s'y établiront en société, et quand le légitime propriétaire se présentera enfin, il trouvera le désert fertilisé et des étrangers tranquillement assis dans son héritage.

La terre du Nouveau-Monde appartient au premier occupant, et l'empire y est le prix de la course.

Les pays déjà peuplés auront eux-mêmes de la peine à se garantir de l'invasion.

J'ai déjà parlé précédemment de ce qui se passe dans la province du Texas. Chaque jour, les habitants des États-Unis s'introduisent peu à peu dans le Texas, ils y acquièrent des terres, et tout en se soumettant aux lois du pays, ils y fondent l'empire de leur langue et de leurs mœurs. La province du Texas est encore sous la domination du Mexique; mais bientôt on n'y trouvera pour ainsi dire plus de Mexicains. Pareille chose arrive sur tous les points où les Anglo-Américains entrent en contact avec des populations d'une autre origine.

On ne peut se dissimuler que la race anglaise n'ait acquis une immense prépondérance sur toutes les autres races européennes du Nouveau-Monde. Elle leur est très supérieure en civilisation, en industrie et en puissance. Tant qu'elle n'aura devant elle que des pays déserts ou peu habités, tant qu'elle ne rencontrera pas sur son chemin des populations agglomérées, à travers lesquelles il lui soit impossible de se frayer un passage, on la verra s'étendre sans cesse. Elle ne s'arrêtera pas aux lignes tracées dans les traités, mais elle débordera de toutes parts au-dessus de ces digues imaginaires.

Ce qui facilite encore merveilleusement ce développement rapide de la race anglaise dans le Nouveau-Monde, c'est la position géographique qu'elle y occupe.

Lorsqu'on s'élève vers le Nord au-dessus de ses frontières septentrionales, on rencontre les glaces polaires, et lorsqu'on descend de quelques degrés au-dessous de ses limites méridionales, on entre au milieu des feux de l'équateur. Les Anglais d'Amérique sont donc placés dans la zone la plus tempérée et la portion la plus habitable du continent.

On se figure que le mouvement prodigieux qui se fait remarquer dans l'accroissement de la population aux États-Unis ne date que de l'indépendance : c'est une erreur. La population croissait aussi vite sous le système colonial que de nos jours; elle doublait de même à peu près en vingt-deux ans. Mais on opérait alors sur des milliers d'habitants; on opère maintenant sur des millions. Le même fait qui passait inaperçu il y a un siècle, frappe aujourd'hui tous les esprits.

Les Anglais du Canada, qui obéissent à un roi, augmentent de nombre et s'étendent presque aussi vite que les Anglais des États-Unis, qui vivent sous un gouvernement républicain.

Pendant les huit années qu'a duré la guerre de l'indépendance, la population n'a cessé de s'accroître suivant le rapport précédemment indiqué.

Quoiqu'il existât alors, sur les frontières de l'Ouest, de grandes nations indiennes liguées avec les Anglais, le mouvement de l'émigration vers l'Occident ne s'est pour ainsi dire jamais ralenti. Pendant que l'ennemi ravageait les côtes de l'Atlantique, le Kentucky, les districts occidentaux de la Pensylvanie, l'État de Vermont et celui du Maine se remplissaient d'habitants. Le désordre qui suivit la guerre n'empêcha point non plus la population de croître et n'arrêta pas sa marche progressive dans le désert. Ainsi, la différence des lois, l'état de paix ou l'état de guerre, l'ordre ou l'anarchie, n'ont influé que d'une manière insensible sur le développement successif des Anglo-Américains.

Ceci se comprend sans peine : il n'existe pas de causes assez générales pour se faire sentir à la fois sur tous les points d'un si immense territoire. Ainsi il y a toujours une grande portion de pays où l'on est assuré de trouver un abri contre les calamités qui frappent l'autre, et quelque grands que soient les maux, le remède offert est toujours plus grand encore.

Il ne faut donc pas croire qu'il soit possible d'arrêter l'essor de la race anglaise du Nouveau-Monde. Le démembrement de l'Union, en amenant la guerre sur le continent, l'abolition de la république, en y introduisant la tyrannie, peuvent retarder ses développements, mais non l'empêcher d'atteindre le complément nécessaire de sa destinée. Il n'y a pas de pouvoir sur la terre qui puisse fermer devant les pas des émigrants ces fertiles déserts ouverts de toutes parts à l'industrie et qui présentent un asile à toutes les misères. Les événements futurs, quels qu'ils soient, n'enlèveront aux Américains, ni leur climat, ni leurs mers intérieures, ni leurs grands fleuves, ni la fertilité de leur sol. Les mauvaises lois, les révolutions et l'anarchie, ne sauraient détruire parmi eux le goût du bien-être et l'esprit d'entreprise qui semble le caractère distinctif de leur race, ni éteindre toutà-fait les lumières qui les éclairent.

Ainsi, au milieu de l'incertitude de l'avenir, il y a du moins un événement qui est certain. A une époque que nous pouvons dire prochaine, puisqu'il s'agit ici de la vie des peuples, les Anglo-Américains couvriront seuls tout l'immense espace compris entre les glaces polaires et les tropiques; ils se répandront des grèves de l'océan Atlantique jusqu'aux rivages de la mer du Sud.

Je pense que le territoire sur lequel la race anglo-américaine doit un jour s'étendre égale les trois quarts de l'Europe (1). Le climat de l'Union est, à tout prendre, préférable à celui de l'Europe; ses avantages naturels sont aussi grands; il est évident que sa population ne saurait manquer d'être un jour proportionnelle à la nôtre.

L'Europe, divisée entre tant de peuples divers; l'Europe, à travers les guerres sans cesse renaissantes et la barbarie du moyen-âge, est parvenue à avoir quatre cent dix habitants (2) par lieue carrée. Quelle cause si puissante pourrait empêcher les États-Unis d'en avoir autant un jour?

Il se passera bien des siècles avant que les divers rejetons de la race anglaise d'Amérique cessent de présenter une physionomie commune. On ne peut prévoir l'époque où l'homme pourra établir dans le Nouveau-Monde l'inégalité permanente des conditions.

Quelles que soient donc les différences que la paix ou la guerre, la liberté ou la tyrannie, la prospérité ou la misère, mettent un jour dans la destinée des divers rejetons de la grande famille anglo-américaine,

---

(1) Les États-Unis seuls couvrent déjà un espace égal à la moitié de l'Europe. La superficie de l'Europe est de 500,000 lieues carrées; sa population de 205,000,000 d'habitants. Malte-Brun, liv. cxiv, vol. 6, page 4.

(2) Voyez Malte-Brun, liv. cxvi, vol. 6, page 92.

ils conserveront tous du moins un état social analogue, et auront de commun les usages et les idées qui découlent de l'état social.

Le seul lien de la religion a suffi au moyen-âge pour réunir dans une même civilisation les races diverses qui peuplèrent l'Europe. Les Anglais du Nouveau-Monde ont entre eux mille autres liens, et ils vivent dans un siècle où tout cherche à s'égaliser parmi les hommes.

Le moyen-âge était une époque de fractionnement. Chaque peuple, chaque province, chaque cité, chaque famille, tendaient alors fortement à s'individualiser. De nos jours, un mouvement contraire se fait sentir, les peuples semblent marcher vers l'unité. Des liens intellectuels unissent entre elles les parties les plus éloignées de la terre, et les hommes ne sauraient rester un seul jour étrangers les uns aux autres, ou ignorants de ce qui se passe dans un coin quelconque de l'univers : aussi remarque-t-on aujourd'hui moins de différence entre les Européens et leurs descendants du Nouveau-Monde, malgré l'Océan qui les divise, qu'entre certaines villes du treizième siècle qui n'étaient séparées que par une rivière.

Si ce mouvement d'assimilation rapproche des peuples étrangers, il s'oppose à plus forte raison à ce que les rejetons du même peuple deviennent étrangers les uns aux autres.

Il arrivera donc un temps où l'on pourra voir dans l'Amérique du Nord cent cinquante millions d'hommes (1) égaux entre eux, qui tous appartiendront à

(1) C'est la population proportionnelle à celle de l'Europe, en prenant la moyenne de 410 hommes par lieue carrée.

la même famille, qui auront le même point de départ, la même civilisation, la même langue, la même religion, les mêmes habitudes, les mêmes mœurs, et à travers lesquels la pensée circulera sous la même forme et se peindra des mêmes couleurs. Tout le reste est douteux, mais ceci est certain. Or, voici un fait entièrement nouveau dans le monde, et dont l'imagination elle-même ne saurait saisir la portée.

Il y a aujourd'hui sur la terre deux grands peuples qui, partis de points différents, semblent s'avancer vers le même but : ce sont les Russes et les Anglo-Américains.

Tous deux ont grandi dans l'obscurité; et tandis que les regards des hommes étaient occupés ailleurs, ils se sont placés tout-à-coup au premier rang des nations, et le monde a appris presque en même temps leur naissance et leur grandeur.

Tous les autres peuples paraissent avoir atteint à peu près les limites qu'a tracées la nature, et n'avoir plus qu'à conserver; mais eux sont en croissance (1) : tous les autres sont arrêtés ou n'avancent qu'avec mille efforts; eux seuls marchent d'un pas aisé et rapide dans une carrière dont l'œil ne saurait encore apercevoir la borne.

L'Américain lutte contre les obstacles que lui oppose la nature; le Russe est aux prises avec les hommes. L'un combat le désert et la barbarie; l'autre la civilisation revêtue de toutes ses armes : aussi les conquêtes de l'Américain se font-elles avec le soc du laboureur, celles du Russe avec l'épée du soldat.

(1) La Russie est, de toutes les nations de l'Ancien-Monde, celle dont la population augmente le plus rapidement, proportion gardée.

Pour atteindre son but, le premier s'en repose sur l'intérêt personnel, et laisse agir, sans les diriger, la force et la raison des individus.

Le second concentre en quelque sorte dans un homme toute la puissance de la société.

L'un a pour principal moyen d'action la liberté; l'autre, la servitude.

Leur point de départ est différent, leurs voies sont diverses; néanmoins, chacun d'eux semble appelé par un dessein secret de la Providence à tenir un jour dans ses mains les destinées de la moitié du monde.

NOTES.

NOTES.

(*A*) PAGE 25.

C'est en avril 1704 que parut le premier journal américain. Il fut publié à Boston. Voyez *Collection de la société historique de Massachusetts*, vol. 6, p. 66.

On aurait tort de croire que la presse périodique ait toujours été entièrement libre en Amérique; on a tenté d'y établir quelque chose d'analogue à la censure préalable et au cautionnement.

Voici ce qu'on trouve dans les documents législatifs du Massachusetts, à la date du 14 janvier 1722.

Le comité nommé par l'assemblée générale (le corps législatif de la province) pour examiner l'affaire relative au journal intitulé : *New England courant*, « pense que la tendance dudit journal est de tourner la
» religion en dérision et de la faire tomber dans le mépris; que les
» saints auteurs y sont traités d'une manière profane et irrévérencieuse ;
» que la conduite des ministres de l'Évangile y est interprétée avec ma-
» lice; que le gouvernement de Sa Majesté y est insulté, et que la paix
» et la tranquillité de cette province sont troublées par ledit journal ;
» en conséquence, le comité est d'avis qu'on défende à James Francklin,
» l'imprimeur et l'éditeur, de ne plus imprimer et publier à l'avenir ledit
» journal ou tout autre écrit, avant de les avoir soumis au secrétaire de
» la province. Les juges de paix du canton de Suffolk seront chargés
» d'obtenir du sieur Francklin un cautionnement qui répondra de sa
» bonne conduite pendant l'année qui va s'écouler. »

La proposition du comité fut acceptée et devint loi, mais l'effet en fut nul. Le journal éluda la défense en mettant le nom de *Benjamin* Francklin au lieu de *James* Francklin au bas de ses colonnes, et l'opinion acheva de faire justice de la mesure.

(B) PAGE 175.

Pour être électeurs des comtés (ceux qui représentent la propriété territoriale) avant le bill de la réforme passé en 1832, il fallait avoir en toute propriété ou en bail à vie un fonds de terre rapportant net 40 shellings de revenu. Cette loi fut faite sous Henri VI, vers 1450. Il a été calculé que 40 shellings du temps de Henri VI pouvaient équivaloir à 30 liv. sterling de nos jours. Cependant on a laissé subsister jusqu'en 1832 cette base adoptée dans le xve siècle, ce qui prouve combien la constitution anglaise devenait démocratique avec le temps, même en paraissant immobile. Voyez *Delolme*, liv. I, chap. IV; voyez aussi *Blakstone*, liv. I, chap. IV.

Les jurés anglais sont choisis par le shériff du comté (*Delolme*, tom. I, chap. XII). Le shériff est en général un homme considérable du comté; il remplit les fonctions judiciaires et administratives; il représente le roi, et est nommé par lui tous les ans (*Blakstone*, liv. I, chap IX). Sa position le place au-dessus du soupçon de corruption de la part des partis; d'ailleurs, si son impartialité est mise en doute, on peut récuser en masse le jury qu'il a nommé, et alors un autre officier est chargé de choisir de nouveaux jurés. Voyez *Blakstone*, liv. III, chap. XXIII.

Pour avoir le droit d'être juré, il faut être possesseur d'un fonds de terre de la valeur de 10 shellings au moins de revenu (*Blakstone*, liv. III, chap. XXIII). On remarquera que cette condition fut imposée sous le règne de Guillaume et Marie, c'est-à-dire vers 1700, époque où le prix de l'argent était infiniment plus élevé que de nos jours. On voit que les Anglais ont fondé leur système de jury, non sur la capacité, mais sur la propriété foncière, comme toutes leurs autres institutions politiques.

On a fini par admettre les fermiers au jury, mais on a exigé que leurs baux fussent très longs, et qu'ils se fissent un revenu net de 20 shellings, indépendamment de la rente. *Blakstone*, idem.

(C) PAGE 173.

La constitution fédérale a introduit le jury dans les tribunaux de l'Union de la même manière que les États l'avaient introduit eux-mêmes dans leurs cours particulières; de plus, elle n'a pas établi de règles qui lui soient propres pour le choix des jurés. Les cours fédérales puisent dans la liste ordinaire des jurés que chaque État a dressée pour son usage. Ce sont donc les lois des États qu'il faut examiner pour connaître la théorie de la composition du jury en Amérique. Voyez *Story's com-*

mentaries on the constitution, liv. III, chap. xxxviii, p. 654-659. *Sergeant's constitutionnal law*, p. 165. Voyez aussi les lois fédérales de 1789, 1800 et 1802 sur la matière.

Pour faire bien connaître les principes des Américains dans ce qui regarde la composition du jury, j'ai puisé dans les lois d'États éloignés les uns des autres. Voici les idées générales qu'on peut retirer de cet examen.

En Amérique, tous les citoyens qui sont électeurs ont le droit d'être jurés. Le grand État de New-York a cependant établi une légère différence entre les deux capacités ; mais c'est dans un sens contraire à nos lois, c'est-à-dire qu'il y a moins de jurés dans l'État de New-York que d'électeurs. En général, on peut dire qu'aux États-Unis le droit de faire partie d'un jury, comme le droit d'élire des députés, s'étend à tout le monde ; mais l'exercice de ce droit n'est pas indistinctement remis entre toutes les mains.

Chaque année un corps de magistrats municipaux ou cantonaux, appelé *select-men* dans la Nouvelle-Angleterre, *supervisors* dans l'État de New-York, *trustees* dans l'Ohio, *sheriffs* de la paroisse dans la Louisiane, font choix pour chaque canton d'un certain nombre de citoyens ayant le droit d'être jurés, et auxquels ils supposent la capacité de l'être. Ces magistrats étant eux-mêmes électifs, n'excitent point de défiance ; leurs pouvoirs sont très étendus et fort arbitraires, comme ceux en général des magistrats républicains, et ils en usent souvent, dit-on, surtout dans la Nouvelle-Angleterre, pour écarter les jurés indignes ou incapables.

Les noms des jurés ainsi choisis sont transmis à la cour du comté, et sur la totalité de ces noms on tire au sort le jury qui doit prononcer dans chaque affaire.

Du reste, les Américains ont cherché par tous les moyens possibles à mettre le jury à la portée du peuple, et à le rendre aussi peu à charge que possible. Les jurés étant très nombreux, le tour de chacun ne revient guère que tous les trois ans. Les sessions se tiennent au chef-lieu de chaque comté, le comté répond à peu près à notre arrondissement. Ainsi, le tribunal vient se placer près du jury, au lieu d'attirer le jury près de lui, comme en France ; enfin les jurés sont indemnisés, soit par l'État, soit par les parties. Ils reçoivent en général un dollar (5 fr. 42 c.) par jour, indépendamment des frais de voyage. En Amérique, le jury est encore regardé comme une charge ; mais c'est une charge facile à porter, et à laquelle on se soumet sans peine.

Voyez *Brevard's Digest of the public statute law of South Carolina*, 2ᵉ vol., p. 338 ; *id.*, vol. 1, p. 454 et 456 ; *id.*, vol. 2, p. 218.

Voyez *The general laws of Massachusetts revised and published by authority of the legislature*, vol. 2, p. 331, 187.

Voyez *The revised statutes of the state of New-York*, vol. 2, p. 720, 411, 717, 643.

Voyez *The statute law of the state of Tennessee*, vol. 1, p. 209.

Voyez *Acts of the state of Ohio*, p. 95 et 210.

Voyez *Digeste général des actes de la législature de la Louisiane*, vol. 2, p. 55.

(D) PAGE 178.

Lorsqu'on examine de près la constitution du jury civil parmi les Anglais, on découvre aisément que les jurés n'échappent jamais au contrôle du juge.

Il est vrai que le verdict du jury, au civil comme au criminel, comprend en général, dans une simple énonciation, le fait et le droit. Exemple : Une maison est réclamée par Pierre comme l'ayant achetée ; voici le fait. Son adversaire lui oppose l'incapacité du vendeur ; voici le droit. Le jury se borne à dire que la maison sera remise entre les mains de Pierre ; il décide ainsi le fait et le droit. En introduisant le jury en matière civile, les Anglais n'ont pas conservé à l'opinion des jurés l'infaillibilité qu'ils lui accordent en matière criminelle quand le verdict est favorable.

Si le juge pense que le verdict a fait une fausse application de la loi, il peut refuser de le recevoir, et renvoyer les jurés délibérer.

Si le juge laisse passer le verdict sans observation, le procès n'est pas encore entièrement vidé : il y a plusieurs voies de recours ouvertes contre l'arrêt. Le principal consiste à demander à la justice que le verdict soit annulé, et qu'un nouveau jury soit assemblé. Il est vrai de dire qu'une pareille demande est rarement accordée, et ne l'est jamais plus de deux fois ; néanmoins j'ai vu le cas arriver sous mes yeux. Voyez *Blakstone*, liv. III, chap. xxiv ; *id.*, liv. III, chap. xxv.

TABLE DES MATIÈRES

CONTENUES DANS LE DEUXIÈME VOLUME.

Chap. Ier. — Comment on peut dire rigoureusement qu'aux Etats-Unis c'est le peuple qui gouverne.	1
Chap. II. — Des partis aux Etats-Unis.	3
Des restes du parti aristocratique aux Etats-Unis.	11
Chap. III. — De la liberté de la presse aux Etats-Unis.	14
Chap. IV. — De l'association politique aux Etats-Unis.	29
Chap. V. — Du gouvernement de la démocratie en Amérique.	42
Du vote universel.	43
Des choix du peuple et des instincts de la démocratie américaine dans ses choix.	Ib.
Des causes qui peuvent corriger en partie ces instincts de la démocratie.	47
Influence qu'a exercée la démocratie américaine sur les lois électorales.	50
Des fonctionnaires publics sous l'empire de la démocratie américaine.	54
De l'arbitraire des magistrats sous l'empire de la démocratie américaine.	58
Instabilité administrative aux Etats-Unis.	61
Des charges publiques sous l'empire de la démocratie américaine.	64
Des instincts de la démocratie américaine dans la fixation du traitement des fonctionnaires.	70
Difficulté de discerner les causes qui portent le gouvernement américain à l'économie.	74
Peut-on comparer les dépenses publiques des Etats-Unis à celles de France?	75
De la corruption et des vices des gouvernants dans la démocratie; des effets qui en résultent sur la moralité publique.	83
De quels efforts la démocratie est capable.	86
Du pouvoir qu'exerce en général la démocratie américaine sur elle-même.	91
De la manière dont la démocratie américaine conduit les affaires extérieures de l'Etat.	94
Chap. VI. — Quels sont les avantages réels que la société améri-	

caine retire du gouvernement de la démocratie. 102
De la tendance générale des lois sous l'empire de la démocratie
américaine, et des instincts de ceux qui les appliquent. . . *Ib.*
De l'esprit public aux Etats-Unis. 109
De l'idée des droits aux Etats-Unis. 113
Du respect pour la loi aux Etats-Unis. 118
Activité qui règne dans toutes les parties du corps politique
aux Etats-Unis ; influence qu'elle exerce sur la société. . . 120
CHAP. VII. — De l'omnipotence de la majorité aux Etats-Unis et
de ses effets. 128
Comment l'omnipotence de la majorité augmente, en Amérique,
l'instabilité législative et administrative qui est naturelle aux
démocraties. 132
Tyrannie de la majorité. 135
Effets de l'omnipotence de la majorité sur l'arbitraire des fonc-
tionnaires publics américains. 140
Du pouvoir qu'exerce la majorité en Amérique sur la pensée. . 141
Effets de la tyrannie de la majorité sur le caractère national
des Américains ; de l'esprit de cour aux Etats-Unis. . . . 146
Que le plus grand danger des républiques américaines vient de
l'omnipotence de la majorité. 151
CHAP. VIII. — De ce qui tempère, aux Etats-Unis, la tyrannie de
la majorité. — Absence de centralisation administrative. . 154
De l'esprit légiste aux Etats-Unis, et comment il sert de contre-
poids à la démocratie. 156
Du jury aux Etats-Unis considéré comme institution politique. . 169
CHAP. IX. — Des causes principales qui tendent à maintenir la
république démocratique aux Etats-Unis. 180
Des causes accidentelles ou providentielles qui contribuent au
maintien de la république démocratique aux Etats-Unis. . . 181
De l'influence des lois sur le maintien de la république démo-
cratique aux Etats-Unis. 197
De l'influence des mœurs sur le maintien de la république dé-
mocratique aux Etats-Unis. 198
De la religion considérée comme institution politique, et com-
ment elle sert puissamment au maintien de la république dé-
mocratique chez les Américains. 199
Influence indirecte qu'exercent les croyances religieuses sur la
société politique aux Etats-Unis. 204
Des principales causes qui rendent la religion puissante en
Amérique. 211
Comment les lumières, les habitudes et l'expérience pratique

TABLE DES MATIÈRES.

des Américains contribuent au succès des institutions démocratiques. 223
Que les lois servent plus au maintien de la république démocratique, aux Etats-Unis, que les causes physiques, et les mœurs plus que les lois. 230
Les lois et les mœurs suffiraient-elles pour maintenir les institutions démocratiques autre part qu'en Amérique ? . . . 236
Importance de ce qui précède par rapport à l'Europe. . . . 241
CHAP. X. — Quelques considérations sur l'état actuel et l'avenir probable des trois races qui habitent le territoire des Etats-Unis. 249
Etat actuel et avenir probable des tribus indiennes qui habitent le territoire possédé par l'Union. 258
Position qu'occupe la race noire aux Etats-Unis; dangers que sa présence fait courir aux blancs. 289
Quelles sont les chances de durée de l'Union américaine. — Quels dangers la menacent. 330
Des institutions républicaines aux Etats-Unis; quelles sont leurs chances de durée. 384
Quelques considérations sur les causes de la grandeur commerciale des Etats-Unis. 393
CONCLUSION. 405
NOTES. 415

FIN DE LA TABLE DU DEUXIÈME ET DERNIER VOLUME.